高等院校早期教育（0—3岁）专业系列教材

中国学前教育研究会教师发展专业委员会组织编写

# 婴幼儿研究方法

主编 范洁琼

上海科技教育出版社

图书在版编目（CIP）数据

婴幼儿研究方法 / 范洁琼主编 . —上海：上海科技教育出版社，2022.1
高等院校早期教育（0—3岁）专业系列教材
ISBN 978-7-5428-7617-1

Ⅰ.①婴… Ⅱ.①范… Ⅲ.①幼儿教育—研究方法—高等学校—教材 Ⅳ.①G61-3

中国版本图书馆 CIP 数据核字（2021）第 243332 号

**责任编辑**　　邱志华
**封面设计**　　符　劼

## 婴幼儿研究方法
主编　范洁琼

| | |
|---|---|
| 出版发行 | 上海科技教育出版社有限公司 |
| | （上海市闵行区号景路159弄A座8楼　邮政编码201101） |
| 网　　址 | www.sste.com　www.ewen.co |
| 经　　销 | 各地新华书店 |
| 印　　刷 | 常熟华顺印刷有限公司 |
| 开　　本 | 787×1092　1/16 |
| 印　　张 | 12.5 |
| 版　　次 | 2022年1月第1版 |
| 印　　次 | 2022年1月第1次印刷 |
| 书　　号 | ISBN 978-7-5428-7617-1/G·4507 |
| 定　　价 | 50.00元 |

# 高等院校早期教育（0—3岁）专业系列教材编写委员会

主　任　张明红　郑健成

委　员　（以汉语拼音为序）

贺永琴　康松玲　凌　玲

刘　馨　马　梅　皮军功

钱　文　师宇楠　孙　杰

王　婷　叶平枝

# 总 序

　　0—3岁是人生的开端，是个体发展的起点，是教育启蒙和最基础的阶段。心理学、脑科学等研究表明，0—3岁是大脑、语言、精细动作等发育最快、可塑性最强的关键期，遵循0—3岁婴幼儿身心发展的特点与规律，为婴幼儿提供适宜的发展与教育条件，才能起到事半功倍的效果。重视0—3岁儿童的早期发展与教育已逐渐成为全世界学前教育发展的重要趋势。21世纪初，我国政府开始加大对早期教育的关注程度和投入力度。《中国儿童发展纲要（2001—2010年）》对2001年到2010年的0—3岁婴幼儿教育发展提出了目标和策略措施。2003年，教育部等部委颁布的《关于幼儿教育改革与发展的指导意见》明确提出，要"全面提高0—6岁儿童家长及看护人员的科学育儿能力"。《国家中长期教育改革和发展规划纲要（2010—2020年）》在学前教育发展任务中也强调要"重视0—3岁婴幼儿教育"。

　　我国第六次人口普查数据显示，0—3岁婴幼儿约7 000万。同时，国家生育政策的调整和实施，势必带来未来几年新生人口的增长，也必然会对社会、经济和教育等各个层面产生影响；人们对0—3岁婴幼儿早期教育的重视程度越来越高，无疑也给0—3岁婴幼儿早期教育的发展提出了新的要求。科学、健康的早期教育需要高素质、专业的早教教师队伍。截至2017年，教育部已批准54所高专、高职院校开办早期教育专业。如何加快推进0—3岁早期教育专业建设，规范0—3岁早期教育专业课程与教材建设，尽快培养和培训一批专业化程度较高的0—3岁早教教师队伍，从而引领科学和高质量的婴幼儿早期教育，是一个亟待研究解决的现实问题。

　　针对这一现实需求，中国学前教育研究会教师发展专业委员会组建了早教教师委员会，于2015年、2016年分别召开了早期教育专业建设研讨会、早期教育课程与教材建设工作推进会，积极组织全国有关领域的专家学者，已经开设和准备开设早期教育专业的高专、高职院校相关负责人深入研究制订早期教育专业人才培养方案，并组织华东师范大学、北京师范大学、广州大学、天津师范大学、哈尔滨幼儿师范高等专科学校、福建幼儿师范高等专科学校、贵阳幼儿师范高等专科学校、国家卫健委（原国家卫计委）等有关院校和政府部门的专业人员组成了早期教育专业课程与教材建设专家委员会，组建了由部分幼高专、卫生、保健等专业人员组成的早期教育专业课程建设与教材编写委员会领导小组，围绕0—3岁早期教育专业的核心课程建设，精心组织研究编写了这套0—3岁早教系列教材，由上海科技教育出版社出版。相信这套教材的编写与出版，不仅可以为已经开设、准备开设和拟加强早期教育专业建设的有关培养院校与机构提供0—3岁早期教育专业课程建设的试用、使用和实验参考，

I

也能成为在幼儿园、早教机构、社区早教基地等相关机构从事早期教育、早期保育护理工作、早期家庭教育指导、早教管理与科研的教育者和工作者的参考用书。同时，也期望使用本教材的院校、培养培训单位和教育工作者能够根据实践，不断予以补充、修改和完善，共同推进0—3岁早期教育专业的课程与教材建设。

中国学前教育研究会教师发展专业委员会<br>
洪秀敏<br>
2017年7月于北京师范大学

# 前言

近年来,0—3岁婴幼儿的保育教育越来越受到人们的重视,全社会对专业托幼机构的需求也越来越大。优质托幼机构的核心要素是专业的工作人员,为了输送高水平的师资,很多院校逐渐开设与0—3岁婴幼儿保育教育相关的专业。对专业人士来说,除了掌握0—3岁婴幼儿发展的基本知识,对婴幼儿研究方法的掌握也是专业素养中相当重要的内容。一方面,专业人士需要用科学的方法来解决在教育实践中遇到的问题,必须掌握基本的研究逻辑。另一方面,目前对婴幼儿发展的研究日新月异,关于婴幼儿的知识也在不断更新。作为专业人士,需要不断了解当前的研究前沿,从而更好地指导实践。只有掌握了基本的研究方法,才能看懂不断更新的研究内容和专业知识,并从中甄别真实可靠的研究发现。

本书的主要目的就是帮助婴幼儿保育教育的实践人员及相关专业的学生全面了解婴幼儿研究方法。对大多数初学者来说,尤其是并不具有太多数理、统计基础的学生来说,看上去复杂高深的研究方法往往让他们望而却步。因此,本书不管在结构上还是内容上都尽可能地保持简洁。在舍去与统计相关内容的情况下,本书能使读者较为全面地了解各类研究方法的内容及实施要领。读者可以把本书看作婴幼儿研究的基本步骤和各类方法的导览。它可能不适用于想要深入了解某种方法的进阶学者,但对首次接触婴幼儿研究的初学者来说,却是很友好的领路人。

第一章是导论,主要介绍婴幼儿研究的重要性和独特性、婴幼儿研究的伦理问题以及国内外婴幼儿研究的现状。在第二章中,我们首先将详细介绍如何设计一个研究和有哪些类型的研究设计可供选用。在每种研究设计中,我们都会用到不同的研究方法,在后续第三至第八章中将会一一介绍,如心理测验法、心理生理测量法、问卷法、观察法、访谈法以及其他一些具有特色的研究方法。最后,我们在第九章中会详细介绍如何撰写研究报告。我们在每一章的开始标明"学习目标",在各章末尾有"本章小结"和"延伸学习"板块,以帮助读者更好地梳理和学习各章内容。

本书凝聚了儿童早期研究领域多位学者的贡献,在此表示衷心感谢。除本人负责的第一、第二章外,参与本书编写的还有:福州幼儿高等专科学校楚艳民(第三章),华东师范大学张莉(第四章、第八章),华东师范大学任丽欣(第五章、第六章、第七章),华东师范大学刘婷(第九章、第一章的部分内容)。

研究方法不仅是一种专业技能,也是一种思维方式。希望本书在帮助读者提高专业能力的同时,也能获得解决现实问题的思路。

范洁琼

2019.8

# 目录

1 第一章 婴幼儿研究导论
1 第一节 婴幼儿研究的重要性和独特性
4 第二节 婴幼儿研究的伦理挑战
8 第三节 婴幼儿研究的发展

15 第二章 婴幼儿研究设计
15 第一节 研究设计步骤
18 第二节 调查研究
23 第三节 实验研究
28 第四节 个案研究
32 第五节 行动研究
35 第六节 民族志研究

41 第三章 心理测验法
41 第一节 心理测验法概述
45 第二节 标准化心理测验的实施
48 第三节 常见婴幼儿心理测验简介

54 第四章 心理生理测量法
55 第一节 生理测量研究
57 第二节 婴幼儿眼动研究
59 第三节 婴幼儿脑功能测量研究

75 第五章 问卷调查法
75 第一节 问卷调查法的基本介绍
80 第二节 婴幼儿研究常用问卷/量表

## 第六章 观察法

- 93 第一节 观察法的基本介绍
- 96 第二节 针对婴幼儿行为的观察研究
- 101 第三节 针对亲子关系/互动的观察研究
- 106 第四节 针对婴幼儿家庭环境的观察研究
- 107 第五节 针对婴幼儿保育环境的观察研究

## 第七章 访谈法

- 111 第一节 访谈法基本介绍
- 113 第二节 个体访谈法的实施步骤
- 117 第三节 焦点小组访谈
- 119 第四节 访谈数据的分析
- 121 第五节 访谈法在婴幼儿研究中的运用案例

## 第八章 婴幼儿研究的特殊技术与方法

- 128 第一节 有意义的自然反应
- 133 第二节 偏好法及应用
- 135 第三节 习惯化法及应用
- 137 第四节 伴随操作行为强化法及应用

## 第九章 研究报告的撰写

- 142 第一节 题目与摘要
- 149 第二节 文献综述与研究问题
- 153 第三节 研究方法
- 158 第四节 研究结果
- 164 第五节 研究讨论
- 168 第六节 结论
- 171 第七节 参考文献
- 177 第八节 抄袭与剽窃

- 182 参考文献
- 190 后记

# 第一章 婴幼儿研究导论

**学习目标**

1. 了解婴幼儿研究的重要性和独特性。
2. 了解婴幼儿研究在国内外发展的基本情况。
3. 掌握婴幼儿研究中需要注意的研究伦理。

近几十年来，随着社会对儿童早期发展重要性的认识逐渐深入，同时随着婴幼儿发展理论的进展、研究范式的不断改善，以及脑科学、信息技术等的快速发展，婴幼儿研究大量涌现。而对婴幼儿发展的不断深入研究，又进一步加深了人们对婴幼儿阶段个体发展的认识，对婴幼儿早期教育质量的提升和个体发展的优化具有重大意义。

## 第一节　婴幼儿研究的重要性和独特性

### 一、婴幼儿研究的重要性

（一）早期发展对个体的重要性

大量研究表明，个体早期经历及发展状况对其之后的发展有显著的预测力。比如，现代神经科学研究发现，0—3岁是儿童脑发育的关键时期（劳拉，伯克，2014）。Nelson对罗马尼亚孤儿院的孩子进行了一系列研究，发现早期在孤儿院中成长的孩子，在智力、脑发育以及社会性情绪发展方面都出现了不同程度的损害（Nelson, Fox, and Zeanah, 2014）。尤其是那些3岁之前未被收养的孩子，这种损伤几乎是不可逆转的。婴幼儿早期照料者的养育敏感性、回应性和投入度以及早期亲子关系的质量与儿童的认知和社会性情绪发展也存在着紧密的关系（Crockenberg & Leerkes, 2000）。早期发展的不利环境（如疾病、贫困、母亲抑郁、家庭暴力）不仅对儿童一生的发展产生不利影响，并且通过代际传递会影响几代人（NASEM, 2017）。近些年来的研究一致指向了婴幼儿早期发展的重要性，但仍有大量的婴幼儿发展问题尚是未解之谜，需要更多的研究来进一步探索。

（二）婴幼儿研究对理论进展和实践指导的意义

理论、研究、实践三者并不是完全独立的三个部分，三者互相促进，共同发展。其中，研究起到了一个基础桥梁的作用。一方面，大量婴幼儿研究促进了婴幼儿领域新理论的不断进展和对儿童早期发展认识的不断成熟。比如对双生子的研究促进了行为遗传学的发展，并对儿童发展中的争议性议题"先天还是后天"在解答深度上有了长足的进步。又如对儿童脑发育的研究进一步促进了我们对儿童早期各种发展特点的理解，甚至对很多异常表现的发病机理有了更深入的了解。另一方面，大量研究证据的积累又指导着实践。婴幼儿研究的发展影响着政策的制定，影响着早期教育项目的提升，影响着早期家庭教育的指导，影响着婴幼儿的早期干预质量。

## 二、婴幼儿研究的独特性

在出生的头三年，婴幼儿经历着惊人而快速的发展和变化。研究者想要了解婴幼儿是如何感知世界、如何学习、如何发展各方面的能力，又是为何产生各种行为的。但是婴幼儿，尤其是较小的孩子，无法直接告诉我们这些问题的答案，所以研究者发明出各种各样的方法，直接或间接地来获得这些信息。因此，我们在本书中会看到，尽管在研究设计方面，婴幼儿研究与其他研究一样遵循同样的研究思路，但是在具体的研究方法上，婴幼儿研究会有更多独特的方法，并且在研究过程中，有更多的因素需要考虑。

（一）婴幼儿的直接测评方法

婴幼儿缺乏或者只有有限的语言表达能力，并且还缺乏元认知能力，无法直接获取他们对自己行为的表述、总结、思考和想法。因此，对婴幼儿的研究往往要借助于对婴幼儿行为和生理指标数据的采集来做出推断。比如通过观察婴儿在母亲离开和返回时的行为表现来推断其依恋类型，通过观察婴幼儿在游戏任务中的表现来推断其发展水平，通过观察婴儿的眼动来推断其兴趣点，通过检测婴幼儿的皮质醇来推断其压力水平，等等。另外，脑电、红外等技术的发展使得探测婴幼儿的脑部活动成为可能。

对婴幼儿进行直接测评时，要特别注意婴幼儿对测评环境影响的敏感性。因为年幼，婴幼儿的情绪很容易受情境的影响，比如对实验室陌生环境的恐惧，对陌生研究者的害怕、抗拒等，都有可能导致婴幼儿不配合，或者无法表现出真实水平。因此，研究者应尽量把测评安排在婴幼儿熟悉的场所（如家里）进行。如果测评对环境因素有较严格的要求而需要在特定的研究场所（如实验室）进行，那么要尽量将环境布置得友好，并让婴幼儿有一定的时间来熟悉环境。另外，如果不是有特殊的研究目的，主持婴幼儿测评的研究者也应该与婴幼儿有足够的暖场过程，以减少其可能存在的恐惧、焦躁的情绪。在条件允许的情况下，应该让主要照料人（如母亲）在场，以增加婴幼儿的安全感。

在对婴幼儿进行研究时，研究者应该对以下情况做好准备：

- 婴幼儿哭闹、不配合；

- 婴幼儿在研究中途失去兴趣,不想继续;
- 婴幼儿对研究过程中的其他情况产生兴趣,转移了注意力。比如对摄像机产生兴趣,或好奇研究者在写写画画(记录)什么;
- 婴幼儿对研究者或研究场景感到害怕,而出现回避。

（二）婴幼儿的间接测评方法

由于婴幼儿在表达自我上的限制,因此对婴幼儿了解的另一主要途径就是来自养育者(比如父母、祖辈、保姆等)的汇报,通常会采用问卷法或访谈法。对婴幼儿进行直接测评时,婴幼儿容易受当下情境的影响而不一定反映出平时的表现。与此相比,养育者的报告基于对婴幼儿长期的接触与了解,更能反映婴幼儿在现实情境中的情况。另外,养育者的报告还可以帮助研究者收集到在实验环境或短时观察中很难获得的信息,比如婴幼儿每周发脾气的次数和缘由。然而,养育者的报告也有其局限性。一方面,养育者因其与孩子的关系,描述常带有主观性;另一方面,由于家长一般缺乏婴幼儿发展水平的相关基本知识,而且婴幼儿不像较大儿童那样有很多家庭情境以外的活动环境使家长有机会去观察同龄孩子的行为,家长很难形成标准的参照,因而在评价孩子的行为时容易出现偏差。比如家长往往容易低估孩子的问题行为。在一项2岁孩子的行为问题研究中,研究者发现36%的家长在问卷汇报中表示他们完全不担心或仅有一点儿担心(Achenbach & Rescorla, 2000)。有较多研究发现家长汇报、托幼机构照料者汇报和对儿童的直接测评之间仅有低水平,甚至不显著的相关。这说明在多种环境中婴幼儿的行为信息有较大的不同,以及家长、托幼机构照料者的汇报均有其主观性。因此,对婴幼儿研究来说,多来源的数据收集方式是非常重要的。同时收集家长、托幼机构照料者的报告,并对儿童进行直接测评,可以更为接近对儿童真实情况的了解。

（三）生态系统:保护性因子、风险性因子——婴儿与养育者之间的关系

婴幼儿的发展深受其所处成长环境的影响,对婴幼儿发生最直接影响的即生态系统中的微环境:家庭、托幼机构和社区。因而对婴幼儿的研究往往涉及其养育环境中的因素的测查。比如在无法直接测评婴幼儿的情况下,研究者会评估婴幼儿所处环境中的保护性因子(如好的亲子关系、教养方式、社会支持网络等)和风险性因子(如母亲抑郁、吸毒、贫困等因素)以推断婴幼儿是否需要支持与干预。因此,在本书中,也会介绍对家长因素、家庭环境、托幼机构质量的评估工具和方法。

总的来说,婴幼儿研究因上述特点,使得其比对成人的研究有更多的条件限制,需要投入更多的时间、精力以及设备成本。比如在对成人的测评中,一位研究人员可以在同一时间收集几十、几百乃至几千人(如网络在线问卷)的数据;但对婴幼儿的测评,一位研究员同一时间大多只能进行一对一的测评。因此,要获得同样数量的数据,婴幼儿的测评所需要投入的人力、物力成本都更大。另外,婴幼儿的行为极易受情绪影响,其发展速度快,这些特点就要求研究者在研究设计时要考虑得更为谨慎。

# 第二节　婴幼儿研究的伦理挑战

任何研究都需要遵守研究伦理，而鉴于婴幼儿这一群体的特殊性，对婴幼儿的研究需要考虑的伦理因素更多，需要研究者更为细致、谨慎。

## 一、知情同意书

研究中研究对象最基本的一项权利，即知情同意权。所谓知情同意，即研究者须将研究的各方面情况准确地告知研究对象，研究对象在完全了解的情况下自主做出是否参与研究的决定。在研究开始前，研究者会给研究对象一封知情同意书，如果对方同意参与该项研究，就在知情同意书中签名。一般知情同意书需要包括以下内容：

- ✓ 研究目的。
- ✓ 为什么邀请他们参与？他们的参与对研究的重要性。
- ✓ 需要他们做什么？做多久？（比如参加访谈，参加几次、每次持续多久；或者对亲子互动进行录像，在什么情况下录像、录多久等。）
- ✓ 从他们身上搜集的数据会用于何种用途，会如何记录和储存？谁会看到这些数据？研究对象是否有权了解研究数据和研究结果？
- ✓ 是否匿名？如何保密？
- ✓ 中途随时退出权。
- ✓ 研究可能带给他们的伤害（如果有的话，需要如实陈述，并说明尽量减轻伤害的方法或补救的措施）。
- ✓ 研究可能带给他们的益处。
- ✓ 如有问题沟通，研究项目的联系途径是什么？

当研究对象是家长、老师或者机构负责人等成人时，一封包含以上信息的知情同意书可以让他们充分了解该研究的基本情况，并由此自主做出是否签署知情同意书的理性决定。但是当研究对象是儿童时，问题就更为复杂了。传统认为，儿童生理发展上的不成熟导致其有限的能力和脆弱性，儿童是需要成人保护的群体。这也是很多早期儿童教育政策和实践所基于的社会共识，这一共识往往赋予了成人可以代表儿童实施决策权。因此，当研究对象是儿童时，知情同意书往往由其监护人代签。但是这一点正在逐渐被越来越多的研究者质疑。Christensen and James（2000）认为孩子是有权利的社会行为者，研究者应该正视他们的权利。Mukherji and Albon（2010）也认为儿童是有能力的个体，他们的声音应该被听到。研究者应该在研究过程中尊重孩子本身的权利。如果研究者可以用早期儿童能理解的语言解释的话,孩子是可以理解并且有能力自行决定是否参与的。因而在早期儿童的研究中,也逐渐开始征求儿童自身的同意。但是这一点在婴幼儿身上还比较难实现,因为他们的语言理解和表达能力还极为有限,婴幼儿研究还依赖于取得婴幼儿父母或监护人的书面同意。但也有一些研究者认为,即使是婴幼儿,也会通过不同的表达方式来显示是否愿意参加研究(Langston,2004)。比如哭闹、回避、不配合、拒绝互动、完全沉默等。当婴幼儿表现出这些行为时,研究者就要非常谨慎,可以咨询最了解孩子的父母或监护人的看法。如果是因为研究以外的原因(比如饿了、身体不舒服等),则可另行约时间进行研究。如果是研究本身的因素,则要尊重婴幼儿的意愿,停止研究。

Mary Ainsworth 依恋类型的实验室观察研究(在后文中有详述)虽然非常经典,但其研究伦理受到了 Woodhead 和 Faulkner(2008)的抨击。因为在该研究中需要把婴儿放在陌生的房间里,母亲会离开房间,留婴儿一个人和陌生人(研究者)在一起,甚至将其单独留在房中。尽管时间不长,但对婴儿来说是非常不愉快的情绪体验,而研究者却在单向玻璃背后淡然地观察婴儿的反应。他们认为这是有违研究伦理的。

## 案例

### 知情同意书(样例)

尊敬的家长:

您好!

×××机构正在开展"××××××××"的大型调查研究,诚挚邀请您参与!

这是一项关于儿童发展与教育的学术研究,旨在全面评估儿童情绪能力发展并探讨家庭环境对儿童情绪能力发展的综合性影响。

本研究将于×××年××月至××月开展,届时您需要完成一份有关家庭教育环境和儿童行为表现的问卷(需时约20分钟);您的孩子会在游戏情境中完成一次综合测评(总计需时约30分钟,评估时间会根据儿童的状态灵活调整,保证孩子在整个过程中是轻松、愉悦的)。我们郑重承诺,本次研究所收集的信息只为研究服务,个人资料会绝对保密并做匿名处理。数据会在实验室的加密硬盘中存放,仅供研究员使用,并会在研究结束5年后彻底销毁数据。如果您在研究开展过程中有顾虑,可随时退出,这不会给您个人和家庭造成任何后果。

如果您决定参与,您将为本次调查提供重要的、有价值的数据,而这些数据将为研究如何优化儿童的发展提供宝贵的资料,最终使更多的儿童和家庭获益。作为参加本研究的家长,您将获得:1)一份针对您的孩子及家庭的个性化评估报告;2)一次与儿童教育专家交流咨询的机会。

> 如您对本研究有任何疑问或者希望获取研究的其他信息，可与本课题组（E-mail：××××××××××）联系。
>
> 请您自主决定是否愿意参加本次研究，在下面相应选项前打钩并签名。
>
> □ 我已明白以上内容，我愿意参与本次研究。
>
> 家长签名＿＿＿＿＿＿
>
> ××××年××月××日

## 二、研究的伦理准则

上面知情同意书的内容，可以充分体现研究中的一些普遍伦理准则。

（一）匿名和保密

对研究对象私人信息的保护，有利于最大可能地获得真实的研究信息。否则，研究对象可能会出于各种顾虑，隐瞒某些情况或者虚假汇报某些信息，造成研究数据失真。匿名和保密也是对研究对象隐私的尊重。在采用不同研究方法时，保持匿名性的难度也会有不同。比如在进行网络问卷调查时，是比较容易实现匿名性的。但是在进行面对面的访谈时，就比较难做到。在这种情况下，也要在访谈记录中尽量用代号来标识不同的受访者。在完全无法做到匿名的情况下，就要更为严格地做到对研究对象信息的保密，减少研究对象的顾虑。甚至在有些情况下，接触数据的研究助理也可能需要签订保密协议。

但在某些情境下，匿名和保密原则会受到挑战。比如在研究测评儿童时，发现某幼儿有被家暴的可能性，或者在评估托幼机构质量的过程中，发现工作人员有伤害幼儿的行为。遇到这种情况是否还要坚持匿名和保密原则，是研究人员所要面临的道德困境。

（二）尊重最大化

研究伦理中最根本的考虑就是最大限度地尊重研究对象，很多伦理准则都是基于这一根本考虑。

谨慎：研究过程中保护研究者的安全，对可能出现的隐患考虑周全。尤其是对婴幼儿来说，要考虑研究场地是不是安全，研究设备是否合适，研究者对婴幼儿的态度是否亲和，等等。

真实：对研究对象传达研究过程等相关信息时要诚实，不能隐瞒或弄虚作假。

自主：研究对象可以自主做出是否参加研究的决定，也可以有随时退出研究的自主性，避免一些隐性的胁迫或诱导，比如参加研究是否会影响职业发展。

无害：在研究设计中要尽量避免对研究对象可能造成的危害。比如上述案例中的依恋研究被质疑的就是其研究设计环节可能对婴幼儿的情绪情感产生危害。

有益：即研究本身可以带给研究者、研究对象、机构乃至社会某些益处。但有时这一点是很难保证的。比如有些新的教学法本身就是试验性的，不保证实施效果。有的情况可能是，尽管短期内看不出对研究对象的即时益处，但从长远看，对整个社会的教育质量的推进是有益处的。

公平：研究的目标本身就是为了促进公平，但是在有些研究中，可能需要研究者额外注意这一点。比如，为了比较家庭教育早期干预的效果，在报名参加的人群中选择一组进行干预，而另一组不进行干预来作为对照。但是在研究结束后，应该也对后者进行干预，使得所有的报名者都能有机会接受家庭教育的指导。

（三）利弊权衡

上述研究伦理准则是每一位研究者都必须尽力遵守的。但是在研究实践中，往往存在某一项或某几项研究无法完全满足的情况。这种情况下要依据的准则就是权衡利弊，保证利要远远大于弊。

比如追踪研究时，可能必须搜集研究对象的个人信息（如姓名、地址、联系方式等），以保证在后续的数据收集时能够再次联系到研究对象。如果研究对象匿名，不仅会造成后续研究中研究对象的大量流失，而且两轮（或几轮）的研究数据将无法匹配，这会严重影响研究质量，研究也就失去了意义。在这种情况下，研究者就不得不牺牲匿名性的伦理准则，但要加强保密措施，防止信息外泄。

又如在某些情况下，研究者不得不隐瞒研究目的，因为向研究对象揭示研究目的，会影响研究对象在研究过程中的反映，从而影响研究结果。比如研究者想研究一个人在进入一个其他人都背对门的电梯间时是否会产生从众心理而同样背对门站立。如果提前把这个研究目的告知研究对象，必然会影响研究对象的行为。这个时候研究者就不得不牺牲知情同意权和真实准则，可能会欺瞒研究对象给出虚假的研究目的（比如上楼做一个测试）。但在这种情况下，研究者必须在研究结束后向研究对象如实陈述研究目的，并对研究对象因被欺骗而可能产生的负面情绪进行抚慰。

比如著名的静止脸（still face）实验中，要求家长面无表情地面对婴儿一段时间，以此观察在这种情况下婴儿出现的反应。这一行为设置会对婴儿造成非常大的压力，婴儿很快出现了反抗、焦躁、尖叫乃至大哭的反应。然而这一研究大大凸显了家长对孩子的敏感性、反应性和同步性的重要性，对儿童早期抚育产生了非常有价值的启示，很有可能改善社会上家长们的抚育质量。同时，研究者在该研究中也是尽可能缩短婴儿承受压力的时间，并在结束后给予婴儿足够的抚慰。两相比较，这项研究虽然无法严格满足"无害"的伦理要求，但总体来说，利要大于弊。

利弊的权衡决定有时是不那么容易做的，需要考虑的因素非常复杂。在考虑利弊时，不仅要考虑研究情境当下对研究对象产生的利弊，也要考虑对机构、社会以及科学发展等各方面的影响。而这种权衡也不仅仅是比较影响的多少。比如某项研究如果可以为社会带来巨大的收益，但它可能在研究过程中对某个研究者带来不可逆转的伤害，那也是不被允许的。

有更多的研究利弊权重甚至是更加模糊、难以决定的。因此，在国际上，有很多的高校、研究机构或专业组织都设立了研究伦理委员会。研究者在开始研究前需要提交研究伦理审查报告，详细介绍研究设计以及研究是如何去满足伦理准则的，并详细陈述可能出现的利弊各有哪些，然后由研究伦理委员会来审查并做出是否批准的决定。只有在得到研究伦理委员会的批准后，研究才可以开展。我国对研究伦理进行审核的意识开始得比较晚，但近年来逐步重视起来。部分高校和研究机构已经开始设立研究伦理委员会，比如华东师范大学、中国科学院等。

## 第三节 婴幼儿研究的发展

### 一、国际婴幼儿研究现状

目前的国际0—3岁婴幼儿研究，总体上说，研究成果丰富，涉及多个学科，主要包括神经生理学、脑科学的研究，心理学的实验，早期干预项目、家庭教养服务的研究等。

（一）结合脑科学和神经科学的研究趋势

国际上对婴幼儿早期教养理论基础的研究，涉及很多脑科学和神经科学方面的研究结果。脑科学主要研究脑的形态结构、细胞构筑、脑的感觉、运动和各种高级机能发育以及整合机制、脑的进化和发育过程、脑病的防治和预防、智能的开发等综合学科。脑科学研究不仅与神经生理学联系，还融合了认知心理学、信息学与计算机科学的研究方法，达到科学地认识脑、了解脑并开发大脑的目的。脑科学研究与儿童早期教育研究的关系日渐密切。1999年经合组织（OECD）的教育研究与革新中心（OECD-CERI）设立了"学习科学和脑的研究：对教育政策和实践的潜在意义"的项目。该项目促进了脑科学和学习科学之间的联系，促进了脑科学研究者、教育实践者和政策制定者之间的合作。本书也会详细介绍脑科学研究的方法是如何应用于婴幼儿研究的。

脑科学和神经科学的研究推进了社会对婴幼儿保育教育（Early Childhood Care and Education for Infant and Toddler）的认识和重视。目前西方大多数发达国家要求政府和民众充分认识婴幼儿保育教育的重要性，并提高各国婴幼儿公共服务的普及与质量。此外，西方发达国家近二十年实施对儿童早期家庭的干预，研究结果显示，高质量的早期干预项目对处境不利家庭儿童的发展具有显著的促进作用，包括营养、健康、卫生、习惯、认知、语言、情绪与社会性等方面的发展。

（二）婴幼儿研究的发展为宏观政策的制定提供了基础

从0—3岁婴幼儿政策研究方面来看，全球范围内早期教养受到越来越多的国家和组织的重视，相应的政策也不少。如联合国教科文组织（UNESCO）、联合国儿基会（UNICEF）、经济合作与发展组织（OECD）相继发表了明确的对国家政策制定的指导意见,将开展婴幼儿早期教养作为国家的基础建设。世界学前教育组织（OMEP）于2006年在挪威举办了关于0—3岁婴幼儿的教育专题研讨会,以"伟大的小小研究者0—3岁儿童发展与教育的新思路"为主题,由来自各国的研究者分别介绍了0—3岁儿童教育的基本类型、特征、教师与家长的游戏观与教育观等。OECD教育委员会在1998年发起了对12个参与国幼儿教育政策的专题调查活动,并取名为"强势开端"（Staring Strong）,旨在通过各成员国的现状调查为早期教养政策的制定提供参考性的标准,编辑出版有质量的工具参考书。

2001年,OECD发布了《强势开端一：早期教育和保育》（*Starting Strong：Early Childhood Education and Care*）,归纳出促进儿童早期发展和家庭保育教育质量的8个政策要素：① 系统和综合地制定儿童早期发展政策；② 教育系统中所有部门的协作；③ 接受保育教育机会均等；④ 基础设施和公共服务的投入；⑤ 儿童早期保育教育质量；⑥ 专业机构工作人员的培训与工作环境；⑦ 数据收集与监控；⑧ 框架与纲领。

2006年《强势开端二：早期教育和保育》（*Starting Strong II：Early Childhood Education and Care*）的报告发布,主要针对保育教育普及化、质量、多样性、处境不利家庭等社会问题,提出早期保育教育政策制定的10项指标：① 儿童早期保育教育的社会背景与经济目标；② 保育教育工作以儿童早期的发展为中心；③ 建立机构负责和管理系统；④ 制定基本指导目标和课程框架；⑤ 高质量保育教育的普及与公共投入；⑥ 处境不利儿童的教育资源保障；⑦ 家庭和社区的参与；⑧ 保育教育人员的工作条件与专业发展；⑨ 保育教育机构的自主权；⑩ 保育教育系统的广泛性。

以上两份文件是OECD组织首次对其成员国儿童早期保育教育政策进行比较与分析的公开报告。文件对如何提高婴幼儿接受保育教育服务的机会、促进儿童早期服务的普及,以及制定早期干预项目的政策给予了详细的介绍和建议。

2012年《强势开端三：早期保育教育质量工具》（*Starting Strong III：A Quality Toolbox for Early Childhood Education and Care*）进一步提炼政策质量的指标,建构出保育教育的政策分析框架,提出提高早期保育教育质量的5个重要政策杠杆（Policy levers）：① 明确政策质量的目标和最低质量标准；② 制定和实施儿童早期课程与学习标准；③ 提高教师资质和改善工作条件；④ 促进家长和社区参与；⑤ 完善数据的收集、监测和研究。

2015年,OECD早期保育教育组制定《强势开端四：学前教育质量监测》（*Starting Strong IV：Monitoring Quality in Early Childhood Education and Care*）,进一步对保育教育服务机构、教师、儿童发展与表现三个方面进行质量监测,并详细分析各国在政策实施和实践中遇到的挑战,以及未来几年的研究发展方向等。

OECD项目组以上公开的报告不仅为其成员国政府提供认识本国儿童早期保育教育发展中面临的挑战和未来发展的方向,也为其他国家制定和反思保育教育政策提供依据。OECD在2015年的报告中指出,当婴幼儿接受保育教育服务的机会得到基本保证后,政府应将更多的关注点转向婴幼儿接受保育教育的服务质量。随着OECD主要成员国不断增加婴幼儿早期保育教育的公共投入，公共经费投入水平与产出（cost-benefit）的效果值得政府进行实证考察。各国实施的早期干预项目后期需要评估获得公共资金支持的婴幼儿保育教育机构是否提供了有质量的早期服务，以及多大程度上有效地促进了儿童早期的学习与发展。已有的国际科学研究用于分析保育教育项目是否成功；筛选出需要优先资助的早期保育教育领域；通过收集实践的数据检测实施情况。

（三）实施婴幼儿早期干预项目

除了颁布政策，国际上实施的早期教养项目也很多。这里列举美国的两个具有代表性的方案：第一个是初学者项目（The Abecedarian Project），颁布于1972年，美国北卡罗来纳大学开展了这个早期干预项目。研究随机从低收入家庭中选择了111名平均年龄为4.4个月的有智力发展迟缓"高风险"的儿童进行早期干预。其中最小的年龄为6周，干预的主要内容为从婴儿期开始在专门的托幼机构内接受全天的教养项目，每天6—10小时，在婴幼儿的年龄到6岁、15岁、20岁、30岁时分别由专人进行跟踪测查。当试验对象到30岁左右时，仍有101名人员参与了成年效果的评价。此项目跟踪的主要指标包括研究对象的受教育水平、经济水平和社会适应性等。与对照组儿童相比，干预组儿童从婴幼儿期到30岁，表现出更高的认知成就、更优的阅读和数学成绩，接受更长年限的教育。研究指出，婴幼儿发展至成年，明显受到社会经济条件和家庭因素的影响。由于此研究项目主要针对家庭经济条件较低的婴幼儿，因此，研究的结果被政府采纳，将对处境不利的婴幼儿家庭实施更多的早期干预。

第二个是布鲁克林教学项目（The Brookline Early Educational Project, BEEP），从1970年开始。与初学者项目的区别是该研究不仅面向贫困儿童，而且面向城市和农村的美国欧裔家庭，研究对象来自169个家庭。干预期是从产前3个月到幼儿园期，进行了5年的家访和儿童中心服务。此外，项目还包括对家长进行教养指导，研究测量婴幼儿的健康发展和家庭早期投入等。结果表明：和没有参加该项目的婴幼儿相比，得到干预的婴幼儿得到的早期教养质量有明显的改善，这些婴幼儿在长大成人后有更高的收入和更好的高等教育水平。此外，研究还发现在农村地区开展的婴幼儿早期教养项目会取得更明显的优势。

（四）监测数据的收集与评估

在研究方法上，很多大型国际项目收集婴幼儿保育教育监测数据非常丰富，包括婴幼儿发展水平、教师资质、保育教育质量、课程实施、家长和社区参与等。已有的研究和项目使用不同的监测工具，包括访谈、观察、标准化测量、档案袋、质量评定、问卷等形式。例如美国"早期开端计划"（Early Head Start）项目强调全面了解和把握婴幼儿发展的特点，给予每个婴幼儿接受早期干预的机会。为了保证项目的质量，美联邦政府提供有关网络的技术援助、方案的执行标准、活动的相关研究和评估等方面的支持。此外，美国婴幼儿专家（Infant Toddler Specialist）协同工作体系是以联邦政府的法律政策和项目资金为依托，以州政府为实施主体，通过整合婴幼儿保育教育资源而搭建的、专门为婴幼儿教师提供专业发展的综合性服务平台。澳大利亚政府在制定儿童早期学习框架的过程中，组织婴幼儿保育教育领域的学术人员、政策制定者、一线工作人员等组成儿童早期发展联合小组，并在全国范围内选取了28个城市、地区和偏远地方等不同类型的儿童早期教育机构,对框架内容进行了试验和评价工作。

## 二、我国婴幼儿研究现状与发展

在20世纪50—60年代,我国婴幼儿研究开始引起政府的关注。1950年宋庆龄在上海创办中国福利会,将妇幼保健工作与科学研究联系起来。中国福利会下属的保育机构,开展了"一岁半到三岁半儿童注意和记忆的调查",对婴幼儿进行"三浴"(空气浴、日光浴、冷水浴)和体育锻炼的科学研究,开发游戏对婴幼儿智力发展的影响的实验研究等,这些对促进婴幼儿早期身心健康和保育研究水平的提高,产生了很好的推动作用。

20世纪70—90年代,随着国内改革开放,婴幼儿早期研究出现了关注热点、广泛参与研究的新时期。在心理学界,华东师范大学朱曼殊教授从1978年起,对1岁11个月的婴儿的口语发展进行了持续八年的研究,撰写了《儿童语言发展研究》学术专著;李丹教授主编的《儿童发展心理学》一书,对乳儿期、婴儿期和幼儿期的身心发展进行了专章分析,对婴儿早期依恋、害怕和焦虑等情绪做了专题研究;缪小春教授负责并翻译了由美国著名心理学家撰写的《儿童发展和个性》一书,详细介绍了当代科学对胎儿期、出生最初两年、出生后第二年和第三年的发展情况,以及婴儿的社会性和情绪发展等问题的研究成果。

医学界为婴幼儿研究也贡献了有价值的研究数据。如由上海第二军医大学王永年等医师写的《39324名0—12岁儿童健康素质调查报告》,其中有0—3岁分月的体重、身高、头围、胸围的体格发育值和有关智能测试报告。上海医科大学刘湘云教授对0—3岁上海郊区婴幼儿的能量及营养素等问题进行了调查。

2000年,随着教育理念的更新和政府部门的重视,婴幼儿研究得到了前所未有的发展。上海市作为中国发展的领先城市之一,及时把握了这一教育趋势,由教科院普教所成立了"上海市0—6岁新生人口优质教育研究课题组",较早对0—6岁新生人口优质教育开展了综合性研究,并于1998年向市府、市教委提交了《上海市0—6岁新生人口优质教育研究和发展规划》报告。1999年,上海市教委牵头成立了"0—3岁婴幼儿早期关心和发展研究"课题组,在进行了三年预研的基础上,正式在2002年立项为全国哲学社会科学"十五"规划国家重点课题,这为0—3岁婴幼儿早期发展领域的深入研究提供了条件和保障。

近十年,我国对0—3岁婴幼儿早期保育教育也给予了前所未有的关注。尤其是"二孩政策"实施以来,我国对0—3岁早期保育教育也给予了更高重视,新一波的0—3岁婴幼儿早期保育教育的研究又逐渐兴起。但是随着社会的发展,许多大城市面临二胎生育率不及预期的情况,家长对婴幼儿保育教育服务的诉求是保育、教育、家庭教育等结合一体的高质量的社会公共服务。目前中央政府和部分地方政府已经或者正在制定有关0—3岁婴幼儿保育教育的法规、目标和标准,重视早期公共服务的质量。2010年《国家中长期教育改革发展规划纲要》中提出重视0—3岁婴幼儿教育。2011年《中国儿童发展纲要(2011—2020)》中提出发展公益性/普惠性的儿童早期综合发展指导机构；积极开展0—3岁婴幼儿科学育儿指导；以幼儿园和社区为依托，为0—3岁婴幼儿及其家庭提供早期保育教育指导。2013年出台《教育部办公厅关于开展0—3岁婴幼儿早期教育试点的通知》，在上海市、北京市等全国14个地区实施公益性婴幼儿保育教育服务，明确各地政府在早期保育教育中的规划、投入和监管等责任，重点在婴幼儿保育教育管理体制和服务模式等方面进行探索。

国家和各地政府对婴幼儿发展及保育的重视也进一步促进了我国婴幼儿研究的开展。在近年来的国家和省部级课题指南中，与0—3岁婴幼儿发展与保育相关的研究课题方向频繁显现。但是，不可否认目前我国婴幼儿研究面临着很多挑战。比如，我国对婴幼儿保育教育质量监测的研究和项目非常有限，家长在选择机构的类型和服务质量上没有科学的判断依据。再如，与发达国家相比，我国缺乏由政府发起的早期干预的项目成本－效益分析。由于缺乏丰富的实证科研数据证明保育教育质量对婴幼儿发展的影响，0—3岁婴幼儿保育教育公共政策的决策也较少依据质量监测数据。又如，国际上针对国家政策实施的跨地区方案、教育干预、婴幼儿脑科学和神经科学等纵向、跨国的研究在我国的发展还远远不够。在0—3岁婴幼儿家庭接受保育教育服务的普及率远远低于西方国家的前提下，国家对早期服务的质量以及对处境不利的婴幼儿家庭进行特别关注还远远不够。

## 三、国内外研究的比较与反思

国际上对婴幼儿的研究起步较早，近二十年来，更是呈现出一种蓬勃发展的态势，表现为对婴幼儿研究的新技术、新方法层出不穷，研究方案日趋精美，研究课题层层深入，研究范围不断扩大，研究队伍日益壮大，跨学科、跨文化协同研究迅速展开。在研究方法上，也出现了生态化、现代化、综合化、计算机化和跨文化的大趋势。这就要求我们进一步拓展国际学术视野，加强国际交流和合作，努力提升自身学术品位和研究成果的科学水平，以适应时代的要求。

相比而言，我国婴幼儿研究才起步不久。早期以介绍西方研究成果为主，缺少本土化的高质量研究。各国婴幼儿发展有其共性，也会受到不同文化情境的影响而发展出其独有的特点。借鉴西方成熟的、先进的研究方法，在本土文化和情境中研究婴幼儿发展与保育的问题，才能真正为我国婴幼儿相关政策的制定提供坚实的基础。

## 本 章 小 结

本章有如下要点：

婴幼儿研究对理论的发展和实践质量的提升都有至关重要的意义。

婴幼儿因其年龄阶段的独特性，很多可以用在成人身上的研究方法无法在婴幼儿身上实现。

婴幼儿研究通常有三大途径：① 通过婴幼儿行为的观察或生理指标的采集来直接获得婴幼儿发展的数据。② 通过成人（如养育者）的报告间接获得婴幼儿发展的相关信息。③ 通过评估婴幼儿的养育环境来间接推断婴幼儿可能存在的发展风险。

婴幼儿研究要投入的人力、物力成本都要高于成人研究，也需要研究者更为谨慎地考虑。婴幼儿研究需要其监护人签署知情同意书，同时也要尊重婴幼儿的意愿表达。

婴幼儿研究开展时需要遵循匿名、保密、谨慎、真实、自主、无害、有益、公平等伦理准则。

国际婴幼儿研究在近几十年来迅猛发展，结合了新科学技术，同时也得到了国家层面的宏观支持。国内婴幼儿研究起步不久，需要在借鉴和吸收国际先进、成熟的研究方法和技术的基础上，进行科学严谨的本土研究，以促进我国婴幼儿学科水平的发展以及婴幼儿保育实践质量的提升。

在接下来的第二章中，我们首先将详细介绍如何设计一个研究，以及有哪些类型的研究设计可供选用。在每种研究设计中，我们都会用到不同的研究方法，在后续章节中将会一一介绍。

# 延 伸 学 习

 拓展阅读

### 婴幼儿研究的复杂性——评估早期经历的影响

早期经历的问题一直饱受争议的原因是，很少有人去验证有关人类早期经验的假设。这并不是说我们没有细致和详尽的后续研究，仍有许多研究关注童年早期所承受的压力、所经历的创伤。然而，大多数情况下认为的逆境，如早期面临风险——贫穷、不良抚育、父母有心理疾病、家庭冲突，并没有限制早期发育，在整个发展过程中也没有精准的时间发生点。事实上，临床上关注的大多数环境风险有持续性或十分固定。因此，不能孤立地看待早期经历所产生的影响；同样，在发展的转折期，如青春期，也很难孤立地看待逆境所产生的影响。许多经验能够说明问题，如亲子依恋。由沃特斯等（Waters, Merrick, Treboux, Crowell & Albersheim, 2000）共同跟进了20年的研究发现，婴儿期建立了安全型依恋的年轻人在谈论他们与父母的关系时多表述为合作、安全。这一发现并不意味着早期依恋就是模式化的，而是因为多年"安全型"（secure-ogenic）抚育下成长的孩子——安全依恋保持了适度的稳定性——继而发展为成年期的安全型行为方式。解决早期依恋经历所产生的影响是一个长期问题，即使通过研究儿童依恋品质的自然发生变化，仍不能排除一些重要的混合因素或选择效应。

筛选早期经历的困难在于，它可能包含了众多带有倾向性的压力源，如以上所介绍的，同时或长期重复的压力。然而，尽量精于数据的分析，就其性质而言，也不可能简单地消除交织在发展过程中的诱因和影响。并且，即使正在着手的研究可能确定某些限制因素，但这

些发现可能无法推广乃至获得人们的认可。

但有趣的是,有关早期经历的争论在动物研究方面已经取得了实质性的进展。这是因为动物研究有效地绕开了在人类研究中存在的方法论混淆问题。从经受一般压力到更多特殊的逆境,如抚育中断,动物研究的确为说明早期社会经历导致的长期影响提供了有力证据(Cacioppo et al., 2002; Fleming, O'Day & Kraemer, 1999; Francis, Diorio, Liu & Meaney, 1999; Hofer, 1994; Sanchez, Ladd & Plotsky, 2001; Weaver et al., 2004)。

人们倾向于将动物研究中发现的普遍理论运用于人类研究,但有时相当困难。遗憾的是,一些物种的生物概念未能引起足够重视。一个典型的例子是生活在新旧大陆的猴子的依恋行为迥异,尤其养育模式与后代的发展密切联系,早期影响在发展后期表现得更为明显(Suomi, 1999)。另外非典型性的例子关注一般压力系统的生理机能,包括啮齿类物种的差异,甚至同一物种不同种族间的差异(Parfitt, Walton, Corriveau & Helmreich, 2007; Sanchez et al., 2001)。当然,在人类和动物研究中也有许多相似且好的例证;主要在于动物研究为检验人类研究的一般假设奠定了基础,但在明确被支持的结论前需要转化到人类研究的背景下说明问题。

(资料来源:小查尔斯·H·泽纳.婴幼儿心理健康手册[M].刘文,译.北京:中国人民大学出版社,2014:101-102.)

##  学习活动

1. 查找婴幼儿经典研究,讨论这类研究的特点。
2. 选择一个感兴趣的婴幼儿话题并思考:如果要进行相关研究应该如何设计?面临的困难和挑战有哪些?

## 复习与思考

1. 开展婴幼儿研究需要注意哪些方面?
2. 开展婴幼儿研究需要取得哪些相关方的同意?需要取得婴幼儿自己的同意吗?
3. 国内外婴幼儿研究的差距在哪里?

# 第二章　婴幼儿研究设计

【学习目标】

1. 了解研究设计需要经历的阶段。
2. 了解调查研究的特点，并掌握其实施过程。
3. 了解实验研究的特点，并掌握其实施过程。
4. 了解个案研究的特点，并掌握其实施过程。
5. 了解行动研究的特点，并掌握其实施过程。
6. 了解民族志研究的特点，并掌握其实施过程。

## 第一节　研究设计步骤

每一个研究开始前，研究者首先都有一个研究设想或者某个想要解答的问题。但要把研究的初步想法和想要解答的一般问题转化为特定的研究问题并进行研究，则需要经过一系列的步骤，如选题、文献综述、确定研究计划等。在确定研究计划时，根据特定的研究问题选择合适的研究设计，则需要我们熟悉各类研究设计的方法和特点，从而给出最合理的研究计划。本章中我们将首先介绍研究设计所必需的基本步骤，然后逐个介绍常用研究设计的特点和实施过程，为科学研究方法的初学者提供各类研究设计的概要导览。

## 一、选题

（一）选题来源

所谓研究就是提出问题，并收集资料来回答所提出的问题（Mukherji & Albon, 2010）。研究的第一步就是要确定研究的问题。选题来源可以是来自个人感兴趣的领域，比如有的学生在上课时接触到一些议题而有了想要在这一方面继续研究的想法；也可以是来自实际要解决的问题，比如有的实践工作者想要寻求提高家长在亲子活动中的参与度的方法。有时甚至是生活中碰到的问题，也可以转化为研究问题。比如虽然现在早教市场比较红火，但很多家长都会困惑：到底有没有必要让孩子上早教？这个困惑背后的研究问题是：上过早教的孩子是否比没有上过早教的孩子发展水平更好？

（二）什么是好的选题

一个好的选题具有以下三个特点：

第一，范围大小合适。很多研究新手刚开始选择研究问题时常常过于宽泛，比如"婴幼儿社会性发展""家长教养方式""早教机构教师教育""托幼机构管理""早教游戏"等。事实上，以上这些属于研究领域而不是研究问题。选题可以来源于你所感兴趣的研究领域，但是落实到具体研究，就要缩小关注的焦点，细化到具体的问题上。比如"家长教养方式"这个研究领域，你想要关注的是家长教养方式的哪些方面呢？是家长教养方式的类型，婴幼儿家长教养方式的特点，还是家长教养方式形成的影响因素，抑或是家长教养方式对婴幼儿发展的影响？如果是"家长教养方式对婴幼儿发展的影响"，那么你更想关注的是家长教养方式对婴幼儿发展的哪些方面呢？婴幼儿的气质？婴幼儿的认知发展？婴幼儿的情绪调节能力？婴幼儿的社会性发展？……这些都是研究者应该去细化和界定的。选题的范围大小还要和做该项研究本身所要服务的目的相适应。比如有些题目适用于博士生毕业论文，但对本科生毕业论文来说就太大了。学生可以查阅往年同类型的研究选题，以便更好地把握选题的大小程度。

第二，新意和价值。有了大致的选题方向后，就要去进行文献检索，看这个方向目前已有的研究已经到了什么程度，有哪些发现，又有哪些问题还没有解决，或者还有哪些局限可以突破，把选题进一步精准地落在这些点上，就可以体现研究的新意。但如果仅仅是某个方面别人没有研究过，这并不能体现研究的价值。研究的价值还体现在其研究意义上。如果某个选题的研究可以对某理论的诠释或发展有所贡献，或是可以指导甚至解决某些现实问题，那这个选题就是有价值的。

第三，可行性。选题确定的过程中还要考虑研究可能需要的时间、资源以及自身的能力。比如有的选题需要深入早教机构较长的时间（比如半年），那么就要评估研究期限是否允许半年的时间，以及早教机构是否有这个资源可供深入。研究还会有很多相关费用支出，比如摄像机或录音笔、打印问卷、邮寄等费用，是否可以承担？有些选题需要研究者有统计学的能力才可以分析，是否可以胜任？或者是否有足够的时间学习？等等。一个选题再好，若执行不了，也无法完成一个好的研究。

# 二、选择研究设计

选题之后需要考虑的就是如何进行研究设计，即用什么方式来回答所研究的问题。提出什么样的问题、采用什么方式来回答问题，会受到研究范式（paradigm）的影响。也就是说，我们观察、认识和分析世界的理论框架是什么样的，会影响我们的研究设计和方式。研究范式分很多种，但在社会科学研究中常见的研究范式有两种，一种是实证主义（positivism）范式，一种是解释主义（interpretivism）范式（Kumar, 2005）。实证主义范式认为，世界上存在一些不变的、普遍的规律,可以通过科学的方法去发现和认识这些规律。而解释主义范式则认为实证主义范式忽略了真实世界的不确定性和复杂性。解释主义范式认为对不同的行为可能存在多种不同的解释,每个人都是在社会建构的文化框架内认识世界并分享意义(Mukherji & Albon, 2010)。受实证主义范式影响的研究者多会采用量化研究方法体系,常见的有调查研究、实验研究。而受解释主义范式影响的研究者多会采用质性研究方法体系,常见的有个案研究、行动研究、民族志研究[1]。五种常见的研究设计及其在婴幼儿研究中的应用会在本章第二至第六节中详细介绍。需要指出的是,每一种研究设计都有其优势和局限,研究者应根据具体研究的问题、目标、情境、类型做出合理的选择。

## 三、文献检索

在选题或研究设计方案的考虑过程中,我们需要进行相关的文献检索,以了解所关注的研究领域目前已有研究的状况,以及研究相关主题一般会采用什么样的研究设计。因此,学会文献检索也是一项非常重要的研究能力。需要指出的是,选题、研究设计和文献检索并非一个依次进行的过程,三者有可能是同时进行的。根据文献检索的结果,重新调整选题和研究设计也十分常见。文献检索获得的信息也会通过文献综述的形式反映在最终形成的研究报告中。

根据出版形式不同,文献可以分为书籍、期刊论文、学位论文、报纸、教育档案、政府文件、电子资料(比如自媒体或其他网络平台上的文章)等。一般来说,权威/核心期刊的学术论文、专业书籍以及较好学校的硕博论文是比较好的参考文献来源,政府的重要政策文件在部分研究议题中也是重要的文献组成。而相对来说,像网络文章等电子资料之类的文献或者低质量的期刊论文,其参考价值就要小一些。

常用的检索文献方式有三种途径。

第一,通过选题中的关键词在学术数据库里搜索。我国常用的数据库有"知网""万方"等。外文文献常用的数据库有"EBSCO""ScienceDirect""JSTOR"等。比如有一个选题是"家长教养方式对幼儿情绪调节能力的影响",那么我们就可以选择"教养方式""情绪调节""幼儿/儿童"这些关键词在数据库内进行搜索,以获得与自己的研究选题相关的文献内容。

第二,通过搜索知名学者的成果进行检索。如果研究者对想要研究的课题已经有基本的了解,可能就会知道该研究方向的领军学者有哪些,可以把这些知名学者的研究成果检索出来作为了解该领域主要研究状况的切入口。

第三,通过参考文献的信息进行检索。用前面两种方法进行检索后,我们获得一定数量的文献。在阅读这些文献的过程中,我们可能会看到某些文献中提到的一些研究与我们的

---

1 事实上,量化研究和质性研究方法体系并不仅仅受到文中所提两种研究范式的影响。此处仅为读者理解方便,更多研究范式的细分及对量化和质性研究的影响可参见 Hartas, D. (2010). *Educational Research and Inquiry: Qualitative and Quantitative Approaches* (pp.33–52). London: Continuum.

选题方向非常吻合,我们就会根据文后所附参考文献的信息进一步检索。在通过以上方式检索到文献后,研究者要根据文献与研究选题的相关程度和文献本身的质量进一步筛选,以保证获得有价值的文献信息。

## 第二节 调查研究

### 一、调查研究基本介绍

调查研究指的是从大量的调查对象中获得信息的一种研究设计,其具体研究方法常常包括问卷法和访谈法(这两种方法的具体介绍可见第六、第八章)等。因为问卷法需要研究对象有一定的读写能力,而访谈法需要研究对象有一定的语言理解和表达能力,因此较少直接用在婴幼儿身上,而由家长和教师来报告比较多。在婴幼儿研究中也有通过一对一的测评或者观察来搜集调查数据,但这往往要比一般的调查研究耗费更多的时间、精力才能达到一定的样本量(调查研究所需的调查对象的数量)。不管采用何种具体方法,调查研究设计一般具有以下特点:① 系统性。根据一定的程序对调查内容进行设计。② 中立性。研究者在调查过程中没有任何偏见或偏好,始终保持客观、中立。③ 代表性。样本的选取必须具有代表性,这样研究结果才可以推论到整个群体。④ 理论基础。调查是理论驱动的,形成研究目标有其理论依据,同时具体研究方法的选择也要有其理论依据。⑤ 量化。调查研究基本以量化为主,以数字来描述或预测。⑥ 可重复性。其他人用同样的方法可以得到相似的结果。

### 二、描述性调查和分析性调查

根据研究目的的不同,调查研究又可分为描述性调查和分析性调查。

描述性调查旨在发现一定群体的人在想什么或做什么,是对某个特定情况的总体展现。比如研究者想了解幼儿一般是什么时候开始具有如厕能力的,那就会在15—42个月之间的正常幼儿中抽取一定量的样本,让幼儿家长填写幼儿如厕行为进展的记录表。结果发现,最早自主如厕的幼儿与最晚自主如厕的幼儿相差将近1年,且女孩(平均32.5个月大)如厕技能的掌握要早于男孩(平均35个月大)(Schum等,2002)。比如上海想要调查一下家长对目前2—3岁幼儿托幼服务的满意程度,在上海各区分别抽取300名2—3岁婴幼儿的家长进行问卷调查,调查内容包括家长在社区范围内是否有选择的托幼机构、费用范围以及对目前托幼服务的满意程度,这也是一种描述性研究。又比如经济合作与发展组织(OECD)教育委员会在1998年发起了对12个参与国幼儿教育政策专题的调查活动,并取名为"强势开端"

(Starting Strong),此后在2001、2006、2012、2015年发表了四份报告,详细描述了所调查国家儿童早期保育和教育的情况,并在此基础上分析了各国政策实践中遇到的挑战和未来需要改善的方向。以上这些都是描述性调查。好的描述性研究有助于我们进一步了解婴幼儿发展状况,或者为做婴幼儿相关决策提供有价值的依据。

分析性调查是当研究者对不同因素间的关系有所假设时进行的检验研究。比如研究者假设家长的训练引导会影响幼儿如厕技能的掌握,因此研究者调查了家长对幼儿如厕技能的训练策略和幼儿掌握如厕技能的年龄,看两者是否存在一定的关系。又比如研究者想要调查是否母亲的教育水平越高,孩子开口说话的年龄就越早,可以向家长发放问卷,同时收集关于母亲教育水平和孩子开口说话年龄的信息,并分析是否存在相关性。

需要提醒的是,大部分调查研究只能推测不同因素之间的相关关系,但不能得出因果关系。也就是说,我们只能知道当A现象出现时,B现象也会出现,但不能推导出是A现象导致了B现象。因为有可能是B现象导致了A现象,也有可能是因为调查中没有涉及的C因素,同时导致了A现象和B现象的出现。比如某调查发现,家长采用较为严厉的教养方式,孩子的行为问题比较多,但这有可能是因为孩子行为问题比较多,促使家长不得不采用更为严厉的教养方式。再比如某调查发现,母乳喂养的幼儿比奶粉喂养的幼儿普遍发展得更好,但这并不能得出母乳喂养促进儿童发展的结论。因为有可能在实施调查的历史阶段,往往社会经济地位比较高的家庭的母亲更有可能选择母乳喂养,而社会经济地位比较低的家庭的母亲因为较少接触到母乳喂养的知识,同时又有生存和工作的压力而更有可能选择奶粉喂养。而儿童发展结果差异主要是因为社会经济地位比较高的家庭可以给孩子提供更为丰富的教育资源。如果要在量化研究中进行因果推论,需要通过严谨的实验研究(具体介绍见第二节)或在设计良好的纵向研究(见下文)中控制好可能相关的干扰变量。

## 三、横向研究、纵向研究和序列研究

在做与儿童发展相关的调查研究时,我们往往希望了解儿童随着年龄变化的发展轨迹。在这样的发展研究设计中有三种类型:横向研究、纵向研究和序列研究。

横向研究指的是在同一时间点对不同年龄的群体进行考察。比如在2017年9月,对当时12个月、24个月和36个月大的孩子进行情绪调节能力水平的调查,以观察情绪识别能力在不同年龄孩子身上的水平差异。这种研究设计较为高效,因为只要采集一次就可以得到多个年龄段的数据。然而这些数据并不代表同一群体在年龄趋势上的发展变化。不同年龄上显示的发展水平差异可能受到不同年龄组群体取样差异的干扰,也可能受到同龄群组效应(cohort effects)的干扰。同龄群组效应指的是出生在同一时期的人会受到当时特定的历史文化环境的影响,其发展特点并不一定能应用到另一个时期出生的群体上去。比如所调查区域的政府自2014—2015年可能开展过对当年新生儿家长的家庭教育入户指导活动,也许这一活动使这一年间出生的那一批孩子(也就是调查时36个月大的孩子)的情绪调节能力发展水平普遍提高,而不是单纯由年龄增长带来的优势。

纵向研究,有时也称为追踪研究,是对同一组研究对象在不同年龄段进行重复调查。比如2016年9月出生的孩子,在他们12个月、24个月或36个月大时,分三次对他们的情绪调节能力进行调查,可以看出这些孩子随着年龄增长而出现的情绪识别能力的发展变化特点。还有的追踪研究可能有更长的时间跨度,比如研究3岁时形成安全依恋的幼儿在青春期更少出现叛逆行为,以及在成年后是否会拥有更高的婚恋质量,这样的追踪研究就可能持续十几年乃至几十年。虽然追踪研究相比横向研究有其优势,但是在研究时间和精力上的耗费要大很多,而且存在追踪过程中往往会有研究对象中途退出或流失的情况。有时候在调查中重复测验同一个方面的内容,会出现练习效应(指水平的提高不是因为发展因素而是因为熟练)。另外,横向研究中的同龄群组效应依旧会存在。比如说2018年调查所在区域在政府的推动下引进了很多以情商培养为特色的托幼服务,所调查的这些孩子中的绝大多数在24个月大时进入托幼机构。在追踪研究中可能发现研究中的孩子在24个月到36个月间的情绪调节能力出现了大幅提高。这有可能并不单纯是年龄增长造成的发展。如果换成2008年出生的孩子进行追踪研究的话,也许仅仅发现24个月到36个月间孩子的情绪调节能力只有小幅增长。

序列研究是结合横向研究和纵向研究的研究设计,指的是在对不同年龄段的研究对象在多个时间节点上进行重复调查。图2-1显示了一个序列设计的例子。序列研究可以很好地消除同龄群组效应,但因为其巨大的人力、物力和时间的消耗,在实际研究中,这种设计并不多见。

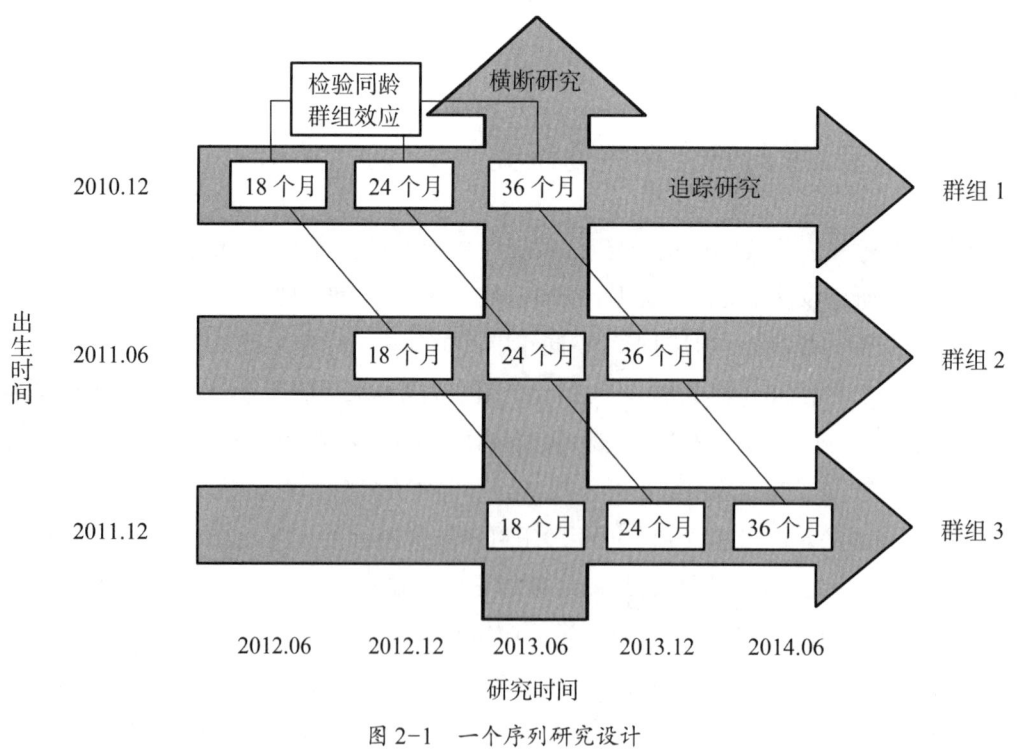

图2-1 一个序列研究设计

## 四、调查研究的样本

样本抽取是否合理对调查研究的质量至关重要。因为调查研究的一大优势即可以把研究所得结论推论到总体,如果抽取的样本无法代表总体的情况,那么在这个样本基础上得出的研究结论将无法推论到总体。举个简单的例子:

在一个游泳池里面放 5 000 个海洋球(总体),有黄色、蓝色和白色的。如果要知道这个游泳池里分别有多少个黄色的海洋球、多少个蓝色的海洋球和多少个白色的海洋球(研究问题),将所有海洋球都数一遍是非常耗时耗力的事情,何况很多研究中总体的数量可能达到几万、几亿乃至更多,要把所有人都调查遍是一件不可能的事。另一种更为有效的方法就是我们从游泳池里抽取一批(如200个)海洋球(样本),统计这200个海洋球中黄、蓝和白色各占的比例,然后推论到总体。但这个样本的比例是不是真的能推论总体情况,就要看我们是如何抽取这200个海洋球的。游泳池里的各色海洋球不一定是完全均匀一致地分布的。若在游泳池的某个角抽取200个海洋球,可能正好这个角上白色海洋球要更多一些(比如黄、蓝、白的比例分别是20%、30%、50%)。但如果换一个角抽取200个海洋球,也许黄、蓝、白的比例就变成了40%、25%、35%。这种抽样方式得出的结论推论到总体,可靠性就比较低。如果我们让游泳池里的海洋球均匀一致地分布,或者我们在游泳池内随机选择多个点进行抽取,使得每个海洋球被抽取的可能性都一样,那么抽取到的样本就可以比较准确地体现总体的情况。这个就是随机抽样。

(一)随机抽样

随机抽样不是指随意、随便抽样,而是指总体中每一个体被抽中的概率是均等的。随机抽样又分为简单随机抽样、系统随机抽样、分层随机抽样和整群随机抽样。

简单随机抽样指的是用抽签或随机数字表(图2-2)的方式来进行取样。比如想在某托幼机构的300个幼儿里抽取50个幼儿来参加调查,可以把300个幼儿编成300个号签,随机从中抽出50个号签,这50个号签所对应的幼儿即被选中。这是抽签法。如果采取随机数字表法,则在随机数字表里任选一个数(如第6行第5列的数字是0),从选定的数字开始向右(也可以向上、向下、向左)读3个数(028),由于028＜300,则选中;继续向右读取3个数(072),由于072＜300,则选中;继续向右读取3个数(837),由于837＞300,则跳过;继续向右读取3个数(146),由于146＜300,则选中……按照这一方法,直到选满50个幼儿为止。

系统随机抽样指的是每隔固定的间隔抽取一个样本。比如,同样要在300个幼儿里抽取50个幼儿。因为300/50=6,所以我们先根据简单随机抽样法,在0—6之间确定第一个抽中的幼儿(如4),之后就每隔6个取一个,依次得到4,10,16,22,28……298。这样就可以抽取到50个幼儿。

分层随机抽样指的是按某特征分类,再按照一定的比例在每个类别中随机抽样。比如想调查婴幼儿母亲的育儿压力,要抽取300名母亲,但同时又希望可以调查到不同受教育程

```
39 65 36 63 70   77 45 85 50 51   74 13 39 35 22   30 53 36 02 95   49 34 88 73 61
73 71 98 16 04   29 18 94 51 23   76 51 97 84 86   79 93 96 38 63   08 58 25 58 94
72 20 56 20 11   72 65 71 08 86   79 57 95 13 91   97 48 72 66 48   09 71 17 24 89
75 17 26 99 76   89 37 20 70 01   77 31 61 95 46   26 97 05 73 51   53 33 18 72 87
37 48 60 82 29   81 30 15 39 14   48 38 75 93 29   06 87 37 78 48   45 56 00 84 47

68 08 02 80 72   83 71 46 30 49   89 17 95 88 29   02 39 56 03 46   97 74 06 56 17
14 23 98 61 67   70 52 85 01 50   01 84 02 78 43   10 62 98 19 41   18 83 99 47 99
49 08 94 21 44   25 27 99 41 28   07 41 08 34 66   19 42 74 39 91   41 96 53 78 72
78 37 06 08 43   63 61 62 42 29   39 68 95 10 96   09 24 23 00 62   56 12 80 73 16
37 21 34 17 68   68 96 83 23 56   32 84 60 38 13   44 73 67 34 71   97 15 79 74 58

14 29 09 34 04   87 83 07 55 07   76 58 30 83 64   87 29 25 58 84   86 50 60 00 25
58 43 28 06 36   49 52 83 51 14   47 56 91 29 34   05 87 31 06 95   12 45 57 09 09
10 43 67 29 70   80 62 80 03 42   10 80 21 38 84   90 56 35 03 09   43 12 74 49 14
44 38 88 39 54   86 97 37 44 22   00 95 01 31 76   17 16 29 56 63   38 78 94 49 81
90 69 59 19 51   85 39 52 85 13   07 28 37 07 61   11 16 36 27 03   78 86 72 04 95

41 47 10 25 62   97 05 31 03 61   20 26 36 31 62   68 69 86 95 44   84 95 48 46 45
91 94 14 63 19   75 89 11 47 11   31 56 34 19 09   79 57 92 36 59   14 93 87 81 40
80 06 54 18 66   09 18 94 06 19   98 40 07 17 81   22 45 44 84 11   24 62 20 42 31
67 72 77 63 48   84 08 31 55 58   24 33 45 77 58   80 45 67 93 82   75 70 16 08 24
59 40 24 13 27   79 26 88 86 30   01 31 60 10 39   53 58 47 70 93   85 81 56 39 38

05 90 35 89 95   01 61 16 96 94   50 78 13 69 36   37 68 53 37 31   71 26 35 03 71
44 43 80 69 98   46 68 05 14 82   90 78 50 05 62   77 79 13 57 44   59 60 10 39 66
61 81 31 96 82   00 57 25 60 59   46 72 60 18 77   55 66 13 62 11   08 99 55 64 57
42 88 07 10 05   24 98 65 63 21   47 21 61 88 32   27 80 30 21 60   10 92 35 36 12
77 94 30 05 39   28 10 99 00 27   12 73 73 99 12   49 99 57 94 82   96 88 57 17 91
```

图 2-2 随机数字表示例

度的母亲，以获得比较全面的信息。因此，可以先把母亲按受教育程度分成三个类别：本科及以上，高中或大专，中专、职校及以下。如果该地区母亲在三个不同受教育程度上的分布是4∶4∶2，那么就在每个受教育程度的母亲群体中分别抽取120、120、60名母亲，合在一起组成300名母亲的样本。

整群随机抽样有时也称为聚类抽样，指的是以自然群体为单位，从较大的群总体中随机抽取样本。比如要在南京市抽取600名托班幼儿进行调查，如果该市托班的规模一般在20人左右，那么就可以在南京市随机抽取30个托班来最终获取600名幼儿的样本。

（二）非随机抽样

有时由于现实条件的限制，随机抽样有难度，就会采用非随机抽样。在非随机抽样中，每个个体被选中的概率是不一样的。基于非随机抽样方法抽取的样本，其得出的研究结论很难确定能否推广到总体情况。常用的非随机抽样方法有机会抽样、自我选择抽样、滚雪球抽样等。

机会抽样，也称为方便取样，指的是从总体中选择任一方便接触的研究对象参与研究。比如某托幼机构的老师想要调查家长在幼儿早教方面的投入，他选取的是每天来幼儿园的家长、那些和他关系好的家长以及那些比较有时间的家长。又或者某研究者想要研究婴幼儿早教课程的设置情况，他找的是和他相熟的早教中心主任所管理的机构。

自我选择抽样，指的是公开招募，研究对象自愿参加。比如现在有研究者常常把某一问卷发在网络上，让大家自愿填答。但事实上，愿意来填答的个体常常具有某些特质，比如经常浏览该网站、相对比较有空闲时间、对研究的主题感兴趣、性格上比较愿意配合别人、好奇心比较强等。这样的话,这个样本就必然存在一定的偏差。

滚雪球抽样,指的是在研究过程中由已有研究对象介绍逐步增加样本量。这一抽样方法往往用于应对某些样本群体较难接触到的情况,比如研究对象是单身母亲或有三孩的家庭等。研究者可能认识2—3个单身母亲,然后由这2—3个母亲介绍他们认识的人中的单身母亲,可能就由此再接触十来个母亲,再由这十来个母亲介绍他们认识的人中的单身母亲……样本容量经过这样滚雪球式的方法一步步增大,直到满足研究数量的要求。

一般情况下,如果可以做到随机抽样就尽量随机抽样,因为采取非随机抽样方法的调查研究事实上就失去了推论总体的优势。但实在受客观条件限制只能采取非随机抽样的话,那么就尽可能保证样本的代表性,并对结论的推断保持谨慎。

(三)样本大小

一般来说,样本量越大,误差越小,对总体的推断就越准确。但是当样本量达到一定程度时,再增加样本量,随之减少的误差程度也会逐渐减少。因此,也需要在减少误差和需要增加的人力、物力、时间成本之间有一个衡量。Cresswell(2005)建议调查研究的所需样本大约为350个。但这只是为研究新手入门比较方便的一个估计。事实上,不同的研究对样本量的要求也会有较大的不同,会受到不同的研究目的以及涉及的具体研究方法和统计分析方法等多方因素的影响。在统计学里有系统地对样本量估计的方法,有兴趣的读者可以进一步了解。

## 五、调查研究的优势与局限

调查研究可以在一定程度上将研究结果推广到更大的总体。在婴幼儿研究中使用调查研究,有助于探索婴幼儿发展的普遍规律,为教育决策提供有价值的依据。然而,调查研究虽然可以搜集到大量的信息,但在研究深度上不如很多质性研究。并且要做一个高质量的调查研究,对研究者的统计能力要求也较高。

## 第三节 实验研究

## 一、实验研究基本介绍

与调查研究在自然的、不加改变的生活环境中收集数据信息的特点不同的是,实验研究会通过控制或操纵某一条件或因素,观察可能发生的变化。因此,实验研究设计有严密的逻辑和严谨的控制,有助于推断因果关系。

假定我们想要研究是否参加早教对幼儿社会性发展的影响,我们来比较一下调查研究与实验研究的区别。如果是做调查研究,我们可能会通过访谈或问卷来了解幼儿参加早教的经历,并对幼儿的社会性发展水平进行测评,然后通过数据分析,比较有早教经历和没有早教经历的幼儿在社会性发展水平上有无显著差异(图2-3左)。即使我们在研究结果中发现参加过早教的幼儿的社会性发展水平要高于没有参加过早教的幼儿,但也不能说明是早教的经历提高了幼儿的社会性发展水平。此中缘由我们在上一节中已有讨论。早教经历与幼儿社会性发展的相关可能是因为早教经历影响了幼儿的社会性发展,也可能是家长更愿意把社会性发展还不错的孩子送到早教中心,还可能是对孩子的早教提供积极支持的家长在日常生活中也会更关注孩子的各方面发展。而实验研究设计则是在随机选取的一个样本中,把幼儿随机分成两组,对幼儿社会性发展水平进行测评。然后一组去参加早教,另一组不参加早教,之后再做一次社会性发展水平的测评,最后比较这两组幼儿的社会性发展水平在这段时间内的变化情况(图2-3右)。这样的实验研究设计控制了幼儿初始社会性发展水平的影响。同时通过随机分配,也排除了家长的不同特质以及其他可能干扰因素的影响。也就是说,参加早教与不参加早教是这两组幼儿之间唯一的区别。那么如果他们社会性发展水平的增长有差异,就可以归到早教经历这一因素了。

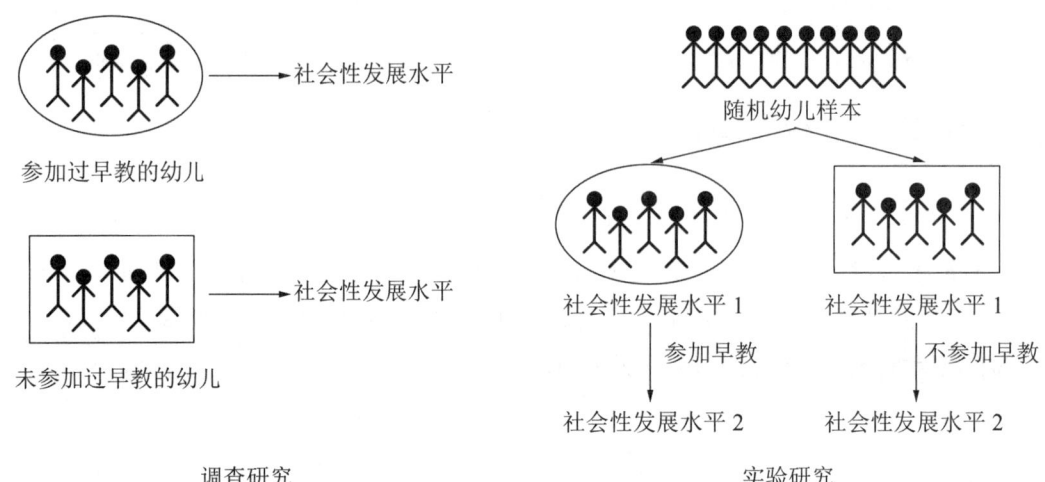

图2-3 调查研究(左)与实验研究(右)的比较

实验研究中的基本概念如下:

1. 自变量、因变量、干扰变量

自变量(通常用字母X表示)指的是研究假设中会引起其他变量变化的因素,是实验中实验者操纵的变量,在上例中指的就是早教经历。

因变量(通常用字母Y表示)指的是受自变量的影响而发生变化的因素,是实验中的结果变量,在上例中指的就是幼儿的社会性发展水平。

干扰变量,也被称为无关变量,指的是除自变量以外会引起因变量变化的因素,是实验中需要控制或排除的变量。

2. 实验组、对照组和随机分配

实验组指的是接受实验干预或操作的研究对象,在上例中指的是参加早教的那一组。对照组(有时也叫控制组)指的是不接受任何干预的研究对象,在上例中指的是不参加早教的那一组。在有的实验中,实验组可能不止一个(见案例"婴儿的语言学习")。在实验研究中,随机取样所得的样本将通过随机分配分别进入实验组和对照组。随机分配是实验研究中的重要一环,通过随机分配,可以帮助研究者有效控制实验组和对照组因个体差异造成的干扰变量,保证实验组和对照组在概率上保持同质性(图2-4)。

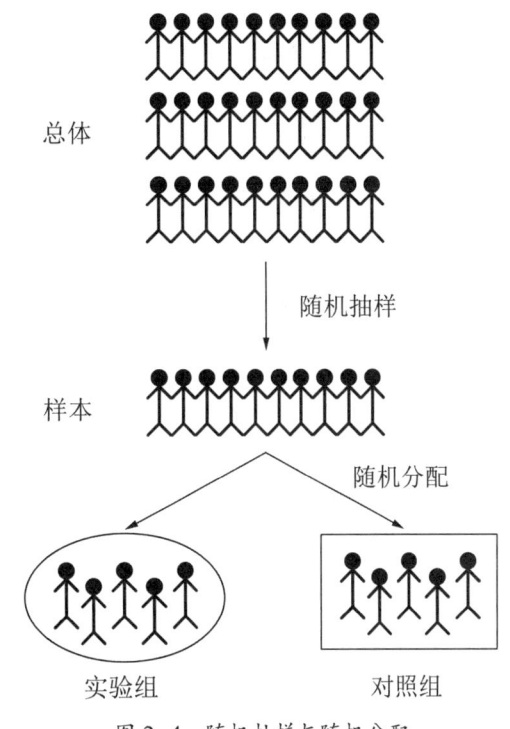

图 2-4 随机抽样与随机分配

**案例1**

### 婴儿的语言学习

婴儿在出生之初可以辨别世界上所有国家所有语言里的所有语音,这一能力在1岁后就基本消失了,婴儿只能识别母语中的语音,而对母语中不出现的语音变得不再敏感。华盛顿大学教授Patricia Kuhl想要研究如何帮助婴儿保持这一能力。她和她的研究团队做了如下的实验。她对一群美国婴儿从6—8个月大开始实验,一直到孩子10—12个月大,并在实验前后对婴儿对普通话语音的辨别能力进行测试。实验共有四组不同的情况。第一实验组是一个台湾老师给孩子用普通话上12节课;第二实验组是给孩子看台湾老师用普通话讲课的视频,内容和第一组一样;第三实验组给孩子听台湾老师用普通话讲课,没有视像,只有音频;第四组让孩子以同样的频率来实验室,但是并不给任何普通话的干预,是对照组。最后的研究结果发现,只有第一组的孩子保持了对普通话的语音辨别能力,而第二、第三、第四组孩子对普通话的语音辨别能力都如常下降了。这一研究证明:只有人与人之间真实的社会互动才能促发孩子学习语言。

3. 前测和后测

前测指的是在实验干预前对研究对象进行测评，后测指的是在实验干预后对研究对象进行测评。在幼儿早教经历一例中，对幼儿第一次社会性发展水平的测评就是前测，对幼儿第二次社会性发展水平的测评就是后测。前后测可以控制因变量的初始水平对干预结果的影响。在婴儿的语言学习一例中，实验前后对婴儿语音辨别能力的测试就是前后测。

## 二、实验研究的类型

（一）前实验

前实验只有一个实验组，没有对照组。想象在上述幼儿早教经历的案例里，如果没有对照组，只有一个实验组。我们让实验组的孩子参加早教，并在孩子参加早教前后进行社会性发展水平的测评。研究结果很有可能发现参加早教后孩子的社会性发展水平要高于参加早教前。但这可以说明一定是早教的作用吗？这很有可能是孩子随着年龄的增长自然发展成熟的结果。也就是说，不管孩子有没有参加早教，随着孩子长大，社会性发展水平自然会提高。要排除自然成熟的因素，必然需要有一对照组。只有实验组孩子在社会性水平上的发展速度显著高于对照组，我们才可以说早教对促进孩子的社会性发展有帮助。因此，严格来讲，前实验并不能算是真正的实验研究，往往只能作为正式实验研究开始前的初期探索。

（二）准实验

准实验有实验组和对照组，但是由于现实条件的限制，未做到随机分配。在现实的教育情境中，有时候确实很难做到随机分配研究对象。比如想要评估某个早教游戏设计是否可以提高幼儿的认知能力，把几个班级的孩子打乱重新分配到不同的班（组）上接受不同课程，在现实操作中不太容易实现。因此，我们可能会在已有的班级中选择一个作为实验组来实施新的游戏课程，而选择另一个作为对照组实施传统的游戏课程。与前实验相比，准实验有对照组作为参考，可以在一定程度上排除自然成熟的因素。但是由于未能随机分配，导致实验组和控制组存在群体上的差异，而最终两组在实验结果上的差异，可能不一定来源于是否进行了实验操作，而是来源于本身的群体差异。比如在上述早教游戏提高幼儿认知能力的案例中，如果研究结果发现实验组这个班级幼儿在认知能力上的发展速度高于对照组这个班级幼儿的认知发展速度，我们也不能完全定论说这是因为实验组这个班级实施的新的游戏课程起了作用，因为实验组和对照组除了游戏课程外还存在其他差异。比如有可能是因为两个班的老师本身就有不同，实验班的老师教学经验更为丰富或者师幼互动质量更高。也许新的游戏课程和传统的游戏课程在促进幼儿认知发展的效果上并没有差异，只是恰好实验班的老师本身更具有教学优势罢了。因此，如果要将准实验做得更为严谨，即使无法进行随机分配，研究者也需要使实验组和对照组在各方面特征上尽量匹配，对那些可能会影响实验结果的变量尽量给予控制，比如选择在班级规模、男女比例、生源质量、师资配备等各项指标上差不多的班级作为实验组和对照组来实施游戏课程。在准实验中，将实验组和对照组尽量匹配是研究者希望接近随机分配的效果的努力,然而现实情境中,干扰因素众多,通过人为控制毕竟无法穷尽,很难使实验组和对照组达到百分之百的匹配,其因果推论的可靠性终究还是不及真实验。

（三）真实验

真实验指的是完全遵循实验设计的要求,通过随机分配将样本分为实验组和控制组,是完全的随机控制实验(randomized control trials)。比如说研究者想要研究母亲是否在场会不会影响婴儿对陌生人的反应,就可以把婴儿随机分成两组,实验组和对照组的实验情境一样（有同一个陌生人以同样的方式接近婴儿),唯一的区别就是实验组的婴儿母亲在身边,而对照组的婴儿母亲并不在身边。随机控制实验这一设计也常常用在早期项目的效果评估上,其研究结果往往作为评价项目质量的重要依据。例如在美国,政府对教育项目的资金投入有非常清晰的导向,即更倾向于推广基于证据(evidence-based)的项目。而在所有研究证据中,来自随机控制实验研究的证据被认为是最为可靠的,因为此类实验研究可以最好地排除无关变量的影响,而检测到项目本身的影响效果。（见案例"早期儿童家长教育指导项目"。）

案例2

**早期儿童家长教育指导项目**

Bullard等人在2010年的一项研究评估了俄勒冈家长管理培训(PMTO)在重组家庭里的作用。他们把110个家庭随机分配到实验组(参加PMTO项目)和对照组(不参加任何干预)。在家长培训前对家长的教养行为、夫妻关系、婚姻满意度以及孩子的行为问题进行了前测。然后分别在6个月后、12个月后以及24个月后进行了三次后测,以评估干预是否有效以及效果是否持续。研究结果发现,参加PMTO项目可以帮助重组家庭的家长提高教养水平、提升婚姻质量,并减少孩子行为问题的发生。PMTO项目对家长和孩子的积极影响得到了一系列类似研究的证实,从而成为被美国政府广为采用的基于证据的家庭教育指导项目。

## 三、实验研究的效度

实验研究的效度指的是实验结果真实性和有效性的程度,分为内在效度和外在效度。

内在效度指的是实验结果的真实性,即自变量与因变量关系的真实程度。实验过程中意外的偶然事件会对内在效度造成干扰。比如在婴儿语言学习的案例中,音频和视频组在有几次培训的时候因为播放机器的关系使画面或音质出现了瑕疵。实验前后测的不一致因素也会损害到内在效度。比如前后测有两位不同的主试,所采用的测试程序或方法有所不同,或者前后测评的工具有所不同。如果研究对象没有经过随机分配进入实验组和对照组,那么组间的差异就有可能来自除了自变量以外的因素。所以准实验的内部效度一般都要低于真实验。另外，实验时研究对象的流失也会降低内在效度。

外在效度指的是实验结果的可推广性，即实验结果是否可以应用于同类研究对象。在真实验中，由于对各类因素控制性高，可能在复杂的真实情境中较难重复出效果，因而其外在效度存在局限。抽样偏差也会降低外在效度。比如在上述早教一例中，如果抽取的样本都是有经济能力负担早教或者对儿童早教有积极意识的人，则其研究结果可能不会进一步推广。另外，如果前测过程中的某个因素暗示了实验操作时的反应，那么可能导致只有参加了实验前测的人才会在实验后出现某种特定的反应。这也会破坏实验的外在效度。有时候研究对象对参加实验特别有新鲜感和好奇感，而这种情绪状态与实验操作是紧密相连的话，也会导致在实验以外的相似场景很难重复研究结果，从而导致外在效度的降低。

## 四、实验研究的优势与局限

设计严谨的实验研究，能够较好地控制干扰变量，因而对检验特定因果关系有其独特的优势。在实验室进行的实验研究最便于控制各种无关变量，但是也会导致实验结果不一定能应用于复杂的现实情境，也就是说外在效度较低。在现实情境中进行的实验研究，干扰变量的控制难度会很高，导致因果关系的真实性受到挑战，也就是说内在效度会受到影响。总体来说，研究者需要在保证实验的内在效度和外在效度间取得平衡。

# 第四节 个 案 研 究

## 一、个案研究的定义

个案研究指的是一个个体、一个家庭、一群人、一个机构、一个社区或者一个资源、项目或者干预的调查（Greig 等人，2007）。个案研究在早期儿童研究中有着深远的历史，著名心理学家弗洛伊德和儿童发展教育学家皮亚杰都曾用个案研究来探索和理解儿童在早期的学习和发展。

从定义可以看出，个案研究中的个案指的是有边界的一个研究单元。这个研究单元可以是一个人、一个群体、一个组织、一个机构，甚至是一个事件。个案研究可以帮助研究者获得对其个案的深入、全面的知识。

个案研究非常重要的一点就是要为研究设立边界。比如研究者要了解一个幼儿是如何发展早期读写能力的，可能需要考虑将幼儿和所有家庭成员的互动、幼儿平日的阅读活动、电视媒体的使用、蜡笔等工具的代表意义等纳入研究范围（Pahl，2002）。个案研究要有情境意识,也就是说,个案研究研究的不只是个案本身,而是情境中的个案。研究范围要包括个案所处的历史、文化、社会性情境。如果研究边界设立过窄,可能看不到幼儿早期读写能力发展的全貌;如果研究边界设立过宽,就要耗费研究者大量的时间精力,也未必能获得有效的信息。因此,个案研究的研究边界需要研究者依据研究目的进行合理的设置。

## 二、个案研究的类型

根据Stake(1995)提出的分法,个案研究可以分为本征性(intrinsic)个案研究、工具性(instrumental)个案研究以及团体性(collective)个案研究。

本征性个案研究旨在达到对某个案(一个人或一家机构)的充分了解。其目的不在于推广研究结果,而在于个案本身。比如深入探究某个孩子,进行一系列的观察,包括他的活动、行为及与周围世界的互动。

工具性个案研究中,个案只是研究者理解某个普遍现象的工具。选择某个个案研究是为了获得对某个问题的理解,以期对类似情况有所启示。比如研究某个成功的托幼机构具有哪些特点,以期对其他托幼机构的发展提供借鉴。

团体性个案研究,指的是涵盖多个个案的研究。研究者希望通过对多个个案的研究来达到对某个议题更综合的理解。但研究的广度和深度往往是此消彼长的。在有限的时间内,当个案的数量扩大时,每个个案的研究深度就会有所牺牲。因此需要研究者在涵盖个案的数量和个案研究的深度之间取得平衡。但团体性个案研究结果的优势在于其可推广性,相对前两种类型的个案研究来说,可能会略高一些。另外,个案之间还可以进行一定程度的比较。比如Tobin(1989)在中、日、美三个国家各选了一个幼儿园进行了录像,通过录像分析和反馈的方式对三地的儿童教育文化进行了比较。

根据Simon(2009)提出的分法,个案研究还可以分为理论引导的个案研究和理论生成的个案研究。理论引导的个案研究指的是通过一个特定的理论视角来研究个案,用于对某个项目的评估比较多。而理论生成的个案研究指的是研究初始并没有预设的理论视角,一切让数据说话,让研究数据自然生成相应的理论。有时候在团体性个案研究中,两种方法也会结合应用。比如在某个个案中生成相应理论,然后看该理论是否同样适用于其他个案。

## 三、个案研究的实施

个案研究开始前,研究者要对研究目标、个案的边界、需要搜集的资料以及搜集这些资料的途径有一定的概念。虽然随着个案的开展,研究目标可能会发生一定程度的调整,有重要的资料需要增加等(研究过程中的灵活性也恰恰是个案研究的优势之一),但在研究初始阶段还是要有大致的规划,并且在研究开始前要征得个案及相关人员、机构的同意。比如对某个婴幼儿的研究必须征得父母的同意;如果需要进入早教机构进行观察,也需要征得早教机构的同意；可能有时还需要教育局的同意以获得某些文件。

个案研究可以涵盖多种研究方法，如访谈、观察、测评、文本分析等，其数据来源可能包括访谈脚本、现场笔记、照片、录像、个人档案、备忘和其他官方文件（Bogdan & Biklen, 2003）。具体采用何种方法，与每个个案研究不同的目标和情况相关。具体相关研究方法会在后面的章节中详细介绍。

在个案研究中没有特定的开始数据分析的时间，一般都是边展开边分析。个案研究者往往会在研究过程中始终保持对两个文件类型的内容积累。一个是原始数据源，一个是对原始数据的分析和解读，这些都是形成最终个案研究报告的基础。

个案研究的报告可以不遵循一般研究报告的格式，需要研究者根据对个案的理解和分析形成自己的框架，以最好地展示个案研究的发现。这对研究新手来说是极具挑战性的。有学者建议个案研究报告的主体包括引言（介绍）、方法、结果和总结（Mac Naughton & Rolfe, 2010）。文献回顾可以放在前面，也可以与比较主要的研究发现结合在报告的末尾（Hill & Millar, 2015）。这对个案研究的新手来说是一个比较容易模仿的报告框架。当然，好的个案研究报告并不局限于这个框架。

> **案例3**
>
> Cath Arnold的著作《观察哈里》就是其个案研究的成果。Harry是Arnold的外孙，在Harry 8个月到5岁间，Arnold和Harry的父母用日记和录像的形式深入记录了Harry的生活。随着Harry进入幼儿园，记录者扩展到幼儿园中的重要他人。基于这些丰富的资料，Arnold详细展示了Harry是如何在各领域发展的，在家庭经历变化时是如何发展应对策略的，Harry的父母以及其他所接触的早期教育者是如何影响他的早期教育的。（Arnold, 2011）
>
> 《观察哈里》的目录如下：
>
> 介绍
>
> 1. 认识哈里和他的家庭
> 2. 观察哈里并运用理论来理解其发展与学习
> 3. 哈里的身体发展
> 4. 倾听哈里——哈里的个性、社会性和情绪性发展
> 5. 哈里学习交流、使用语言并成为读写者
> 6. 哈里发展数学概念
> 7. 哈里的创造性发展
> 8. 哈里获得对世界进一步的知识和理解
> 9. 反思

## 四、个案研究中的三角互证

在量化研究中,研究者要使用信度(reliability)和效度(validity)指标来保证研究的质量。在质性研究中,也有类似的指标,被称为可靠性(credibility)、真实性(authenticity)或信赖性(trustworthiness)。要保证个案研究的质量,三角互证(triangulation)是必要途径。三角互证指的是从不同的角度来检验一个现象、事件或信息以得出更为精确的解读或结论。它并不是指简单地重复收集数据。

常用的三角互证法有数据来源三角互证、调查者三角互证、理论三角互证、方法三角互证和成员检验(Hill & Millar, 2015)。

数据来源三角互证指的是获取同一现象或个案在不同的时间、空间或与不同的人互动时的情况。比如我们对某一幼儿的了解,既有来自研究者的直接观察,也有来自家长和早教机构老师的报告,获得的信息就会比较全面。

调查者三角互证是指研究团队里不同的研究者去观察同一现象。如果要找到另一研究者同时去观察有困难,也至少可以把原始的观察数据分享给另一研究者,看他是否能整理出类似的信息。

理论三角互证则是指采取不同的理论视角去解读同样的数据。不同的研究者去解读同一批数据,要得出完全一致的解读是不可能的。因为不同的研究者可能立足于不同的理论视角。做个案研究的研究者,如果只以一个唯一的理论视角去解读数据,会得出相对片面的结论。因此在解读和分析个案研究的数据时,采取不同的理论视角,可以使数据背后的深层意义得到更为立体的展现。

方法三角互证指的是采取不同的方法去搜集一个事件或现象的数据。比如针对一个成功运营的托幼机构的调查,可以通过对机构日常工作开展的观察、对教师和园长的访谈、对家长的调查、对机构文件资料的分析等多种方法的结合,来综合展现这一托幼机构的情况。

成员检验这一三角互证的方法最为常见,指的是研究者要求研究的参与者(如教师、家长甚至孩子)检视访谈的脚本、观察记录或者初稿,看是否有需要修订或增加的信息。

这些三角互证的方法,可以提升质性研究的可靠性、真实性和信赖度。除了个案研究外,三角互证法在其他类型的质性研究中也经常使用。

## 五、个案研究的优势与局限

个案研究可以提供深入、全面的信息,不仅涵盖目标议题、问题或现象,还能对目标议题、问题或现象发生的历史、文化、社会情境有全面的把握。这对我们深入了解婴幼儿的发展有非常重要的价值。

但个案研究也存在着局限性。不管是一个或者多个个案的研究,其研究结果是无法应用到总体的。因为个案存在很多的特殊性,研究者在选择个案时可能存在较大的主观性,在记录和分析相关资料时也可能带有偏见。比如Arnold作为家庭成员在记录Harry的生活时，如果不谨慎，就很容易只看到自己想看的东西。因此，做一个好的个案研究，研究者要时刻保持警醒和反思。

## 第五节 行动研究

### 一、行动研究的定义

行动研究，顾名思义，即"行动"和"研究"的结合。这是一种在实际情境中，针对实际问题提出改进计划，通过在实践中实施、验证、修正而得到研究结果的研究方法。行动研究的目的是找到更好的实践行动。行动研究具有以下重要特征（Kemmis & McYaggart, 2005）：

- 行动研究是一个社会过程；
- 行动研究是参与性的活动；
- 行动研究具有实践性和合作性；
- 行动研究是开放的；
- 行动研究具有批判性；
- 行动研究具有反思性；
- 行动研究的目的在于既改变理论也改变实践。

以上特征会在下面对行动研究具体方法的介绍中进一步解释。和个案研究相似，行动研究可能采用综合的研究方法对特定的研究对象进行深入、全面的了解；但和个案研究不同的是，行动研究与实践应用的关系更为紧密，其主要研究目标往往就是改善实践情况或解决实际问题。而且，在行动研究中，研究者即行动者，而研究过程本身就在行动中展开。

### 二、行动研究的应用情境

一般情况下，如果研究者希望对现状做出积极改变，既需要通过研究来研发改变方案，又希望通过研究来证实改变方案的有效性，往往就会采用行动研究法。行动研究，作为一个为在当前实践情境中寻找解决现实问题的可行方案的方法，可以应用于广泛的情况，包括寻求学习过程、测试评估、专业发展、课程、教学法、管理、理念、价值观、态度等各方面问题上的改善（Cohen, Manion, & Morrison, 2011）。比如用行动研究法来提高融合教育的质量，来看某一个特定的教学法的有效性，来改善育儿活动中家长参与度低的问题等。行动研究法可以涉及个体的改变，也可以涉及某个组织的改变。由于行动研究的实施需要研究者在特定机构花费大量的时间和精力，因此比较适合机构成员或者与机构的长期合作者进行研究。

## 三、行动研究的具体方法

### （一）形成行动研究团队

一般情况下，行动研究需要形成一个研究团队，对研究过程中的各环节进行反思、讨论。研究团队的质量对研究效度也至关重要，需要考虑到"文化、参与度和多样性"三大要素（McNaughton & Hughes, 2009）。"文化"要素指的是要考虑到团队成员的个人历史、经历、对自我的定位和认同是如何可能影响到该成员对研究主题的理解的。"参与度"要素指的是团队成员需要能够留有充分的时间来参与行动研究会议、记录反思日志等。"多样性"要素指的是团队成员多样性可以为研究议题的反思和讨论提供不同视角，比如有的研究中团队成员可能既包括儿童教育专家、园长、一线教师，也包含家长，甚至包含孩子。

### （二）行动研究的过程

行动研究是一个螺旋循环的过程。不同的行动研究者对这个过程可能存在略有不同的解读，但总的来说，在定下行动研究的目标后，行动研究是一个"计划—行动—观察—反思"螺旋循环的过程（图2-5）。

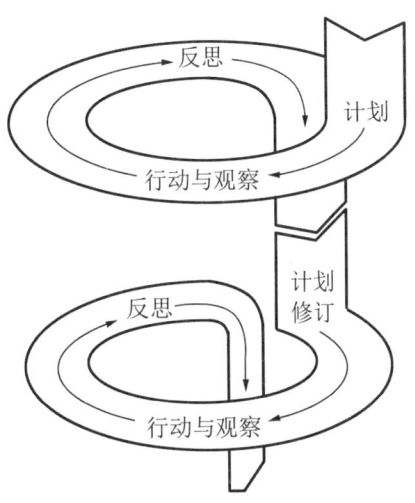

图 2-5　行动研究循环示意图

第一步：计划

这一步涉及搜集相关资料、数据、事实，目的是对研究情境有深入的了解，从而对最初的想法进行细化和操作化，形成致力于达成目标的总体计划以及具体步骤。McNaughton and Hughes（2009）认为在这一阶段研究者需要自问以下问题，以获取有针对性的、有价值的文献资料来形成计划：

- 我对自己的研究主题已经了解了哪些？
- 我还需要了解什么？
- 我怎么才能了解得更多？
- 我的研究问题中的关键是什么？
- 我怎么使用我搜集到的文献来设计改变计划？

除了文献资料外，研究者还需要把握研究情境的事实，才能形成更为可靠的研究计划。比如参与研究的保育机构有怎样的特点？机构中的老师处于什么样的水平？来参与活动的这些婴幼儿及其家长有怎样的特点？以往文献中的内容哪些是适用于当下情境的，哪些是不适用的？等等。要回答这些问题，对资料、数据、事实的了解就显得非常重要。行动计划的质量也依赖于此。有时还会形成多套行动计划方案，在研究团队中进行讨论和选择。

第二步：行动与观察

执行计划，并在计划开展过程中对实施过程和实施效果进行监管和评估。这个环节可能涉及多种具体研究方法，如观察法、访谈法、问卷法、测评法等，取决于具体的研究内容和需要搜集的数据性质。

研究者往往会在行动执行前搜集基线数据，并在行动过程中或行动过程后搜集数据进行比较来评估行动实施效果。搜集的数据可以是对儿童发展水平的测评、对儿童日常活动的录像或观察，也可以是对家长的访谈或问卷等，具体形式取决于研究目标。

第三步：反思

基于对计划执行过程以及执行效果的观察结果，对行动方案进行反思。在这一步中，主要是行动团队内部进行讨论和思考，有时也可以请外来的研究者加入咨询，提供支持和协助。反思是行动研究中极为重要的一环，也是行动研究区别于一般的日常实践的关键特质。反思具有不同的层次水平，由浅入深为：

- 行动：计划采取什么样的行为，为什么决定要采取这样的行为和方法。
- 对行动的描述：白描，将行动的主体、发生发展过程、个人的思考详细记录下来。
- 对行动的描述的反思：分析自己为什么这样做、这样想，挖掘行动背后的理论。
- 对行动的描述的反思的反思：反思自己反思的方式、思维习惯和定式，同时在技术层面和人际互动层面上反思，如师生互动模式、自己所处的教育系统和社会系统中的权力结构、自己在其中的角色和作用等。

好的行动研究不应该仅停留于浅层的思考，描述那些显而易见的事实，而应该深入地去理解事实背后深层的核心真相。反思可能来自个人在行动研究过程中的反思日志，也可能来自定期/不定期的研究团队会议。在反思的基础上，对行动计划进行修订，进入下一轮的"计划—行动—观察—反思"的循环，直至达到研究目标。

比如，行动研究者想寻找降低幼儿打斗行为的方法，其最初的行动方案是在打斗发生时及时制止并告知幼儿换一种玩法。然而却发现打斗的频率并没有降低。他们与幼儿进一步沟通后发现，幼儿知道打斗是不好的行为，是会伤害人的行为。这与之前研究者认为出现打斗是因为幼儿规则意识差的假定相悖。那为什么幼儿有规则意识，却还是热衷于打斗呢？研究者反思是不是因为教师过于强调规则，在某种程度上压抑了幼儿表达自己想法的自由，幼儿只是表达教师想听的东西呢？幼儿的规则意识是真的和老师表达的一致吗？于是研究者修改行动计划，让幼儿自由表达对打斗的看法，通过让幼儿画画和对画的解读，研究者进一步发现幼儿对好人、坏人概念的理解是如何影响其打斗行为的发生的，而幼儿心目中好人、坏人概念的形成是如何受到影视动画作品的影响的……

## 四、行动研究的优势与局限

行为研究的情境性、实践性和参与性使其研究结果的应用具有适应性和灵活性，并能在行动研究过程中保持评价的持续性和反馈的及时性。另外，行动研究往往综合了多种研究方法(如访谈、问卷、测评等)的使用,使研究数据更为丰富深入。

然而,恰恰是因为行动研究的情境特定性强,使其研究结果难以推广到其他群体或情境中。研究过程缺乏严格控制,其可靠性和客观性常常受到质疑。另外,因其螺旋形的研究过程,研究者在开始研究时很难预测研究何时结束。

## 第六节 民族志研究

### 一、民族志研究的基本介绍

民族志(Ethnography)研究是一种很特别的研究方法。它往往要求研究者持续、持久地深入研究对象所在的群体和生活现场来了解这一群体的日常和文化。一项民族志研究往往要花费好几个月甚至很多年,因为要深入了解一个群体的文化是极为不容易的,不是随便看看就可以获得的。

Hammersley(1999)总结了民族志研究的特征如下:
- ☆ 在日常生活背景中研究人类的行为;
- ☆ 通过广泛的途径收集数据,但是常用的主要方法是观察和相对不那么正式的对话;
- ☆ 收集数据的方法是"非结构性"的;
- ☆ 通常聚焦于单一的背景或群体;
- ☆ 数据分析与解释密切相关。

从某种程度上讲,孩子的世界相对于成人也有他们独特的文化。从20世纪初开始,民族志研究方法被应用于早期儿童研究,通过现场观察和访谈,对儿童的生活、活动和经历以及塑造儿童行为的社会、文化、组织、经济等情境进行深入描述(LeVine,2007)。民族志研究学者们认为抛开特定的社会文化情境,把儿童发展当成有普遍发展规律的事情,是不恰当的。儿童心理学中所熟知的皮亚杰的认知发展理论、柯尔伯格的道德发展理论、安斯沃斯的依恋理论等都不同程度地受到过人类学家的批判。比如把成长于一个重视幼儿独立的文化背景下的孩子的行为简单判别为不安全依恋是很有问题的,在某些文化下减少对母亲的依恋有其社会适应意义。对早期儿童的民族志研究深刻挖掘了医学和公共卫生的发展、教育普及、婴幼儿死亡率下降、性开放、国家政策、民族文化等社会文化大背景是如何影响了养育文化以及儿童的发展。将儿童的行为和发展作为一个整体去理解,正是民族志最大的特点和优势。通过民族志的视角,我们会发现将西方白人社会发现的儿童心理学研究结果直接应用于其他种族、文化和国家是不妥当的。民族志研究已经被一些研究者应用于托幼机构的研究,能够挖掘出一般检核表、量表或短暂的访谈所收集不到的信息、现象和意义。

解释是民族志研究的核心。每个人的行为都背负着意义,民族志研究就是要把那些未被言明的意义找出来并准确描述。这被一些人类学家称为"深描"。这是民族志研究最大的特点。这需要研究者对研究对象的深刻了解和理解。这也是民族志研究耗时费力的原因,更是其珍贵的研究价值所在。

民族志研究需要研究者从一个"局外人"变为"局内人",以获得最为深入的资料以及对研究对象和现象的理解。然而,这一过程中也存在熟悉悖论。有时候由于太过于熟悉,对某些现象司空见惯以至于认为理所当然,而很有可能错失发现其背后的文化意义。因此,研究者如何在浸入"现场"和保持距离之间保持平衡,是一个极大的挑战。

## 二、民族志研究的方法

(一)研究者本身是重要的研究工具

与实验、调查等研究设计致力于摒除研究者的影响不同,民族志研究需要研究者以极强的反思性进入研究情境中,通过深度融入研究情境去挖掘和理解日常现象背后丰富的社会意义和文化意义。因此在民族志研究中,研究者本身就是一个重要的研究工具(Christensen,2010)。是否使用好研究者自身这一工具,是影响民族志研究质量的重要因素。在研究过程中,研究者要深入思考和回应以下问题:如何取得研究对象群体的信任,如何保持开放性,如何警惕研究者本身背景的影响而造成的偏见,如何保证浸入"现场"的同时保持有一定距离的反思,等等。人是自身文化的产物,作为研究者也不例外。要完全消除研究者的主观性是不可能的,但作为研究者,必须尽量保持价值中立,并且对因自身原因可能造成的偏见保持高度的反思和警惕。因此,我们会看到在很多民族志研究中,研究者会对自身的情况有大段的剖析,以使读者了解这一"研究工具"的可靠度。

(二)综合使用多种方法

民族志研究会使用多种研究方法,包括观察、访谈、文本甚至雕刻装饰等作品的分析。几乎所有民族志研究都必然涉及的方法是参与式观察,是民族志研究的核心。

参与式观察指的是观察者作为研究情境的一部分进行观察。民族志研究者深入研究对象群体进行日常观察,必须承认观察者本身会对观察过程和观察到的内容存在影响。如何把握参与的程度就显得尤为重要。在对儿童的研究中,研究者必须决定以何种身份进行观察。有的研究者在研究托幼机构时会以保育员的身份进入研究情境,在儿童将要发生危险时及时干预,但在儿童破坏规则或捣乱时则不予干预。有的研究者在研究儿童同伴关系时会让自己成为儿童的玩伴,而不是老师,这样才能深入观察儿童在选择玩伴、形成社交地位时背后的逻辑、文化和价值观。民族志研究中提倡研究者要成为研究对象中的一员,因此在对儿童的民族志研究中,也有学者认为研究者应将自己变成和儿童一般。然而,一位成人在做儿童研究时,其身高和体型上的差距是儿童无法无视的差距。但至少要融入儿童中,取得儿童的信任,让儿童接纳为朋友或玩伴,才能看到他们在同龄人交往中展现的一面,而不仅仅是面对老师等成人世界时展现的一面。(观察法的具体内容可参见第六章。)

民族志研究中另一常用的方法是深层访谈,往往以非结构式的访谈最为普遍。这类访谈看上去就像随意闲聊,但可以通过这些对话挖掘出研究对象行为背后蕴含的意义,同时对与研究对象建立和谐的关系也很有帮助。(访谈法的具体内容可参见第七章。)

由于民族志研究每天都会接触大量的观察资料和对话资料,每天的记录是必不可少的。尽管现在有很多科技可以辅助信息的记录(如摄像、录音等),但田野日志依旧是民族志研究开展过程中的必备元素。田野日志并不是说对所有观察到的内容和经历事无巨细地记录下来。它有可能记录的是较为重要的事件,同时也包含研究者在民族志研究开展过程中的笔记与反思,包括他们自身的想法、感受和思考。和所有的质性研究一样,研究者的反思能力是影响研究质量的一大因素。在民族志研究中,研究者同样要反思,为什么当时自己会有那样的情绪、在之前的对话中自己是不是对研究对象施加了某些影响等。

另外,文本及作品分析也是民族志研究的辅助研究方法。比如托幼机构的一日生活作息表、老师的奖惩制度、幼儿饮食计划等,可以帮助研究者快速获得一些信息,有一些初步的了解。而在对儿童的研究中,儿童的语言能力受限,研究者也会从儿童的作品(如画画、泥塑等)来进一步分析。

民族志研究中也会用到其他研究中常用的方法,如问卷法等,但往往作为辅助手段。因为问卷法中的问卷填答者并不直接与研究者有言语交流和解释,所得的信息也比较浅层,无法进一步探讨所给答案背后的意义。因此,在民族志研究中如果涉及问卷法,则往往只是用于前期搜集一些目标群体或组织架构的基本信息,或者是在研究者对研究主题或内容有了比较深度的了解和把握,想要进一步检验某些发现是否具有代表性之时。

可见,民族志研究涉及多种多样的研究方法,但并不是说方法越多,研究就做得越好。方法的选择与研究目标和问题相关联。当然,多种方法可以帮助对同一议题进行三角互证,从不同的角度来论证研究者对某一议题的阐释和解读是否可靠。另外,获得大量丰富、深入的信息是民族志研究的优势,但如何从海量的信息中选择哪些值得观察和记录则是研究者面临的巨大挑战。

## 三、民族志研究的实施过程

典型的民族志研究一般分为三个阶段。

(一)第一阶段:形成问题并进入目标群体

民族志研究中可能有大量的问题是在研究过程中浮现的,但毫无头绪地进入也是不可行的。研究者必须在一开始有一些研究思路和框架,有一些暂定的问题和方向,然后在研究过程中保持开放性。在指导性框架和开放性的思想间如何保持平衡,是每个人类学研究者必须做的功课,也是最基本的挑战。在选择研究地点和目标群体方面,有时候最理想的目标群体和地点未必是可以进入的。研究者也必须在研究目标和现实的可操作性之间进行权衡。

在选择好目标群体和地点后,接着就要进入目标群体,成为他们当中的一员。取决于研究者背景和研究对象背景间的差异,"进入"可能也是个非常具有挑战性的环节。如果有一个本身就属于研究对象群体的人的引荐,那么就会对"进入"的过程有很大的帮助。这个人可以是这个群体的某个领袖、园长或者教师之类,也可以是普通成员或者亲戚之类。但总的来说,这个人与研究群体其他成员的关系越密切或者越是得到群体的信任,对研究者"进入"群体的帮助就越大。但有时候研究者未必有幸可以找到这样一个人。这种情况下,研究者就需要自己想办法"进入",比如做志愿者、应聘某个职位、参加演出等,靠自身来赢得目标群体的信任(Fetterman,2010)。

(二)第二阶段:收集数据

如前所述,在民族志研究的数据收集过程中,研究者会用到很多方法,比如观察、访谈、问卷、文本等。在这一过程中,研究者可能用到很多设备,比如纸笔、录音笔、照相机、摄像机等。要注意的是这些只是帮助研究者记忆和观察的辅助工具。民族志研究最重要的工具还是研究者本身。比如,尽管录音笔可以把访谈对话都录下来,但是研究者还需要对其他场景信息进行记录,比如受访者在访谈过程中的身体姿态、和访谈者保持的距离、眼神、表情等同样能传达出某些重要信息。由于录音笔的存在,对某些敏感话题,受访者可能会有所回避或保留,因此研究者需要敏感地捕捉到这些信息,可能需要暂停录音以获得更有价值的信息。另外,研究者的穿着打扮、行坐姿态无时无刻不影响着研究对象对研究者是不是属于自己一方的判断,从而影响他们自我暴露的程度。

民族志研究的数据收集阶段可能非常长,从几个月到数年都有。数据的聚焦点或者数据的分析方法等也都会在过程中进行修订和演化。比如研究者开始只是想研究不同种族文化下育儿理念的不同,但随着调查的深入,研究者可能发现除了种族文化,社会阶层对不同育儿理念的形成影响也很大,甚至超过种族文化间的差异。研究者可能把研究的聚焦点逐渐从种族差异调至阶层差异。这一过程常常被称作"循序渐进式的调焦"。这一现象在民族志研究中并不罕见。

(三)第三阶段:解释和分析数据

民族志研究的一大特点是它并不是在数据收集完成后再进行分析的,而是在数据收集的过程中边记录边分析,根据初步的结果也会对研究过程不断地进行修正和调焦。这种循环的分析过程贯穿民族志研究的整个过程。

民族志研究对所收集数据的分析可能同时涉及量化和质性的分析方法。比如统计家长在托幼机构出现的次数、与老师交流的时长等,或是统计某地区托幼机构里工作人员的教育水平、工龄等,抑或保育员有多少次对幼儿说出"乖""听话"之类的词。但民族志研究最大的优势是对研究对象和现象的深描并从中提炼出模式,因此大部分还是以质性的分析方法为主。如果说民族志研究最重要的工具还是研究者本身,那么最重要的分析方法则是研究者思考。在民族志研究中,研究者往往会积累大量的资料,但最后研究报告的目标是要提炼出某种模式和理论,而不是复制每一个细节。哪些资料可以舍弃,哪些资料可以用于分析,如何在这些庞杂的资料中厘清思路提炼出某种规律或模式,都是非常考验研究者思考能力和理论功底的。写作是激发思考和厘清思路的重要手段,民族志研究者在整个研究过程中要保持写作的习惯。在研究现场收集数据时,每天都要在记忆新鲜时就书写田野日志进行记录和反思。在离开研究现场后,对收集的资料要不断反复地梳理、总结。

## 四、民族志研究的优势与局限

民族志研究能在真实世界中展开深入的调查,展现真实世界的复杂性,可以帮助研究者同时理解儿童发展及环境的微观和宏观层面,比如托幼机构的日常实践活动事实上是文化价值、政府政策、家庭系统以及实践理论的整合反映。然而民族志研究的质量非常依赖于研究者的研究能力,有一定的主观性。另外,此类研究往往过于关注不同文化间的差异,而对文化内部的多样性常有忽略。

## 本 章 小 结

本章介绍了调查研究、实验研究、个案研究、行动研究以及民族志研究等多种常见的研究设计。每一类型的研究设计都有其优势和局限,不存在最好的研究方法,只有最合适的研究方法。研究者须根据研究目标和研究问题选择合适的研究设计。目前很多研究,尤其是比较大型的研究项目,都会采用多种研究方法,量化与质性相结合,以期更加接近婴幼儿发展所呈现的复杂的真相。

## 延 伸 学 习

### 拓展阅读

**高质量研究的原则**

- 合乎道德的研究:建立在知情同意的基础上,不伤害参与者,并努力使他们受益,为知识的积累和更广泛的社会利益做出积极的贡献。
- 有目的的研究:有清晰的目标及为达成此目标所制定的公正的策略。
- 设计严密的研究:与主题、理论基础、目标、研究策略和研究方法相一致的系统设计。
- 透明的研究:允许他人跟踪调查你的研究进程,调查不同阶段你所做出的决定。你应该仔细记录自己的所作所为,记录你为什么并且是怎么样做出这个研究决定的,以及为什么、怎么样得出这个研究结果和结论的,以便他人能对你的研究结论进行评价。

- **融于情境的研究**：说明研究所处的哲学背景、理论背景、政策背景和社会背景。这意味着你必须展现你是如何在某个特定的理论背景下展开研究的，以及这些特定的政策和社会背景是如何影响你的研究过程和研究结果的。
- **有信度的研究**：遵循公认的原则来形成研究问题，开展调查研究，分析研究结果并得出研究结论。
- **细致的研究**：说明研究范围和研究设计的局限性。你必须认清这些局限，并注意不要推演出忽视这些局限性的结论和推论。
- **有想象力的研究**：具有创新性和原创性，它能捕获研究者本人和对该研究有所耳闻者的想象力。当然，希望每个研究都完全是原创的，这不太实际，也不太合适，对研究新手来说更是如此。即便是资深研究者，也得严格按照此前的研究设计来检验研究结果能否重复。但是大部分研究的研究设计和分析都要求充分发挥你的创造性。
- **公正的研究**：说明研究者的偏见、兴趣和顾虑。你必须仔细思考自身的偏见和背景可能对你的研究带来什么影响。

（资料来源：格伦达·麦克诺顿，夏恩·罗尔夫，艾拉姆·西拉吉-布拉奇福德．早期教育研究方法——国际视野下的理论与实践［M］．李敏谊，滕珺，译．北京：教育科学出版社，2001：10-11．）

 **学习活动**

将学生分组后，请每个小组选择一种研究设计，查找相关案例，在课堂上介绍，并针对每一种研究设计的优点与局限进行讨论。

**复习与思考**

1. 本章介绍了哪些研究设计方法？每一种研究设计的特点有哪些？
2. 调查法中有哪些取样方法？
3. 实验法有哪些类型？
4. 三角互证指的是什么？有什么作用？
5. 行动研究的基本步骤是什么？
6. 民族志研究中一般会涉及哪些具体的研究方法？

# 第三章　心理测验法

**学习目标**

1. 理解心理测验相关概念，掌握心理测验在婴幼儿研究和教育中的应用，了解心理测验的种类。
2. 描述信效度各项指标的使用条件。
3. 能够标准化地选择、使用量表，正确分析心理测验的结果；了解几种典型的量表，需要时可以正确使用这些量表。

在婴幼儿发展过程中，家长或教师想要了解其各方面表现如何，与其他婴幼儿相比怎么样；婴幼儿的脾气秉性如何，教育者应如何进一步顺应引导；父母的教养行为有什么特点，喂养是否合适；早教课程、教材和教法是否符合婴幼儿身心的发展状态或要求……在这些研究中就需要对婴幼儿的发展水平进行测量。心理测验是教育研究中最常见的一种搜集资料的方法，而且心理测验具有量化水平高、科学性强、收集资料快捷等特点，已成为婴幼儿研究中非常有用的一种研究方法。本章中，我们将重点介绍心理测验法的质量评定指标，以及如何有效选择使用已有的心理测验工具。

## 第一节　心理测验法概述

### 一、心理测验的概念

所谓心理测验（psycholoical measurement），就是根据一定的心理学理论，运用一定的操作程序，给人的行为一种数量化的价值。心理测验就是通过观察人的少数有代表性的行为，对贯穿在人的全部行为活动中的心理特点做出推论和数量化分析的一种科学手段。它是心理测验的一种工具和手段，是根据一定法则对人的行为用数字加以确定的方法。

## 二、心理测验的种类

心理测验是判定个别差异的工具。个别差异包括很多方面,并可在不同的目的与不同的情境下去研究,这就使测验有了不同的类别和功用。心理测验的分类根据采用的标准不同而有所不同。

（一）按测验的内容分类

按照测验的内容不同,可以把测验分为能力测验、成就测验和人格测验。

1. 能力测验

能力测验又可以进一步分为普通能力测验、特殊能力测验和能力倾向测验。普通能力测验通常指智力测验,主要测量个体的感知、记忆、想象、思维和注意力等认知能力,例如著名的"韦氏智力测验"。特殊能力测验多用于测量个人在音乐、美术、体育、机械、飞行等方面的特殊才能,例如鲍秀兰教授制定的《0—1岁神经运动检查20项》,张志祥等（2008年）修订的《汉语沟通发展量表》。能力倾向测验主要测量个体的潜在能力,了解其发展的可能性。

2. 成就测验

成就测验主要用于测量个人（或团体）经过某种正式教育或训练之后对知识和技能掌握的程度,因为所测得的主要是学习成绩,所以又叫学绩测验。最常见的是学校里的学科测验,用来测验学生对某学科知识、技能的掌握情况。

3. 人格测验

人格测验主要用于测量个体在性格、气质、兴趣、态度、品德、情绪、动机、信念等方面的个性心理特征,即个体心理差异中除能力以外的部分。例如姚凯南教授等改编的《中国儿童气质量表》分别测量4—8个月、1—3岁、3—7岁、8—12岁儿童的气质特点。

（二）按测验的对象分类

按照测验的对象数目不同,可以把测验分为个别测验和团体测验。

1. 个别测验

个别测验中,每次仅以一名受测者为对象,通常是由一位主试与一名被试面对面进行。个别测验特别适合婴幼儿,因为主试对被试有较多的观察与控制机会。同时,个别测验对主试有较高的要求,否则测验结果就不可靠。上文提到的"韦氏智力测验"、《0—1岁神经运动检查20项》都是个别测验。

2. 团体测验

团体测验是在同一时间内由一位主试对多人施测。其优点是节省时间,可以在短时间内收集到大量资料,在教育上被广泛使用。其缺点是被试的行为不易控制,容易产生测量误差,从而影响测验信度和效度。上文提到的《中国儿童气质量表》测验对象是婴幼儿的父母,就可以看作团体测验。

团体测验可用于个别测量,但个别测验不能用于团体测量。

### (三）按测验的材料分类

按照测验回答的方式不同,可以把测验分为文字测验和非文字测验。

#### 1. 文字测验

文字测验所用的材料是文字,被试用文字作答,也称纸笔测验。其优点是实施方便,团体测验多采用这种方式。其缺点是容易受被试的文化程度影响。

#### 2. 非文字测验

非文字测验也称操作测验。测验题目多属于对图形、实物、工具、模型的指认和操作,被试通过指认、手工操作向主试提供答案,无须使用文字作答。其优点是不受或少受文化因素的影响,比较适合婴幼儿。其缺点是大多不宜团体施测,在时间上不经济。《0—1岁神经运动检查20项》就属于非文字测验。

### （四）按测验的目的分类

按照测验的目的不同,可以把测验分为描述性测验、诊断性测验和预测性测验。

#### 1. 描述性测验

描述性测验的目的在于对个人或团体的能力、性格、兴趣、知识水平等进行描述说明,主要是为了描述和说明被测者在某一心理特质上的一般状况或说明某一时期的问题。《中国儿童气质量表》就是描述性测验。

#### 2. 诊断性测验

诊断性测验的目的在于对个人或团体的某种行为问题进行诊断,通常在教育、咨询和临床治疗中被广泛应用。常见的《0—6岁儿童神经心理发育量表》《贝利婴幼儿发展量表》就是诊断性测验。

#### 3. 预测性测验

预测性测验的目的在于用测验分数预示一个人将来的表现和某一心理状况所能达到的水平。预测性测验在人才选拔中应用广泛。

### （五）按测验的标准化程度分类

按照测验编制的标准化程度不同,可以把测验分为标准化测验、非标准化测验。

#### 1. 标准化测验

标准化测验是指从编制到实施都严格遵循测量理论并严格控制与测验目的无关因素影响的测验。这种测验需要建立常模或解释分数的标准。对所有被试实施有代表性的相同或等值的测题,实施测验的程序有详细的规定,如测验指导语要一致,测验时间要相同,以保证每一个被试都有相同的测验条件;计分方法也有相同的规定。衡量标准化测验质量的指标是它的信度和效度。上文中提到的测验都经过标准化的编制过程,都属于标准化测验。

#### 2. 非标准化测验

非标准化测验是指不符合标准化程序的测验。非标准化测验的编制省时省力,灵活方便,针对性较强。但随意性较大,科学性和客观性不如标准化测验。如学校教师使用的自编课堂测验就是典型的非标准化测验。

## （六）按测验结果的评价标准分类

按照测验分数解释所参照的标准分类，可以把测验分为常模参照测验和标准化参照测验。

### 1. 常模参照测验

常模参照测验是把以被测团体的平均数（常模）为参照标准来衡量个体的测验分数作为评价测验分数优劣标准的测验。常模参照测验就是将一个人的分数与其他人比较，看其在某一团体中所处的位置。也就是把受测者的成绩与具有某种特征的人所组成的有关团体做比较，根据一个人在团体内的相对位置来报告他的成绩。如"韦氏智力测验"就是典型的常模参照测验。

### 2. 标准参照测验

标准参照测验是根据特定的操作或行为标准，对个体做出是否达标或达到什么程度的判断。

标准参照测验是将被试的分数与某种标准进行比较来解释。标准是指在编制测验和解释测验时所依据的知识和技能领域。这种测验常常用来检验学习的效果，看对指定的内容范围掌握得如何或是否达到某一标准。各种资格考试就属于这类测验，如教师资格考试等。这种考试并不要求个体与同时参加同类考试的其他人进行比较，获得该个体在团体中的相对位置，而是以考试大纲为依据，确定试题的范围，测试个体是否达到某一级别的要求，从而划定分数（如60分），达到这个标准的个体即认为是合格的，可以颁发相应的资格证书。

## 三、心理测验在婴幼儿研究和教育中的应用

心理测验的基本功能是测量个体间的差异或同一个体在不同场合下的反应。心理测验可以在理论研究中起到搜集资料、建立和检验假说、实验分组的作用，也可以在教育、诊断、预测、评价和咨询工作中有广泛的应用。

### 1. 搜集资料

测验是收集有关个别差异的资料的一个简便易行又较为可靠的方法，在许多婴幼儿研究工作中，都需要通过测验来获得第一手资料。几乎所有的婴幼儿发展领域都涉及个别差异问题。如对智力的发展速率，智力的个别差异、团体差异以及影响智力发展的环境和遗传因素等问题的研究，其中大量资料都是由测验得到的。

### 2. 建立和检验假说

婴幼儿研究中的许多理论都是在测验资料的基础上提出来的，并且可以根据测验检验许多理论，如智力结构理论的提出和发展，智力测验在其中起了很大作用。在教育工作中，不同教育措施的效果也要靠测验来比较和检验。

### 3. 实验分组

在婴幼儿研究中，常用测验来对被试进行实验分组，以达到等组化的要求。要想说明实验结果确系实验处理所引起，必须保证实验组被试与控制组被试在实验前和实验处理有关

的心理特质是相同的。相关心理测验的结果可以为实验等组提供依据。

4. 因材施教

因材施教是教育的基本原则,而了解婴幼儿的个体差异是因材施教的前提和基础。婴幼儿的个体差异主要体现在认知(如智力能力和成就等)和人格(如气质、动机、兴趣)等方面。借助测验,能够更客观、准确地了解婴幼儿在认知和人格等方面的特点和差异,便于因材施教。

5. 鉴别与诊断

心理测验可以帮助鉴定明显超常或明显发展落后的婴幼儿,进一步测验超常能力突出之处和发展落后的原因,为有效解决问题提供依据。造成发展落后的原因是多方面的,可能是教育方式方法的缺陷,也可能是智力的问题,或者是人格方面的问题如缺乏安全感等。找出问题的症结所在,教育工作者就可以有针对性地采取补救措施。

6. 咨询

测验可以为心理、教育咨询服务。在婴幼儿心理咨询和辅导中,通过测验,可以了解是婴幼儿在身体、情绪、人际交往、智力、性格等方面存在具体问题还是婴幼儿的生长环境里父母教养方式、喂养行为、效能等方面存在问题,使心理咨询和辅导更具针对性和有效性。此外,通过测验,家长可以准确地了解婴幼儿的心理特点以及相对的优势和劣势,有利于正确选择课程、择校等。

7. 评价

测验可以为教育评价提供量化指标。测验常用于评价教学的效果,为教育改革提供科学依据。测验也常用于评价教育已经达到的发展水平和阶段等。测验作为评价手段,还可以用于评价受教育者、评价婴幼儿、评价教师和学校管理人员,既可用于评价个人,也可用于评价团体。

总之,心理测验是婴幼儿研究的重要方法之一,它不但推动了婴幼儿教育理论的发展,还促使教育理论更好地为实践服务。

## 第二节　标准化心理测验的实施

### 一、标准化心理测验的质量评定指标

测验结果的可靠性和有效性主要取决于测验本身的质量,一个良好的测验必须具备一定的质量特征。信度和效度是评定测验优劣的两个重要的量化指标。

(一)信度

信度即可靠性,是对测验分数测量误差的估计。通俗地讲,测验的信度指施测分数能在

多大程度上反映个体的"真实分数"。其专业的定义是：测验信度的测量即评价误差在测验分数总方差中所占的比例。

用信度系数来表示误差的大小，信度系数在 −1— +1，绝对值越大（接近1.0），表明误差越小；绝对值越小（接近0），表明误差越大。不同的测量误差可采用相应的方法来评价。

1. 分半相关

用来测量条目按难易度排列测验的内容抽样误差。通常的做法是将单号条目得分为一组，双号条目得分为另一组，计算单双号得分间的相关系数。

2. 重测相关

同一组受试在两次不同的时间内做同一套测验，对两次结果做相关性检验，以评估测验结果的稳定性。

3. 同质信度

指评定测验内部所有项目间分数的一致性。测验内各项目分数相关越高，则量表项目就越同质。对两次结果做相关性检验，以估计量表结果的稳定性。而对多重记分法量表，则常用克隆巴赫 Alpha 系数（Cronbach's Alpha 系数）估计。

4. 评定者信度

数名不同评定者采用同一套测验对相同受评者进行评定。对所得结果进行一致性检验，用以估计评定量表的客观性。一般要求在成对的受训评定者之间进行，平均相关系数达到0.9以上，才认为评分是客观的。

如何判断测验的信度？目前尚没有一个大家公认的统一标准。有研究者认为：如果测验的目的是对个体进行评价，那么测验条目的内部一致性应当在0.8或0.85以上；如果测验的目的是用于团体评价，那么在0.7或0.75以上就可以了。但是也有研究者认为不能一刀切，对智力测验的信度水平要求高些，对人格测验的要求可稍低些，一般量表的要求可以低些。心理测量技术的发展，使目前许多心理测验的信度都达到或超过了上述标准，例如智力测验总标准分（或智商）的信度一般都在0.9以上，人格测验的信度也能达到0.8—0.9的水平。

（二）效度

效度即有效性，用于检验所编制的测验测量了什么内容，在多大程度上达到了测验的编制目的。

效度测量可以分为3类：内容关联效度、效标关联效度和结构关联效度。

1. 内容关联效度

内容关联效度用于系统评估测验的内容是否涵盖了有代表性样本的行为范围。它主要用于测验条目的设计环节，一般采用分析推理的方法挑选合适的条目。比如编制一个气质测验时可以查找资料、书籍上有关气质特征的描述，编成相应的条目，然后请有关专家对这些条目的恰当性做出评价和筛选。

2. 效标关联效度

效标关联效度用来检验所编制测验是否能有效预测被试者在特定活动中的操作情况。

它包括现时效度和预测效度。两者的差异在于评估的目的不同。现时效度用于对目前所处状态的诊断,如"带孩子离家到户外活动",预测效度用于对未来的状态进行评估,如"计划带孩子离家到户外活动"。许多研究者常把与测量目的在理论上有逻辑关系的其他心理特征量表的结果作为效标,来验证研究量表的效标关联效度。

实证效度是效标关联效度的一种,通常是选择一些重要的实际行为特征作为效标。例如学业成绩常被用来作为智力测验的效标,有经验的精神科医师的诊断和评判可作为人格问卷或精神科症状评定量表的效标,职业方面的实际成就可以作为职业兴趣、职业效能量表的效标。需要强调的是,对于咨询与治疗、教育干预、职业指导等应用领域,实证效度常常是衡量一个量表效度好坏最重要的心理测量学指标。

3. 结构关联效度

结构关联效度用于检验所编制的测验结构是否达到了设计时的构想。测量结构效度有许多方法,例如与同类测验进行比较(进行相关分析)、因素分析等。为了较全面地评价测验的结构效度,Campbell DT 曾建议,在研究结构关联效度时不仅应将新测验与同类测验的结果进行比较,也要与功能不同的测验进行比较,前者称为趋同效度,后者称为鉴别效度。

## 二、心理测验的使用建议

由于心理测验正在成为早期教育者的一项普遍工作的内容,因此美国研究者给教师、幼儿看护者和婴幼儿家长提供了以下建议:

(1)只有证明对婴幼儿有益的测试才可进行。

(2)了解儿童的发展阶段、年龄、关键期及儿童个体不同发展阶段的发展速率和特点。这有助于测查儿童个体的发展进程。当发现儿童某些方面的发展没有任何进步时,可用一面小红旗作为标记,然后有必要用一种标准化工具进行评估。

(3)如果是正规评估,那么内容、格式、有效性及干预标准都应符合测试目的。

(4)如果需要用诊断性测试确定发展延迟的原因或程度,那么应考虑以下方面:所用测试应是合格专家谨慎挑选的(最好不止一项测试);不要强迫儿童与其父母分离,以免引起不必要的紧张,给测试结果造成负面影响;由不同任务组成并须计算得分的测试,没有显示儿童怎样在日常交流中使用相应的技巧,因此评估应包含较广的标准范围;家人、教师对儿童的了解及在儿童熟悉的环境中对他们的直接观察,应比只用测试得分来对儿童进行判断更为重要。

(5)测试的目的应用来改善或提高行为表现,而不只是测试方案是否有效及测试教师、学校的工作效率。

(6)应对儿童分别进行单独测试。因为他们遵守规则的意识和能力尚未充分发展,不适宜进行群体测试。

(7)进行正规测试时要有一定的技巧,不仅要重视口头或书面测试本身,还要给儿童足够的时间去完成测试任务,并让儿童感到测试者对他们的支持。

(8)不要做过多的测试准备,准备的时间不要花在孩子想了解的事情上。家人或教师如果让孩子事先了解测试内容的话,会导致测试结果失真。

## 三、心理测量的优势与局限

正确使用标准化测试可以客观公正地评价儿童的能力;结合儿童其他方面的信息,描述儿童的整体发展情况。但出现下列情况时,会造成标准化测试的使用不当:儿童在测试过程中感到有压力;测试标准也许与儿童所处的文化及社会环境不符;在儿童缺乏对测试规则了解的情况下,对其行为进行评估;根据测试错误的读数而对儿童做出判断;测试结果可能不适合处于经济弱势的儿童。

使用心理测验时,不要在儿童感到有压力的地方进行测试,要确保测试由受过训练的专家来执行;要利用多种有关儿童的信息,判断设置情况、准备状态或干预情况。

# 第三节 常见婴幼儿心理测验简介

## 一、0—6岁儿童神经心理发育量表(儿心量表)

婴儿出生后,不仅身高、体重不断地增加,行为、精神、心理也在不断发育,但每个婴儿发育的速度却各不相同。为了制定出适合我国特色且能客观评价婴幼儿智能发育程度的诊断量表,在我国老一辈儿童保健专家薛沁冰教授的领导下,由首都儿科研究所薛红、张家健、高振敏、张春如、曹英等医生和中国科学院心理所茅于燕教授牵头,在全国按人口分布分层比率,选取12个城市组成协作组,历时10年,总结出我国婴幼儿神经心理发育特点,完成编制工作。

(一)测试方式及测试需要的时间

1. 测查用具

测查需要具有标准要求的用具,包括:① 诊查床;② 围栏床;③ 小桌;④ 小椅;⑤ 拉引玩具多件(专用测查工具箱);⑥ 楼梯。

2. 测试需要的时间

通常测试为一对一进行,正常儿童可在20—30分钟测试完毕,对不合作的儿童,时间会长一些。

3. 实施方案

(1)计算实足年龄。以月龄为单位,首先计算出实际年龄,即几岁几月零几天,再把岁数和天数均换算为月,以月龄为单位。

月换算成日为:1个月=30日;岁换算成月为:1岁=12个月

例:测验日期:2001年6月13日

出生日期:2000年6月26日

实足年龄:0岁11个月17天=11.6个月

(2)标记主测月龄。在主测月龄前以△标记,以示此月龄为该儿童的实际月龄。

(3)测查顺序。以先易后难为原则。先查动手的项目,如精细动作、适应能力,再查语言、社交行为,最后查大运动。

(4)记录结果。通过的项目用○表示,不通过的项目用×表示。

(5)测查结果。不管主测月龄的项目是否通过,向前测两个年龄组的项目要通过,向后测两个年龄组的项目不通过。

(6)具体的计分方法见操作手册(略)。

(7)计算智龄和发育商。智龄=五个领域分数之和+5;发育商=(智龄/实际月龄)×100。

4.智能水平评价

依据统计学换算结果,婴幼儿的智能水平可分为五个等级(表3-1)。

表3-1 婴幼儿智能水平的五个等级

| 智 能 | 发 育 商 | 评 价 |
|---|---|---|
| 高智能 | 130及130以上 | 优秀 |
| 中上智能 | 115—129 | 聪明 |
| 中等智能 | 85—114 | 正常 |
| 中下智能 | 70—84 | 偏低 |
| 低智能 | 69及69以下 | 低下 |

(二)量表的临床应用研究

本量表通过临床实践,证明了其在婴幼儿智能诊断中的可靠性和实用性。量表通过对行为的观察,可以尽早发现小儿的异常情况,对早期诊断和开展早期治疗干预,对提高康复的机会均有重要意义。

量表操作简便、与儿童实际情况符合率高,可以用计算机计算结果,所出报告一目了然,得到了一致的好评。目前被我国儿童保健界广泛使用,对开发儿童智力有重要的实用价值。

(三)量表的特点及使用中的注意事项

1.量表的特点

量表是我国首次对0—6岁儿童的神经心理发育自主编制的标准化常模,量表符合新编量表要求,测查项目是通过纵查、横查,并且通过全国量表标准化反复验证后确定的,横查样本量大,代表性好,量表能充分反映小儿神经心理发育的成熟程度及年龄特点。量表的常模制定,填补了国内空白,因此具有重要意义。

## 2. 量表使用中的注意事项

（1）测试环境要安静，光线明亮，小年龄允许一位家长陪伴。

（2）严格按指导语进行操作，不要家长插话，防止暗示、启发、诱导。

（3）熟记项目名称，掌握操作方法及通过标准。

（4）检查者的位置要正确，桌面要干净，箱内的用具不要让儿童看到，用一件取一件，用完放回。

（5）向家长解释要恰当，注意技巧，尤其对发育落后的儿童更要慎重。

表3-2  0—6岁《儿心量表》的操作方法与通过标准（范例）

| 查项目的操作方法 | 通 过 标 准 |
| --- | --- |
| 拉腕坐起，头竖立片刻：婴儿仰卧，主试者站在小儿脚前面对小儿弯腰、微笑、说话，直到小儿注视到主试者的脸。这时主试者轻轻握住小儿两只腕，将小儿拉坐起来，观察小儿控制头部的能力。 | 当把小儿拉坐起来时，小儿头可自行竖立片刻，约2秒钟。 |
| 触碰手掌紧握拳：小儿仰卧，主试者将示指放入小儿手掌中。 | 小儿能将拳头握紧。 |
| 眼跟红球过中线：小儿仰卧，主试者用右手提起红球，使红球在小儿脸部上方20厘米处轻晃动以引起小儿注意，然后把红球慢慢移动，从头的一侧沿着弧形移向中央，再移向头的另一侧，注意观察小儿头部和眼睛的活动，可重复3次。 | 当主试者把红球移向中央时，婴儿能用他的眼睛跟踪看着红球转过中线，小儿的头部旋转或不能转均可，但应肯定小儿注视着红球。 |
| 听声音有反应：婴儿仰卧，在小儿一侧耳上方9厘米处轻摇铜铃，观察小儿的反应。 | 听到铃声会转头，眨眼，皱眉，改变活动（动作减少、增多或停止活动）。一般情况下反应时间很短促，但要肯定有明确听到声音的表现。 |
| 自发细小喉音：让婴儿仰卧、清醒。注意他的发音。 | 能发出任何细小柔和的喉音。 |

## 二、贝利婴幼儿发展量表（BSID）

贝利婴幼儿发展量表（Bayley Scales of Infant Development，BSID）是目前国内外广泛应用于婴幼儿发育评估的诊断性量表之一。1928年，量表创始人南希·贝利博士就职于美国儿童福利研究所（Istiute of Child Wellare），开始研制"加州一岁婴儿智力量表"并于1933年发表。先后共修订两次，形成了贝利婴幼儿发展量表（第三版），包括认知、语言、运动、社会性情绪、适应行为5个部分。

（一）贝利婴幼儿发展量表（第三版）的内容及结构

贝利婴幼儿发展量表（第三版）是全面评估出生到42个月龄婴幼儿的各方面能力的量表，对婴幼儿的五大领域：认知、语言、运动、社会性情绪、适应行为进行评估。其中前三者由专业人员对婴幼儿进行评估，后两者则由家长填写，针对婴幼儿发展状况的问卷进行反馈。施测所需时间在50—90分钟。12个月龄及以下年龄段的测查时间大约50分钟，13个月龄及以上年龄段需90分钟。

1. 认知量表

包括91个条目,主要包含10个维度:感知觉发展探索与操作、客体关联性概念建立、记忆力、习惯、视力、视觉偏好、客体永久性,以及认知加工的其他方面。

2. 语言量表

分为语言表达与语言理解两个分测验。语言表达分测验共48个条目,语言理解49个条目。通过语言表达的评估,我们可以清楚地了解幼儿在交流过程中对语音语调、手势、词汇等掌握和运用的情况。而语言理解则是评估幼儿对语音的识别能力,以及在多大程度上能够理解相应的词汇与指令。

3. 运动量表

分为粗大动作与精细动作两个分测验。粗大动作分测验包括72个条目,评估幼儿对自己身体的控制能力,包括静态定位(头部控制、坐、站);动态运动,包括运动(爬行、走、跑、跳、上下楼梯),运动质量(站立、走、踢等的身体协调),平衡以及运动规划。精细动作分测验包含66个条目,评估幼儿控制小肌肉的能力,包括手指提小物体知觉动作整合、运动规划和速度、视觉跟踪、伸手够物体抓握和操作等手眼协调能力等精细动作的发育水平。

4. 社会情绪量表

采用"格林斯潘社会-情绪成长量表",有35个条目,由儿童的主要照顾者来完成,是对婴幼儿情绪发展相关行为的筛查问卷。主要评估四个方面:早期社会性情绪发展能力、社会性与情绪健康、早期人际交往模式、检测社会性情绪能力发展的缺陷。

5. 适应行为量表

主要包含10个维度:人际交流、社区应用、生活技能、居家能力、健康安全、休闲娱乐、自理能力、自我管理、社会交往、身体功能。

每个分量表都有其计分标准,还可得出其相应年龄窗口的百分位数和可信区间,有助于我们将受试儿童父母纳入评估中。

(二)量表的临床应用研究

从测验编制技术的角度看,因其具有科学的可靠性和有效性的材料特点,贝利量表被公认为最好的婴幼儿测验工具。在心理学实验中,常用它作智力前后变化的对比。然而,该量表主要用来测量当时的发展状况,而不是预测将来的能力水平,或者说用婴儿的测验分数做出长远的预测是没有多大价值的。另外,BSID-I的主要目的是鉴别儿童是否有发育迟缓,而不是用于诊断一种障碍。

在贝利婴幼儿发展量表(第三版)评估中,家庭扮演了很重要的角色,从而可以提高家长或照料者对孩子发展的认识和重视程度,为个别化家庭服务以及早期干预服务提供有价值的信息,可以帮助家长与干预者制定有效的幼儿干预策略。

目前,贝利婴幼儿发展量表(第三版)尚未在中国进行标准化并使用,现在国内应用的还是易受蓉教授等修订的城市版贝利婴幼儿发展量表(第二版),它已经成为评价婴幼儿发展的综合性量表,对围产期高危儿智能发育状况的检测,对婴幼儿智力和运动评价及影响因素的探讨,对婴幼儿发育迟滞的早期筛查、诊断及监测,对高危儿干预效果的评价研究,以及对高危儿干预计划的制订起到了一定的指导作用。在我国,第二版已被广泛应用,相信不久的将来,第三版也会在国内被标准化并推广应用。

## 本章小结

心理测量法因为它的方便、可操作性强,成为心理学或者教育学研究者经常选用的研究方法。但其并不简单。本章在介绍心理测量法的基本知识的基础上,介绍了心理测量的概念、种类和标准化测验的基本特征等,指导研究者慎重选择、规范使用量表,从而提高量表的信效度指标,提升研究水平。

## 延伸学习

拓展阅读

### 测验接受者的权利

测验接受者的权利与测验使用者的责任是相互对应的,作为测验使用者,有义不容辞的责任来保证受测者基本权利的实现。下面是JCTP在1988年颁发的《测验接受者的权利和责任:指导方针和期望》中提及的重要部分。

作为一个测验接受者,你有权:

(1) 被告知作为一个测验接受者所拥有的权利和责任。

(2) 受到有礼貌的、尊重的和公正的对待,而不管自己的年龄、残疾情况、民族、性别、国籍、宗教信仰、性取向或其他个人特征如何。

(3) 接受那些达到了专业标准并且适合自己的测验。

(4) 在测验前以口头或书面的方式获知测验的目的、测验的性质、测验结果是否会报告给自己或其他人、打算如何运用此测验结果等。如果是残障人士,你有权询问并获取关于测验调整方面的信息;如果你在理解测验所使用的语言上存在困难,你有权事先知道是否能获得较适合的替换方案。

(5) 提前知道何时施测,测验如何进行,是否能获得以及何时能获得测验结果,是否需要付费等。

(6) 由那些受过适当训练并遵循伦理准则的专业人员施测和解释测验结果。

(7) 有权在对测验本身和测验结果的预期用途有足够信息的情况下,做出是否参加测验的决定。

(8) 知道参与测验是否是可选择的,以及参加或不参加测验、全部完成测验或中途退出将带来什么样的后果。

（9）在测验后的适当时间获取关于测验结果的书面或口头解释，并且这种解释要以通俗易懂的方式来表达。

（10）测验结果在法律允许的范围内被保密。

（资料来源：郑日昌. 心理测量与测验［M］. 北京：中国人民大学出版社，2008.）

## 学习活动

1. 寻找家庭养育方面的量表，尝试比较各种量表的信效度指标。
2. 运用所选的量表对0—3岁婴幼儿的家长进行测验，并尝试分析测验结果。

## 复习与思考

1. 心理测量法有哪些特征？
2. 标准化测验的基本特征有哪些？
3. 如何选择合适的量表？

# 第四章 心理生理测量法

## 学习目标

1. 了解婴幼儿皮质醇方面的测量以及相关案例。
2. 了解婴幼儿脑功能的直接测量（ERP研究）和间接测量（fNIRS研究）。

心理生理测量法（psychophysiology measures）是一种将个体心理和行为过程与生理变化相联结的技术，能够借助不同的仪器，在实验室情境以及自然情境下考察个体一系列与心理过程和行为相关的生理过程以及由心理过程和行为所引起的生理变化（Gaffey & Wirth, 2014）。通过这一方法，研究者能够评估个体中枢神经系统（Central Nervous System, CNS）、自主神经系统（Automatic Nervous System, ANS）以及内分泌系统的机能，并进一步考察个体的认知和情绪等活动情况（桑特洛克，2009）。比如，通过神经影像技术（如核磁共振成像技术MRI）和脑动电流图（EEG）等，可以评估个体的中枢神经系统机能，特别在认知活动中，能够考察个体脑功能的情况；通过对个体呼吸、心跳等频率的记录，可以评估个体自主神经系统的机能。比如，研究发现，对婴幼儿心率的测量，可以判定他们是否在进行某些认知加工。通过测量人体内某些化学物质的浓度，可以评估个体内分泌系统的机能。比如，研究发现，当婴儿被巨响惊醒时，血液内的荷尔蒙浓度会增加（桑特洛克，2009）。

一般而言，常用的测量指标包括肌电图、脑电图、皮肤电、血容量、心率、呼吸率、皮肤导电性反应、眼动、血压、瞳孔反应、皮层事件相关电位、耗氧量、皮肤温度、消化液分泌量等（林崇德，杨治良，黄希庭，2003）。纵观已有对婴幼儿的研究，主要包括心率、呼吸、内分泌激素、脑电图和脑功能成像等，可以分为生理测量和脑功能测量两个方面的研究。其中，生理测量主要包括对婴幼儿心率、皮质醇和眼动的研究。脑功能方面的测量包括脑电研究（EEG）、事件相关电位（ERP）研究和功能性近红外光谱技术（fNIRS）。

心理生理测量法使用非侵入式、对人体无伤害的测量方法（比如表面电极），对动作技能、问题解决、睡眠、情绪等行为所引起的相关生理变化过程进行测量与观察，对个体无损害（林崇德，杨治良，黄希庭，2003）。对儿童而言，这一方法能够测量儿童的生理过程与其身体、认知、社会性情绪等行为或者发展之间的关系。对婴幼儿而言，由于无法报告心理和情感体验，因此，这一方法在解释婴幼儿心理和各方面发展时具有优势。

本章将分三节内容介绍婴幼儿心理生理的测量。其中，第一节将从生理医学测量的角度介绍婴幼儿心率、皮质醇方面的测量以及相关案例。第二节将介绍婴幼儿眼动研究的相关内容。由于眼动作为一个测量指标，往往与婴幼儿特殊的研究范式（如偏好法、去习惯化）相结合在一起使用，因此读者可以和下一章结合起来阅读。第三节将分别介绍婴幼儿脑功能的直接测量（ERP研究）和间接测量（fNIRS研究）。

## 第一节　生理测量研究

对婴幼儿生理方面的测量，可以在一定程度上反映其感知觉和情绪情感方面的发展水平。这方面的研究主要集中于对婴幼儿心率、呼吸和压力应对方面的测量。其中，对婴幼儿心率和呼吸的测量能够在一定程度上揭示其认知加工过程，与习惯化行为密切相关，将在下一章中做介绍。本节将介绍婴幼儿压力应对方面的生理测量基本知识及相关的研究案例。

### 一、HPA轴及皮质醇的作用机制

HPA轴，即下丘脑—垂体—肾上腺皮质轴，是神经内分泌系统，与个体的压力和情绪调节有关，在儿童期发展迅速。作为HPA轴的终端产物，皮质醇（cortisol）是重要的应激激素，常被用于检测HPA轴的反应（王晓蕾，陈丽华，卜钰，林丹华，2018）。HPA轴有两大重要的机能，即生物节律和压力反应（谢晓飞，王莉，孙小舒，2009），通过皮质醇水平的变化而体现。

首先，在昼夜节律的调节中，通常个体醒后半小时皮质醇水平迅速升高，而从8—12点下降，下午呈缓慢下降的趋势，在凌晨0—2点，皮质醇下降至一天中的最低水平。

其次，当个体面对应激事件，并且觉察到压力时，HPA轴的环路被激活，个体需要生物调整来维持体内的平衡（黄雅梅，周仁来，孙智颖，吴梦莹，2014）。压力被激活后的5—10分钟，血液循环中的皮质醇浓度处于或者接近初始水平。之后，在压力事件后的10—15分钟，皮质醇浓度开始升高，并且在20分钟时达到峰值，这一时间具有个体差异。随后，在数小时后，这些新增的皮质醇才能够被清除（谢晓飞等，2009）。

HPA轴面对应激状态时所呈现的压力反应技能具有适应意义。当个体感知到外界的压力时，皮质醇水平会升高以调动机体的大部分能量，从生理和行为上做好应对紧急事件的准备。当个体感知到应激事件的威胁降低时，皮质醇水平也会逐渐恢复到正常水平，以维持体内的平衡状态（王晓蕾等，2018；谢晓飞等，2009）。这种皮质醇在应激状况下升高的能力对个体的生存和健康至关重要。然而，如果个体常处于高水平的应激状态，则会导致过多的神经生理反应；而当个体处于持续的慢性应激时，则会使HPA轴的激活不足，表现为皮质醇水平过低。这两种情况对机体的健康发展都是不利的。比如，儿童长期的高皮质醇水平可能会导致焦虑症，长期的低皮质醇水平可能与一些过敏性疾病相关（王晓蕾等，2018；谢晓飞等,2009)。

由于皮质醇应激反应的诱发程序能够被标准化,并且高度可控,因此近年来被广泛用于考察儿童心理社会功能方面的研究(王晓蕾等,2018)。

## 二、皮质醇的收集

血液和唾液中的皮质醇浓度是HPA轴应激反应研究的主要指标。当HPA轴分泌的皮质醇进入血液后,大部分与白蛋白、球蛋白和红细胞等结合,而不具有生物活性,但有少量皮质醇并不发生结合,呈现游离态,能够从肾脏滤过,从而具有生物活性。这部分游离态的皮质醇能较好反应HPA轴的机能。研究发现,唾液中皮质醇的数量与血液中这部分游离态的皮质醇数量一致,因此,对皮质醇水平的测量常常通过考察唾液中的皮质醇水平而获得(黄雅梅等,2014)。

在唾液皮质醇的采集过程中,通常需要先刺激唾液的分泌,然后使用唾液管收集唾液。其中,最简单的收集方式是将唾液吐进塑料管。一般而言,唾液的收集通常需要多次完成,持续几个月甚至更久。唾液中的皮质醇在室温中会自然耗损,因此,采集唾液样本后应尽快处理并且存放在低温环境,以待后续分析和处理(黄雅梅等,2014)。

## 三、婴幼儿皮质醇测量研究案例

对皮质醇水平的检测已被逐步用于评估儿童心理社会方面的发展。以下所展现的案例是2020年发表于 Acta Paediatrica 期刊的一项研究。该研究在德国开展,研究者选取88名早产儿(胎龄25—32周),考察早产儿母婴皮肤接触对母婴互动、新生儿唾液皮质醇水平、母亲产后抑郁情况、压力以及亲密性的影响。

研究在新生儿出生后,随机将其分成两组,一组为皮肤抚触组,即在出生后的45分钟内,在新生儿主治医师的指导下,由母亲将婴儿放在自己胸口,为婴儿盖上毯子,进行为时一小时的抚触。同时,新生儿父亲在场观察。另一组为视觉关注组,在这一情境下,新生儿被毯子包裹,母亲可以抚摸新生儿,但不能打开毯子,因此无法抚触新生儿的手、脚和身体,也不能亲吻新生儿,而只能进行视觉关注,时长为5分钟。在实验过程中,研究人员记录新生儿的心跳,并采集其唾液样本。研究者在实验前后均将小棉卷放到新生儿嘴里收集唾液,之后将唾液进行处理,并保存在$-20°C$的环境下,送至专门的免疫生物实验室做分析。同时,研究者通过发光免疫测定法对皮质醇水平进行测定。研究者还拍摄了实验全过程的录像,记录两组新生儿的亲子互动过程,并使用专门的互动分析软件,对亲子互动做分析。

研究结果显示,两组新生儿唾液中的皮质醇水平在试验前和试验后均无差异。但抚触组婴儿的母亲运动反应、婴儿发声以及运动反应更佳,且母婴反应行为总分较高,这组母亲在产后早期抑郁和亲密性受影响的风险均较低。因此,研究显示,抚触可能对早产儿发育有着积极的影响(Mehler, Hucklenbruch-Rother, Trautmann-Villalba, Becker, Roth, & Kribs, 2014)。

## 第二节　婴幼儿眼动研究

由于婴幼儿语言和动作受限、注意持久性较差，因此视觉成为了解婴幼儿心理的重要途径之一。眼动追踪可以获得婴幼儿与周围人和环境交互的数据，是一种可靠而有效的研究方法。研究者常常借用眼动仪捕捉婴幼儿的视觉线索与特征，从而考察其多个方面的发展，包括婴幼儿的注意分配与兴趣发展、与理解和记忆相关的视觉感知、动作发展、对运动信息的识别能力、行为控制能力的发展、社交行为特征、眼动神经功能、面孔知觉、客体表征、语言习得、早期阅读等多个方面，并且将婴幼儿的适用年龄拓展至3个月（王福兴，童钰，钱莹莹，谢和平，2016；Tobbii公司，2018）。比如，在社会认知和交互研究中，眼动仪可以用来研究婴幼儿在观察他人执行以目标为导向的行为或者进行社会活动时的眼动行为，使研究人员获得以下信息：① 婴幼儿如何理解他人的行为、想法或者感觉？② 婴幼儿如何解读他人的行为和意图？③ 婴幼儿对他人行为的模仿能力如何发展？（Tobbi公司，2018）。

## 一、眼动仪及分类

眼动仪的生产有赖于不同的眼动记录技术。随着当前科技的进步，研究者采用不同的记录方法观察个体的眼球运动，以此考察心理活动。这些记录法包括电流记录法、探查线圈记录法、瞳孔和角膜反射的视频记录法以及红外线普金野图像跟踪法（卞迁，齐薇，刘志方，闫国利，2009）。在婴幼儿研究中，基于瞳孔和角膜反射的视频记录法是最常用的记录方法之一。

新型的眼动仪大多采用这一记录方法。这一方法利用角膜反光的原理，即角膜反射落在它表面的光，光线在经过角膜反射后会形成一个亮点，即角膜反射光斑（闫国利，田宏杰，2004；张瑛，2012）。由于角膜从眼球体表面凸出，当有固定光源时，眼球就会产生运动，角膜对来自固定光源的光反射角度会因眼球的运动而产生变化。因此可以利用眼摄像机拍摄眼睛的运动图像，记录角膜反射光斑位置的改变，利用图像处理技术实时得到虚像位置，完成视线的跟踪（闫国利，田宏杰，2004；张瑛，2012）。这些眼动仪在捕捉个体眼动信息时，需要借助一束光线和摄像机对准个体的眼睛，通过光线和后端分析推测注视的情况，摄像机则记录交互的过程（徐娟，2012）。

一般而言，根据不同外形结构，眼动仪可以分为头部固定式、头盔式和遥测式三种。其中，头盔式眼动仪将微型照相机或者摄像机安装在头盔上。遥测式眼动仪将照相机和光源安装在桌子或者屏幕上。头部固定式眼动仪需要在数据采集前将被试的头部固定（卞迁，齐薇，刘志方，闫国利，2009）。

从便携性角度考虑，对婴幼儿的研究更多地使用遥测式/桌面式以及头盔式眼动仪。遥测式/桌面式眼动仪通常将光学模块（光束）和镜头固定在桌面上。在使用过程中，婴幼儿不需要佩戴任何测试仪器，父母或者其他成人抱着婴幼儿，使婴幼儿观看显示器中播放的画面。实验前需要对婴幼儿进行眼睛视线的定标（校准），校准完成后，摄像头就能够自动捕捉婴幼儿的眼动。这类眼动仪允许婴幼儿头部或者身体在一定范围内移动，但移动幅度较大时会对数据质量产生影响（卞迁等，2009；高晓妹，2009；张瑛，2012）。头盔式眼动仪一般在头盔上安装红外光源、眼摄像机或场景摄像机。在实验过程中，婴幼儿需要佩戴头盔。这类眼动仪可让婴幼儿在一定范围内自由移动探索周围的真实世界，特别在有关婴幼儿动作或者亲子互动的研究中使用头盔式眼动仪效果更佳（王福兴等，2016）。

## 二、眼动研究的相关指标

在儿童眼动研究中，研究者通常将眼睛注视停留在一定区域，超过100毫秒界定为一个注视点（王福兴等，2016）。在具体研究过程中，主要关注三种重要的参数，包括首次注视时间、注视时间和注视次数。首次注视时间是指儿童第一次注视到特定目标，并形成注视点的时间。注视时间是指儿童在特定目标上所有注视点停留时间的总和。注视次数是指儿童在注视目标上注视点的数量（刘宝根，2011）。除此以外，在婴幼儿研究中还有两个特定的指标能够揭示特定的心理行为过程。

第一，瞳孔大小（pupil size）。这一指标在婴幼儿研究中较常用。研究者认为瞳孔放大表明认知难度增加，心理加工强度也变大，同时也反映了婴幼儿对信息的兴趣增加。比如，在对婴幼儿客体永久性研究中，瞳孔大小可以反映婴幼儿的认知加工情况。又如，在对婴儿面孔知觉的研究中，研究者发现，当婴儿看到陌生人的中性情绪面孔时瞳孔会放大。因此，瞳孔的大小有助于了解婴幼儿的认知和情绪发展（王福兴等，2016）。

第二，眼跳潜伏期（saccade latencies）。这一指标关注婴幼儿何时将注视点从一个目标转移到另一个目标。如果注视发生在有趣的事件发生之前，则被称为预测性眼跳，说明婴儿在对某个事件做预测。如果注视发生在事件之后，则被称为是反应性眼跳。比如，在周围刺激发生变化后，婴幼儿需要转移注意力来应对刺激的变化（Gredebäck, Johnson, & von Hofsten, 2010）。

## 三、婴幼儿眼动研究案例

在我国，眼动研究被逐步使用到婴幼儿研究中，用以探讨婴幼儿的早期阅读能力。以下呈现的案例是2014年发表于《心理发展与教育》期刊的一个研究。研究者以54名2—3岁幼儿为研究对象，探讨了三种不同阅读方式下（幼儿自读、教师伴读和教师指读），幼儿对文字的关注度（刘妮娜，王静，韩映虹，徐振平，2014）。研究者从三所幼儿园托班中随机选取54名幼儿，除去未能完成实验的幼儿，最后为48名。研究将这些幼儿随机分成三组，每组幼儿采用一种阅读方式进行阅读。其中，自主阅读组为18人，教师伴读式阅读组15人，教师指读式阅读组15人。

研究选用符合2—3岁幼儿生活经验,并且全部儿童都未阅读过的图画书《收起来》。图画书讲述的是小熊有很多玩具,他玩好后就准备离开,玩具们哭起来了,要求小熊把他们送回家。于是,小熊把玩具一件件放好,最后很礼貌地跟玩具说再见。全书共13张完整画面,研究者将图画书做成电子版,按顺序呈现给幼儿。并且将每张画面内容划分成几大兴趣区:整页、文字区域、图画区域、图画中各事物及面部表情。

研究者借助遥测式眼动仪记录幼儿阅读图画书时的眼动行为,图画书由17英寸液晶显示器呈现。在实验过程中,教师首先怀抱幼儿,确保其观察眼动仪,进行校准;随后进行实验练习;等幼儿完全理解实验过程后,开始正式实验。教师怀抱幼儿,说明实验的任务,研究人员为儿童翻页操作。自主阅读组幼儿自主观察图画书,教师不给任何提示,并且对幼儿的提问仅做简单回应,但不作答;教师伴读组按照图画书中的文字逐句有感情地朗读;教师指读组在伴读的基础上对所讲内容进行指读,并且随着阅读内容而移动。

研究使用7个眼动指标,包括:① 注视前时间:幼儿开始注视目标区域前的总时间。② 总阅读时间:阅读整本图画书的所有注视点和跳读时间综合。③ 总阅读次数:阅读整本图画书兴趣区的所有注视次数之和。④ 总注视时间比例:兴趣区内所有注视时间之和/整页的所有注视时间之和。⑤ 总注视次数比例:兴趣区内所有注视次数之和/整页的所有注视次数之和。⑥ 注视页数比例:兴趣区被注视的页面个数之和/整本书总页面个数。⑦ 总观察次数:进出兴趣区的次数之和。

研究发现:① 自读和伴读方式下,幼儿对文字的关注度较低。② 指读能够显著提高幼儿对文字的关注频率,同时对文字注视时间、次数以及关注速度均有一定的促进作用。③ 指读不影响幼儿对图画关注的全面性和有效性,并且能够在一定程度上促进幼儿对文字的关注。

## 第三节　婴幼儿脑功能测量研究

大脑是人体最重要的器官。在生命的最初几年,大脑神经元以每秒700个的惊人速度建立新的神经联结;到三岁时,儿童大脑的重量达到成人的87%,活跃度达到成人的两倍(联合国儿基会,2014;Shonkoff,2009)。因此,对婴幼儿大脑功能的研究尤为重要。婴幼儿的发育和行为与大脑活动有着密切的关系。对脑功能的研究不仅有助于了解儿童认知、行为、情绪等各方面的发育、发展状况和机制,同时也对早期疾病的诊断以及临床治疗有重要的参考价值。

在对婴幼儿脑功能的测量中,研究者通常会根据所关注的发展领域,对特定的脑区活动变化做探究。研究者通常会关注婴幼儿认知功能的发展(伍海燕,刘勋,2017;孙国玉,侯新琳,周丛乐,周燕霞,2015;孙国玉,侯新琳,周丛乐,2016)。这一过程有赖于相关的脑功能测量设备。神经影像技术的引入使我们能够更好地理解大脑的发展。目前,非侵入式的技术能够帮助我们获得神经活动数据,以鉴别相应的脑区以及与特定功能相联系的脑区间的相互作用。非侵入式的脑功能测量主要包含两种方式,即电生理学测量和血液动力学测量(Kaewkamnerdpong,2016)。由于前者检测的信号是与脑神经活动直接关联的电磁场变化信息,因此被称为直接测量;而后者检测的信号是由脑神经活动引起的血液动力学变化信息,因此被称为间接测量(李成军,2005)。在对婴幼儿的研究中,前者通常使用事件相关电位(ERP)技术,后者通常借助功能性近红外光谱(fNIRs)技术。

在本节中,我们将介绍大脑皮质的功能分区,在此基础上介绍脑功能测量设备,最后我们将举例说明不同测量的研究案例。

## 一、大脑皮质功能分区

大脑由左右两个半球组成,两个大脑由胼胝体等相连。每个大脑半球包括大脑皮质、大脑白质和神经基底节(车文博,2001)。大脑皮质(cerebral cortex)是中枢神经系统的最高级中枢,分成四个叶,即额叶(frontal lobe)、顶叶(parietal lobe)、颞叶(temporal lobe)和枕叶(occipital lobe)(见图4-1),与个体运动、语言和言语、视觉和听觉、信息加工处理、感知觉等各个方面形成对应关系。其中,额叶主要负责运动的准备和执行,包括运动皮质和前额叶皮质。前额叶皮质则与个体计划和执行能力紧密相连,与执行功能、记忆及其他认知加工过程相关。顶叶为躯体感觉区,包括触觉、痛觉、温度感觉以及本体感觉等。枕叶主要负责视觉加工,包括对颜色、明度、空间频率、朝向以及运动等信息的加工。颞叶主要进行听觉加工,对通过听觉通道进入的刺激进行知觉加工(Gazzaniga等,2015)。

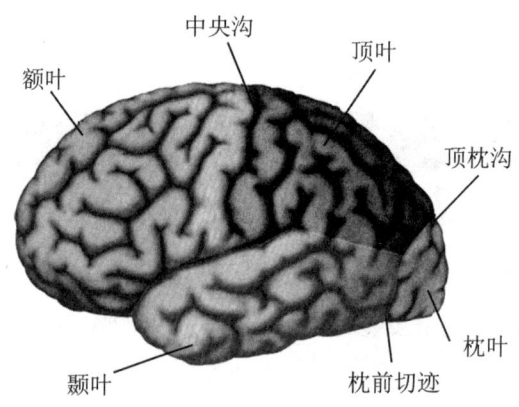

图4-1 左半脑侧面图及大脑皮质四个叶

由此可知,个体的感知觉、语言、运动、认知、行为、情感等在大脑皮层都由相应的区域负责,当个体需要执行特定活动时,相应的脑区就会被激活。当特定的脑区出现损伤或者问题时,个体相应的机能就会出现问题。比如,当个体的话语区受损,则病人能够听懂别人谈话,看懂文字,尽管语言运动器官活动正常,但却不能讲话,就会产生失语症(俞诗源,2007)。当然，这些区域的划分是相对的，比如，运动区也会接受部分的感觉冲动(俞诗源，2007)。同时，不同的大脑皮质区域可能在相同或者类似的活动中共同发挥作用。比如，负责个体语言的大脑区域分为两块，一块是负责语言理解的区域，在颞叶，被称为韦尼克区(Wernicke区)；另一块则专门负责语言表达，在前额叶，被称为布洛卡区(Broca区)。

在脑功能测量中，电极帽是不可或缺的设备。在研究过程中，研究者为了对各脑区做精确定位，将电极与相应脑区匹配，通常采用10—20国际标准导联系统(见图4-2)。这一系统的建立主要基于电极与所对应的大脑皮层区域所在的位置。10和20指的是电极间相应的位置是头骨从前往后或者从左到右距离的10%或者20%(Trans Cranial Technologies ldt., 2012)。在该系统中，每个字母和数字都有具体的含义(见表4-1)。其中，偶数是指右半大脑的电极，而奇数是指左半大脑的电极。在对每个电极命名时，将电极所在的位置(通常是左右，但对颞叶定位时还分前、中、后)和对应的脑区相结合，比如，F3指的是左额，F8指的是右前颞。借助这一系统，并结合脑区各叶的功能，研究者能够锁定研究所关注的脑区，在此基础上可以将特定的行为与大脑区域的激活和工作情况相结合，从而完成对特定区域脑功能研究的目标。

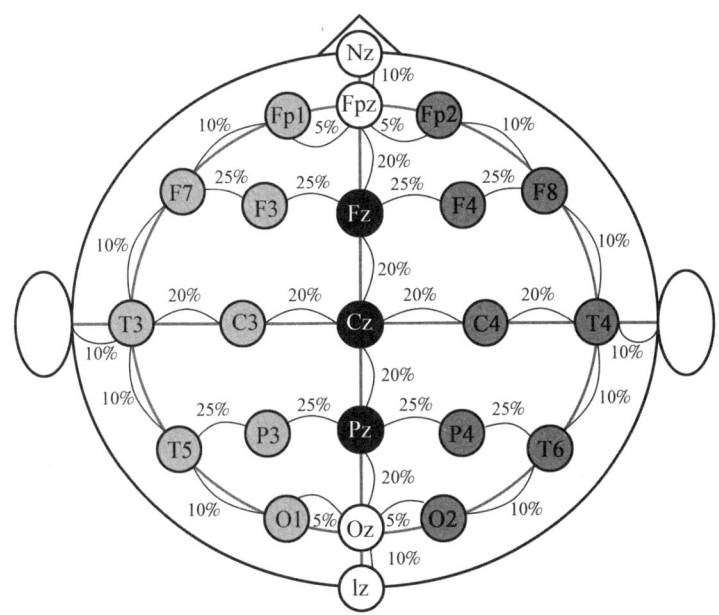

图4-2　10—20国际标准导联系统顶面观示意图

表4-1　10—20国际标准导联中英文术语

| 中　　文 | 英 文 全 称 | 英 文 缩 略 |
| --- | --- | --- |
| 额极 | frontal pole | FP1/FP2 |
| 额叶 | frontal | F3/F4 |
| 中央 | central | C3/C4 |

(续表)

| 中 文 | 英 文 全 称 | 英 文 缩 略 |
|---|---|---|
| 顶叶 | parietal | P3/P4 |
| 枕叶 | occipital | O1/O2 |
| 前颞叶 | anterior temporal | F7/F8 |
| 中颞叶 | mid-temporal | T3/T4 |
| 后颞 | posterior temporal | T5/T6 |
| 额中线 | frontal zero | Fz |
| 中央中线 | central zero | Cz |
| 顶中线 | posterior zero | Pz |
| 枕中线 | occipital zero | Oz |

## 二、事件相关电位（ERP）技术

在婴幼儿研究中，常用的脑功能直接测量包括脑电图（Electroencephalography，EEG）和事件相关电位（Event-related Potential，ERP）。EEG能够提供全脑活动的连续性记录，是脑神经细胞群电生理活动在大脑皮层或者头皮表面的总体反映（李成军，2005）。个体心理活动所产生的脑电信号通常比EEG小，会淹没在EEG中，导致很难被观察。因此，使用EEG探讨个体心理活动存在一定的局限性，不能观察到特定心理活动所产生的脑电信号，而ERP在这一方面具有优势（周爱保，2008）。

认知神经科学家通常关注特定任务情境下大脑活动的改变。当我们对个体的感觉系统或者大脑某一部位外加一种特定的刺激（比如给婴幼儿听特定的声音），在给予刺激或者撤销刺激时，或者某种心理因素出现或者变化时，相应脑区将产生电位变化（周爱保，2008）。研究者通常使用电脑技术，将呈现同一刺激时的EEG进行叠加平均，在这一过程中，去除与所要研究的事件无关的脑电活动的变化，研究者能够发现脑电图中固定的时间段会出现固定的波形，从而能够将心理活动所产生的脑电信号从EEG中提取分离出来，也即事件相关电位（ERP）（Gazzaniga, Ivry, & Mangun, 2015；宋伟，2007）。这一信号反映了与特定的感觉、运动或者认知事件相关的神经活动，因此被称为事件相关电位（Gazzaniga, Ivry, & Mangun, 2015）。比如，有研究者采用听觉事件相关电位，比较三组不同日龄（1—10天、11—20天、21—28天）新生儿童识别目标声音刺激时心理加工过程的差异。研究者给新生儿听目标刺激和非目标刺激声音，其中10%为目标刺激声音，结果展现了显著的日龄差异。随着日龄的增加，能够反映新生儿识别目标刺激脑电活动的波形逐步规整，体现了新生儿期认知功能的快速发展特征（张琴芬，屠文娟，李红新，程其蕊，董选，2016）。

（一）ERP研究设备及实施程序

1. ERP研究设备

一般而言，ERP设备由刺激系统、记录分析系统以及源定位分析系统三个部分组成。

第一，ERP的产生需要外加特定刺激，可以分为视觉刺激、听觉刺激和体感刺激（魏景汉，罗跃嘉，2010）。其中，视觉刺激和听觉刺激使用较多。特别对于新生儿和小月龄婴儿，通常使用听觉刺激诱发ERP，从而探讨其认知功能发展状况（李明燕，2012；孙国玉，侯新琳，周丛乐，2016；张琴芬等，2016）。在ERP实验过程中，研究者常常借助E-prime软件呈现刺激，这款软件能够通过显示器呈现文本、图像、视频和声音等任一刺激或者多种刺激的任意组合，能够提供详细的时间和事件的细节，比如某个刺激呈现的时间、被试的反应时间、按键值等，并可以将原始数据以文本格式的形式导出，以供进一步分析（魏景汉，罗跃嘉，2010）。

第二，ERP的记录分析系统包括电极帽、放大器、记录软件和分析系统。电极帽是ERP采集数据时的头部定位系统，由脑电电极、电极帽体、导联线组成。电极帽上分布着电极，这些电极的位置根据上述10—20国际标准导联设置。不同电极帽上的电极分布数量不同，并且从新生儿到成人配有不同尺寸的电极帽。一般而言，研究对象年龄越小，比如对新生儿和幼儿，电极数量越少，如10个电极（导），而在研究成人时，电极数量可以多达256个（导）。电极帽佩戴后应与放大器连接。如前所述，由心理活动所产生的脑电信号较微弱，通常只有2—10微伏（周爱保，2008），因此，ERP研究设备中需要使用放大器，将脑电信号进行放大。传统的放大器体积较大，不便于移动，而目前逐步开发了便携式的放大器，采用全无线技术，无须电源，内置电池的续航时间可以达到6小时以上，可以实现全移动，非常适合婴幼儿。

第三，源定位系统能够帮助研究者追踪ERP中特定事件的发生源。由于ERP的测量都是在头皮，需要确定大脑哪些区域的活动导致了所记录到的脑电模式，就需要借助源定位系统。认知神经科学家通过大脑和头组织的物理特征以及活动神经元电特性的简化假设，利用高速计算机，通过这一系统，模拟出大脑在接受特定刺激后的激活情况，通常采用偶极子BEsA系统进行分析（Gazzaniga, Ivry, & Mangun, 2015）。

2. ERP婴幼儿研究程序

ERP的研究包括五项流程，分别是实验前的准备、实时的刺激呈现、头皮脑电放大、数据采集、实验结束后的数据分析（周爱保，2008）。其中，实验前的准备包括刺激材料的准备、被试的选取以及实验设备的佩戴。刺激材料的准备需要根据研究的设计使用相应的软件在电脑中事先进行编程并试用。在实验前，研究者需要选取合适的被试婴幼儿，选取后告知家长研究内容及注意事项等，并且只有在获得家长同意、签署研究同意书后才能进行研究。实验开始前，研究者应让家长填写基本资料，并讲解ERP的基本工作原理、实验任务和注意事项。之后，进入实验设备佩戴过程。研究者应根据实验的要求和被试的特征确定电极位置和数量，并为婴幼儿选择适合其头围大小的电极帽，根据10—20系统为其佩戴。佩戴完毕后，须在研究所需要的电极上涂电极膏（或生理盐水）以帮助导电。待以上过程完毕后，研究者对相应的参数（如脑电的放大倍数、采样率等）进行设置，并做试研究和记录。在实验过程中，研究者根据事先设置的刺激材料程序为婴幼儿呈现刺激,记录其脑电情况,并采集数据,最后对所收集数据做离线式处理分析。

(二)婴幼儿ERP研究常用指标与心理活动

在ERP研究中,研究者往往借助特定的ERP成分对一些心理活动进行研究。ERP成分的命名通常按照顺序、潜伏期或者功能的意义命名(魏景汉,罗跃嘉,2010)。潜伏期是指从刺激出现到某个ERP成分出现时需要的时间。根据顺序或者潜伏期命名的ERP成分以P或者N开始,其中P是指正波,而N指负波。在以潜伏期命名的ERP成分中,P或者N后面的数字表示以毫秒为单位的潜伏期。在过去的数十年间,研究者通过对成人的ERP研究,发现了一些经典的成分,比如CNV(contingent negative variation)、P300、MMN(mismatch negativity)和N400等。其中CNV和MMN是以功能命名的成分,CNV反映了综合的心理准备状态,或者处于紧张、应激状态。MMN为失匹配负波,反映了大脑对刺激间差异的无意识加工,即大脑能够对不同刺激自动地做出不同的反应。P300和N400是以潜伏期命名的成分,P300主要反应的是高级认知过程,比如工作记忆的脑机制,N400通常被用于研究脑的语言加工原理(周爱保,2008)。

相比而言,婴幼儿,特别是2岁前,其突触之间的连接还在不断发育中。因此,所表现出的ERP反应及相应的波幅并非像成人那样明显,通常表现出更明显的慢波活动(Nelson, Luiciana,1998)。以下就文献中通常提到的几种婴幼儿ERP成分做个简介。

1. 失匹配反应(mismatch response,MMR)和失匹配负波(mismatch negativity,MMN)

失匹配反应代表了个体对不同听觉刺激进行区分或者分类的能力(Maurer, Bucher, Brem, & Brandeis, 2008),具体而言,是大脑对具有差异性的感觉刺激和由多次重复标准刺激所形成的神经表征或者"感觉记忆痕迹"进行神经匹配加工的过程,体现的是大脑不依赖任务而能够自动对不同刺激做出反应的过程(Csibra, Kushnerenko, & Grossmann, 2008)。

研究者通常采用Oddball实验范式对这一现象进行探讨。Oddball范式是指在一项实验中随机呈现两种统一感觉通道的刺激(比如听觉刺激)。其中一种刺激出现概率为60%—90%,被称为标准刺激(standard stimuli),另一种刺激出现概率则小于30%,被称为偏差刺激(deviant stimuli)(Maurer等,2008)。在这一范式下,被试可以进行被动回应,即不需要做任何反应,或者做主动反应,即对偏差刺激,或者靶刺激(也称目标刺激)做出反应。比如,研究者给被试双耳呈现不同的声音刺激(比如频率不同的纯音),两种声音刺激所引起的ERP相减后,会在特定潜伏期出现一个显著的ERP成分。对成人而言,偏差刺激能够比标准刺激引起更高的负波,当把两者刺激所引起的ERP相减后,可以发现在声音刺激后的100—250毫秒出现一个明显的负波,即MMN(Näätänen,1992)。

然而,在婴幼儿的研究中,这两种声音刺激所引起的ERP的差异并非负向的,特别当研究者使用频率有差异或者是音素有差异的声音刺激时,失匹配反应呈现的是正向极性波(Maurer, Bucher, Brem, & Brandeis, 2008)。比如,不同研究者采用频率不同(Ceponine等,2002;Winkler等,2003)或者语音不同(Cheourluhtanen,1995;Marynova, Kirjavainen, &

Cheour, 2003) 的两种声音刺激对新生儿双耳进行呈现,结果发现,无论是在活动睡眠期或者安静睡眠期,在刺激呈现后的100—400毫秒内,都产生了失匹配反应(MMR)。Morr等(2002)的研究显示,在婴幼儿中,正向和负向的失匹配反应相互交织,在1岁前以正向波为主导,在1—4岁时,当给婴幼儿呈现差异较微小的听觉刺激时,两种不同刺激所引起的ERP间的差异并不显著,即并不出现失匹配反应。

2. 与词汇和句法加工相关的成分

如上所述,N400是反映成人语言加工的重要ERP成分,即当语言刺激出现后的400毫秒内,成人的ERP会出现一个负波,但在婴幼儿中的表现有所不同(Csibra et al., 2008)。比如,Friedrich和Friederici(2004; 2005)采用图片和声音刺激相结合的方法,给12个月和19个月的幼儿呈现图片,并播放与图片一致的词或者不一致的词(声音)。研究显示,12个月大的婴儿并未出现N400,但在19个月大的幼儿中发现了类似成人语义整合的N400成分,只是潜伏期更长。当所听到的词与图片不一致时,19个月幼儿在600毫秒时的负波反应达到顶峰,但是N400语义启动效应,即对词与图片一致和不一致材料的差异在800—900毫秒才达到最显著。这表明了N400成分在婴幼儿中的发展。

3. 负成分(Negative Component)

额顶区的中央负成分(Nc)是婴儿ERP研究中使用最多的成分之一。这个成分通常在刺激呈现后的400—800毫秒内出现,大脑溯源定位在扣带回和前额区域(Reynolds & Richards, 2005)。Nc反映了婴幼儿受到刺激熟悉度、对刺激的识别以及刺激所包含的情绪信息影响,进而导致的大脑的注意过程(Csibra等,2008)。

首先,一些研究一致地表明,相比于频繁出现的刺激,当较不频繁的刺激出现时,婴儿所表现的Nc波幅更大,因此,这一成分被理解为婴儿正在进行注意分配,即对新异刺激或者意料之外的事件表现出了更高的负波,或者是由新异或者小概率刺激所引起的泛化唤醒(Csibra等,2008)。

其次,Nc也反映了婴幼儿大脑对语义以及情绪信息的加工过程,特别是对面孔情绪识别的能力。比如,7个月的婴儿在观看消极情绪后,与中性或者积极情绪的面孔相比,产生的波幅更大(Hann, Belsky, Reid, Volein, & Johnson, 2004)。Nc成分也随着婴幼儿年龄的增长,呈现出变化。Carver等(2003)的研究显示,面对母亲和陌生人面孔时,24个月以下婴幼儿对母亲的面孔显示了更强的Nc波,而45个月及以上的幼儿则在观看陌生人面孔时呈现了更强的Nc波。研究者进而认为,2岁前,婴幼儿在逐步建立与母亲或者照料者的亲密联系,但到4岁时这一联系已经稳固建立,因此他们可以分配更多注意力在陌生人面孔上(Carver等,2003)。

4. N290和P400

N170是能够反映成人面孔识别能力的成分。当成人观看倒立面孔时能够比观看正立面孔引起更大强度的波,并且潜伏期更长(Csibra et al., 2008)。对婴儿而言,N290被认为是成人期N170的初期形式,这是一个在大脑后部电极中观察到的负波。Halit及同事(2003)

的研究显示,这个波的峰值潜伏期在3个月婴儿中是350毫秒,在1岁婴儿中为290毫秒。当研究呈现正立和倒立的人脸和猴脸时,12个月的婴儿所呈现出的N290成分类似于成人的N170。与观察正立人脸相比,观察倒立人脸的波幅增强,但不适用于正立和倒立猴脸。同时,在婴儿中,在N290之后,倒立像紧接着又引发了P400成分,这是在后部偏侧化电极中观察到的正波,其峰值潜伏期从3个月婴儿的450毫秒到12个月婴儿的390毫秒(Halit, Haan, & Johnson, 2003)。与成人的N170成分相似,观察倒立人脸所引起的P400潜伏期更长,但在观察正立和倒立的猴脸时则无区别。此外,相比于物体,在观察人脸时,婴幼儿P400成分的峰值潜伏期更短(Haan & Nelson, 1999; Csibra et al., 2008)。

(三)婴幼儿ERP研究案例

事件相关电位(ERP)技术已经逐步成为探索大脑功能的重要手段。近年来,这一技术已被用于评价儿童特别是婴幼儿的大脑认知功能。以下呈现的案例是2015年发表于《中国循证儿科杂志》期刊的一个研究。研究者以31名出生1—7天的足月儿为研究对象,探讨其分辨生气和害怕声音的能力(孙国玉等, 2015)。

实验在温度适宜的隔音房进行,待新生儿喝完奶自然入睡后开始。研究者根据国际标准10—20系统电极法,将电极放置在新生儿额中央区(FC3、FC4)和中央顶区(CP3、CP4)位置,采集反应ERP水平的脑电信号。同时,在其双侧顶叶区(P3、P4)放置电极,监测活动睡眠(AS)期和安静睡眠(QS)期时的脑电活动。其中,活动睡眠类似于成人的快速眼动睡眠,安静睡眠类似于成人的非快速眼动睡眠。此外,研究者给新生儿双耳佩戴耳机,以接收声音信号。

研究采用听觉刺激,标准刺激为表示"害怕"情绪的高频"dada"语音,偏差刺激为表示"生气"的低频"dada"语音。按照Oddball实验范式在婴儿双耳呈现声音刺激,共计12段语音信号,每段语音包含300个声音刺激,每个"dada"语音持续时间为350毫秒,其中,标准刺激(害怕)出现率为80%(240个),偏差刺激(生气)为20%(60个)。给每名新生儿童声音刺激播放1小时以上(至少包含一个完整的睡眠周期)。

结果显示,新生儿在活动睡眠期和安静睡眠期时,使用代表生气和害怕情绪的语音刺激后,均产生了ERP。同时,在活动睡眠期,生气和害怕语音刺激后的300—500毫秒内在FC3和FC4出现了失匹配反应波(MMR),但在安静睡眠期,FC3、FC4和CP3以及在活动睡眠期,CP3和CP4两种语音产生的ERP波幅无显著差异。这一结果显示,在活动睡眠期,新生儿大脑皮质的额中央区已经能够分辨不同情绪的语音,进一步表明,足月儿出生后即可分辨不同情绪的声音。

# 三、功能性近红外光谱(fNIRS)技术

以上我们介绍了脑功能的直接测量方法ERP技术,由于该技术测量的是大脑活动产生的电信号,是对大脑活动直接的实时测量,因此,具有很高的时间分辨率,可达到毫秒级水

平。也就是说,即使在1毫秒内,电信号的变化都能够被检测出。然而,由于电信号的检测很容易受到被试头骨的影响,并且使用偶极子进行脑部激活溯源分析较困难,精度不高,因而,空间分辨率不够理想(罗跃嘉,2006)。

相对于直接测量,对脑功能的间接测量在空间分辨率上占有优势。这一技术通常检测被试在执行任务过程中大脑的新陈代谢或者血流的改变,能够使研究者确定在这些任务中被激活的脑区,能够直观呈现脑区参与活动的情况,对脑组织活动进行精确的空间定位(Gazzaniga等,2015)。常用的间接测量方法为功能性磁共振成像(functional magnetic resonance imaging, fMRI)。但是使用这一方法时,需要被试躺在仪器舱,且尽量保持不动;在工作时,机器会产生较大噪声,且这一技术的时间分辨率较差;同时,一台fMRI设备很庞大,购买和维护成本昂贵(丁晓攀,傅根跃,2013)。因此,并不适用于对儿童,特别是婴幼儿的相关研究。

相对于fMRI,功能性近红外光谱(functional Near-infrared Spectroscopy, fNIRS)技术有更多优点(刘宝根,周兢,李菲菲,2011;Wilcox & Biondi, 2015)。首先,fNIRs有更高的时间分辨率,能够在10毫秒级的水平上捕捉到大脑信号,在空间分辨率上可以深入大脑皮层下1—2厘米处。在脑功能成像技术中实现了时间分辨率和空间分辨率的折中,基本能够满足研究者对这两大要素的要求。其次,fNIRS对被试活动的容忍度较大,特别是对较小的婴幼儿,可以在他们清醒以及活动的时候进行测量。同时这一技术兼容磁性金属物品,而不像fMRI需要严格屏蔽电磁干扰。再次,fNIRS为非侵入性的检测方式,对人体无损伤,可以允许长时间连续测量和短时间内反复多次测量,特别适用于婴幼儿的研究。最后,fNIRS设备购买和使用成本较低,便携性好。因此,fNIRS已被广泛运用到儿童发展和教育心理学领域(丁晓攀,傅根跃,2013)。

(一) fNIRS的基本原理

功能性近红外光谱成像(fNIRS)技术以生物组织(如大脑)的光学特性为基础。对600 nm—900 nm波长范围(也被称为光谱窗)内的近红外光,生物组织具有高散射、低吸收的特性。当近红外光照射到生物组织时,能够穿过头皮和颅骨深入脑组织,其中一小部分被组织吸收,另一部分则被散射后出射(李成军,2005)。fNIRS技术正是收集这部分出射光所携带的与生物组织光学特性相关的生化信息,通过测量组织中生色团[1]物质浓度(如氧合血红蛋白、脱氧血红蛋白等)的变化,从而间接考察神经元的活动、细胞能量代谢以及学业动力学相关的功能,并进一步推测组织的活动状况(李成军,2005)。

当fNIRS技术被运用到脑功能测量时,通常研究者将近红外光束照射到头皮上,并在附近收集出射的光。在到达大脑前,近红外光需要穿过不同组织层(包括头皮、头骨、脑脊髓液),每个组织层都有各自的光学特性。由于大脑含有80%的水分,并且对近红外光的吸收

---

[1] 生色团是指分子中含有的物质,能够对某种波长(颜色)的光吸收,而对另外波长(颜色)的光不吸收,并且使物质显现颜色。比如人体组织中,血红蛋白对近红外光的吸收率最大。

率很低,这样就能使近红外光穿透脑组织(Pinti et al.,2018)。如图4-3所示,当一束近红外光照射到头皮特定位置,并在附近放置探测器收集出射光时,光束通过头皮的路径(也称光程)比光源和探测器之间的距离长,呈"香蕉型"(Quaresima,Bisconti,& Ferrari,2012)。

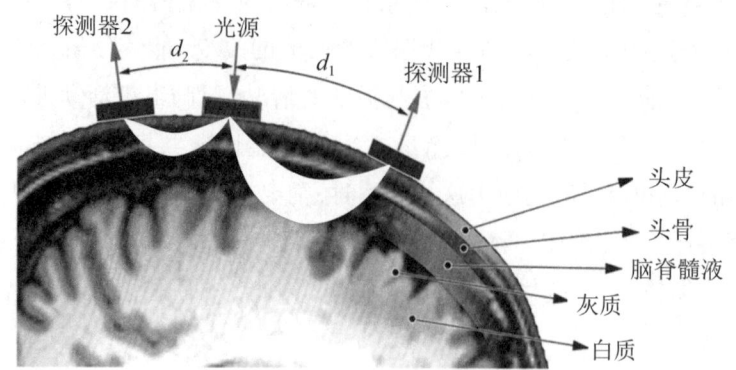

图4-3 近红外光在大脑组织中的散射路径图

如上所述,当近红外光照射到头部,再用探测器收集出射光时,一部分已经被组织吸收。在近红外光谱窗,组织中主要吸收近红外光的物质为血红蛋白,血红蛋白是组织中氧的主要载体,包括氧合血红蛋白($HbO_2$)和脱氧血红蛋白(HbR)。其中,$HbO_2$对高于800 nm的近红外光吸收率较高,而HbR对800 nm以下的近红外光吸收率更高(Pinti et al.,2018)。

在大脑中,由于脑血管的自我调节机制,局部脑血流的供应和氧的代谢率处于平衡状态,使得$HbO_2$和HbR浓度基本不变。当大脑需要执行活动时,原有的平衡状态被打破,"大脑的血流供应就会随着功能活动的局部变化进行局部响应"(Roy & Sherringon,1890)。具体而言,当大脑处于激活状态,参与执行任务时,其代谢需要消耗大量的氧和葡萄糖量,这进一步刺激大脑局部血管的舒张,使毛细血管血流增加,导致了局部脑血流(cerebral blood flow,CBF)的迅速增加,从而使$HbO_2$浓度增加,HbR浓度下降(刘宝根,周兢,李菲菲,2011;Pinti et al.,2018)。

因此,当大脑在执行任务的过程中,研究者使用fNIRS技术将近红外光束照射到特定脑区,并在附近收集出射光,同时测量光的衰减情况,便可以推测与该活动相关联的脑区及神经活动的强度(丁晓攀,傅根跃,2013)。这是因为,大脑皮层组织对近红外光散射所导致的衰减被认为是恒定的,因此,在大脑认知活动过程中所测量到的衰减被认为是由于吸收所导致,而在近红外光谱窗,$HbO_2$和HbR是吸收光的主要物质,因而,光的衰减是由$HbO_2$和HbR浓度变化所引起的。研究者通过使用Beer-Lambert定律得出光的衰减量,从而推知大脑活动时$HbO_2$和HbR的变化量,但不能得出两种血红蛋白实际的浓度(刘宝根,周兢,李菲菲,2011;Pinti et al.,2018)。

(二)fNIRS研究设备及实施程序

1. fNIRS研究设备

功能性近红外光谱设备一般分成三类:持续波设备(continuous wave,CW)、频域(frequency domain,FD)设备和时域(time domain,TD)设备。持续波设备通常发射固定频率的光,并且记录光的振幅和强度。由于持续波设备成本相对较低,技术简单,使用便捷,因此,被广泛使用在婴幼儿研究中。频域设备发射不同频率的光,时域设备发射短脉冲光,虽然这两种设备能够进一步探测深部的脑组织,且可以获得$HbO_2$和HbR的实际浓度,但由于其原理复杂,成本高,很少用于婴幼儿的研究中。因此,在婴幼儿fNIRS研究中,常用的设备为持续波设备(Wilcox & Biondi, 2015)。

从实际使用的角度讲,fNIRS设备可分成固定式和便携式。固定式设备只能放在特定的实验室中使用,而便携式设备可以自由配置,并且是可穿戴式,较适合婴幼儿研究。

无论fNIRS设备属于哪种类型,一套完整的设备由硬件和软件部分组成,硬件部分包括光源、光源探测器、主机、测量帽和两台电脑,软件部分主要包含刺激编译软件以及数据采集和分析软件。在工作时,研究者将测量帽的光极分别连接到主机的光源和探测器端口,同时将主机与两台电脑连接。

在硬件部分中,光源通过激光二极管或者发光二极管灯(LED)发射近红外光。主机的主要作用在于收集光信号数据并传输至分析软件。两台电脑中一台用于呈现刺激,另一台则用于采集和分析数据。

测量帽可根据研究的不同需求分成全脑测量帽和局部测量帽[如顶区测量帽、颞区(额枕区)测量帽]。与EEG/ERP技术中的测量帽相似,fNIRS设备中测量帽的布局也是根据10—20国际标准导联系统,但与EEG/ERP设备测量帽有以下两大不同之处。第一,fNIRS测量帽上面有光极孔,且不需要像EEG/ERP技术那样在测量帽上涂电极膏,仅需要拨开被试头发,将光源和探测器放在测量帽的相应孔中,确保其与被试头皮有良好的接触,即可完成测试的准备工作。第二,EEG/ERP设备测量帽中的电极是预先固定的,而fNIRS设备的光极需要研究者自行配置。光极指的是测量数据所需要的光源和探测器。由一个光源到它相邻的探测器所构成的检测器之间的信号通道被称为测量通道。fNIRS所收集的血红蛋白浓度变化数据就来源于此。在光极具体放置上有如下的要求。首先,每个光源和探测器之间的距离应根据被试年龄特点而定。上述介绍中,我们已经知道当照射到头皮后,近红外光以"香蕉型"路径向头皮出射,因此,能够穿透到一定深度的脑组织。这一深度约为光源到探测器距离的一半(Patil, Javad, Abrishami, Fabrice, & Reinhard, 2011)。一般而言,对于婴幼儿,每个光源与其相邻探测器之间的距离应设置在2—2.5厘米(Pinti et al., 2018)。其次,光源和探测器的放置位置也有特定的要求,不仅需要根据设备中所包含的光源和探测器数量而定,同时也应参照所测量的具体脑区。在研究过程中,为了便于研究者精确定位所研究脑区以及放置光极,有一些光极放置模版可作为参照。比如,大脑中的背外侧前额叶(Dorsolateral Prefrontal Cortex, DLPFC)通常被认为是参与任务规划、自我控制、记忆刷新等高级认知功能的区域,在放置光极时,研究者参照10—20国际标准导联系统以及预设模版,在左右脑区各放置5光源×5探测器的光源(Vassena, Gerrits, Demanet, Verguts, & Siugzdaite, 2018)。其中,浅灰色的光极孔中放置的是光源,深灰色光极孔中放置的是探测器,光源和探测器之间的黑色线条表示有效测量通道(图4-4)。

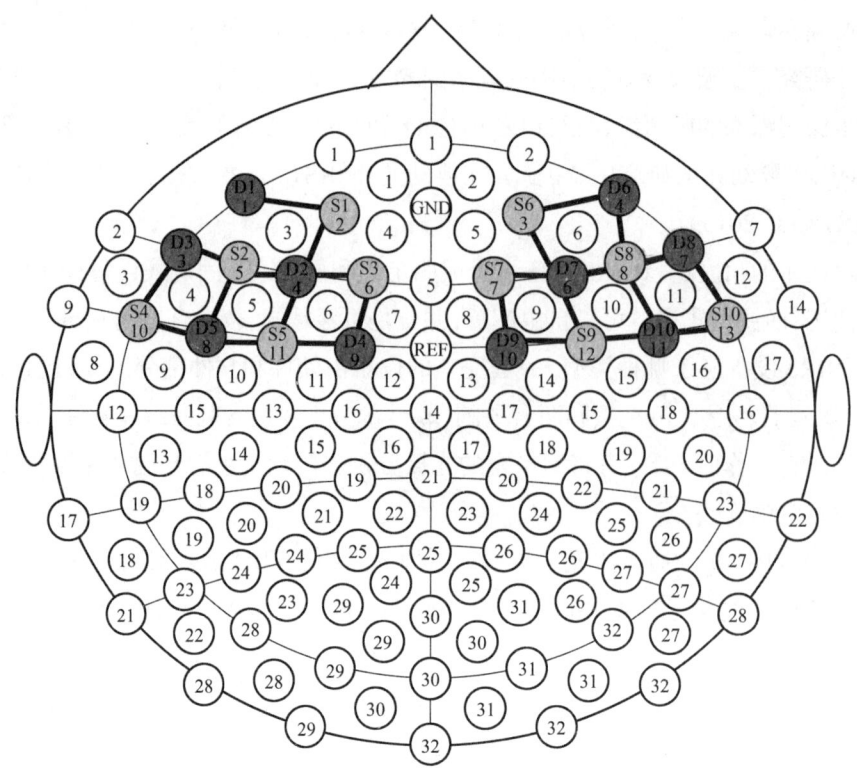

图4-4　背外侧前额叶脑区测量光极放置示意图（5光源×5探测器）

**2. 婴幼儿fNIRS研究程序**

fNIRS的研究程序与ERP研究大致相同，包含了实验前的准备、刺激的呈现、数据采集以及实验结束后的数据分析。每个流程的具体过程也相似。实验前的准备主要包括刺激材料的编译、研究被试的选取与研究同意书的签署。在正式开展实验前，需要为被试婴幼儿佩戴测量帽，并在测量帽的光极孔中放置光源和探测器。待所有设备连接完毕后，开始正式实验。研究者呈现实验材料和刺激，邀请婴幼儿做出反应，并记录其大脑激活情况，实时采集数据，最后使用相应分析软件，对数据做处理和分析。

**（三）婴幼儿fNIRS研究常用指标**

fNIRS技术的常用指标为三种，即氧合血红蛋白、脱氧血红蛋白以及总血红蛋白浓度的变化。同时，研究者可以结合三个指标在各个时间点上的变化，描绘被试血红蛋白浓度随着时间的变化情况，从而进一步探讨在特定刺激下，脑神经活动所引起的血液动力学变化信息。

**（四）婴幼儿fNIRS研究案例**

由于婴幼儿好动、自控能力差、对环境的适应能力差等原因，对其脑功能的研究较少。近年来，随着fNIRS技术的不断成熟和推进，有关婴幼儿认知神经科学方面的研究逐步增加，使人们对婴幼儿阶段人类大脑的发展机制有了更为深入的了解。以下呈现的案例是2017年发表于 Neuroscience Letters（《神经科学通信》）期刊的一个研究。研究者以18名出生2—6天的足月儿（男女婴各9名）为研究对象，探讨其判别情绪的能力（Zhang, Zhou, Hou, Cui &

Zhou,2017)。

实验在新生儿清醒或者自然睡眠后在婴幼儿床上进行。研究者采用NIRScout 1624设备,使用8个光源和8个探测器,将光极设置在新生儿左右脑区,形成20个有效的测量通道,其中每个光源与其相邻探测器之间的距离为3厘米(见图4-5)。同时,在距离新生儿头部10厘米处,研究者放置音箱,让其被动听四种不同的情绪语音,包括恐惧、愤怒、快乐和中性韵律,语音统一由母语为中文的女性朗读,并提前录制。每种语音为55—60分贝,每次呈现15秒,各重复10次,共计40个实验单元。每个实验的时间为20分钟。

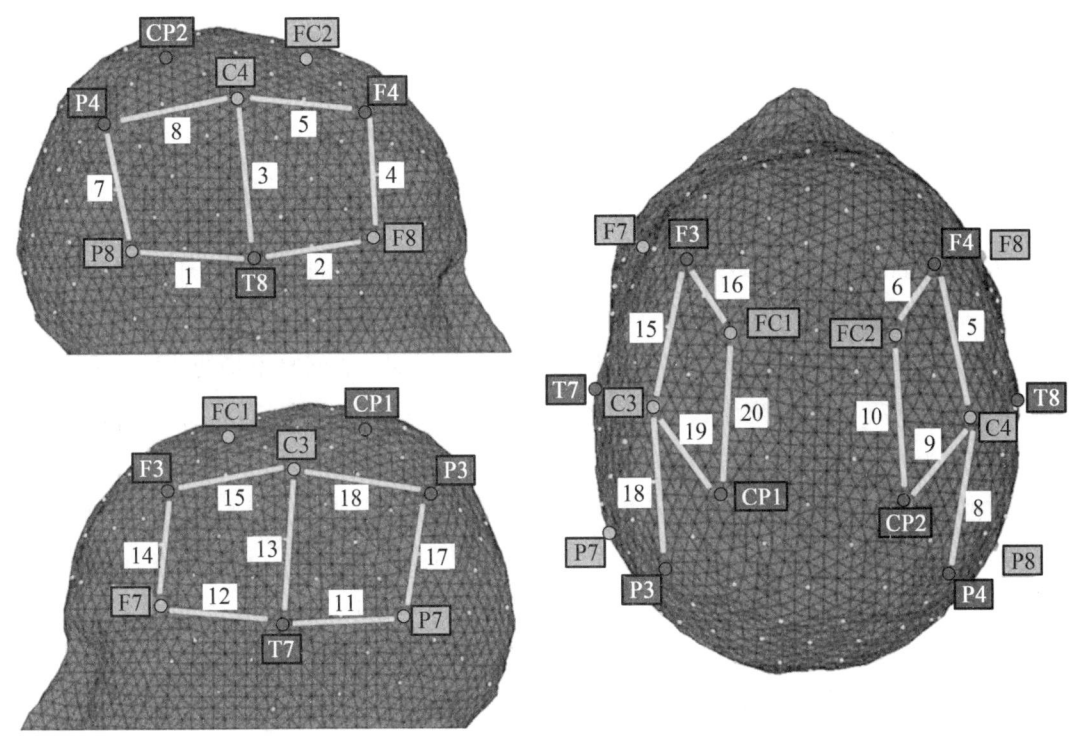

图4-5 光极放置示意图(深灰色为光源,浅灰色为光源探测器)

结果发现,相对于中性韵律,新生儿右侧颞叶皮层(主要位于颞中回和颞上回)对带有情绪的语音表现增强的反应;相对于快乐和中性韵律的语音,当新生儿听到表示恐惧情绪的声音时,其右侧顶叶区域(大约位于超边缘回中)表现出高度敏感。这些发现强调了右脑在新生儿情绪感知中的重要作用。同时,研究也进一步支持人类在出生时就能够对带有威胁的信息进行处理。

## 本 章 小 结

本章中,我们介绍了心理生理测量法的三个方面,以皮质醇的测量以及研究为例,向读者介绍了生理测量研究的基本内容,以眼动研究为例展现了电生理的基本研究方法,以ERP

技术和fNIRS技术为例介绍了当前脑功能研究的电生理和生理测量法。心理生理测量法能够测量儿童生理过程与其身体、认知、社会性情绪等行为或者发展间的关系。对无法报告自身心理和情感的婴幼儿而言，这一方法能够较精确地考量和解释婴幼儿心理和各方面的发展，使研究者对儿童发展的研究能够往前延伸至新生儿。

然而，相对于其他研究方法，心理生理测量法需要读者前期积累一定的生理和认知神经科学方面的知识，在研究具体过程中，实施难度更大，对实验条件的要求也更高，因此，建议读者前期阅读认知神经科学基础知识方面的书籍，便于有效学习本章内容。

# 延 伸 学 习

 拓展阅读

## 幼儿皮质醇研究案例

在我国，新入园是幼儿成长中的第一件需要自己独立面对的重大压力事件。每年的9、10月份，幼儿家长最发愁的就是孩子入园不适带来的生病问题。研究表明，相比在家时，儿童在看护中心患呼吸道疾病的频率和持续时间都显著增加。生病是不是幼儿面对入园压力的一种生理反应？其机制是什么？为什么有的幼儿不容易生病，生病后恢复得较快，而有些幼儿容易生病，而且不易恢复？这些生活中的困扰需要有科学的解答。

20世纪70年代以来的大量研究表明，压力是病理生理学上许多疾病的重要影响因素。下丘脑-垂体-肾上腺系统（H-P-A轴）是应对压力的主要生理通路，在免疫系统中发挥着辅助抑制的作用。皮质醇是H-P-A轴的终产物，属于神经内分泌系统，参与应激调节的生物反应过程，是一种"应激激素"。一般情况下，皮质醇反应具有生理节律性，皮质醇水平在早晨（6—8点）最高，之后全天都持续一个缓慢的下降趋势。当个体面临应激情境时，外界刺激作用于下丘脑，增加了促肾上腺皮质释放激素（CRH）的分泌，CRH能刺激垂体分泌促肾上腺皮质激素（ACTH），然后通过血液输送到肾上腺并使肾上腺皮质释放皮质醇。可以看出，压力类型（急性或慢性）的不同所引发的生理反应系统的反应作用不同。

本研究关注的问题是，在短时期内幼儿在面对新入园这一急性压力事件时，是否能自发地应对压力并在生理水平上表现为皮质醇的短暂升高？幼儿在应对入园压力的过程中，皮质醇的变化幅度是否反映的是一种机体的正常免疫反应，并与减少自身免疫性疾病的发生有关？本研究将通过采集幼儿在入园过程中的唾液并进行皮质醇分析，并假设：3岁幼儿在刚入园这一应激状态下，上、下午皮质醇变化幅度与2个月内的患上呼吸道感染（upper respiratory tract infection，URI）次数呈负相关，即上、下午皮质醇变化幅度较大的幼儿在其后2个月内患URI次数较少。

关于个体特质与疾病关系的研究既是气质（人格）领域专家也是心理病理学家关注的重点。然而，由于个体气质结构和心身疾病本身的复杂性，两者关系至今未得到清晰的阐明。

有的研究者认为个体自身气质或人格特征可能成为某些疾病的发病基础,而也有研究者从心理社会因素的角度探讨心理社会因素到底是通过何种心身机制导致疾病发生的,并认为社会因素能否导致疾病,并不完全取决于外界刺激的性质,也取决于个体对外界刺激的认知和评价。

不同气质的儿童对同样的社会刺激有不同的反应方式,在行为与生物层面上都如此。由此可以推断,不同气质的儿童在面对相同的应激事件与其后患免疫性疾病的关系中可能起着不同作用。哪些气质维度与免疫性疾病直接相关,又有哪些气质维度在入园应激与免疫性疾病中起到调节作用需要进一步探讨和澄清。本研究将从两个角度选择值得关注的气质维度。首先,从气质的注意、情感和认知方面的处理过程这一角度,关注了气质维度中的注意分散度、情绪性和自我控制,这几个维度可能与免疫性疾病存在直接的联系。其中,注意分散度,指幼儿容易被外界刺激干扰的程度;情绪性,指幼儿平日主要的情绪表现是积极(愉快、友好)还是消极(不愉快、不友好);作为自我调节核心成分的气质性自我控制,是指幼儿有意或自发地抑制、激活或调节注意和行为的能力。其次,针对幼儿新入园这一特定压力事件,从应激时气质特征的情境反应角度,我们也特别关注了气质维度中的适应性和趋避性。趋避性,指幼儿对新刺激(如陌生人、新情境)最初典型的反应,反映幼儿倾向于趋向还是回避新异环境。适应性,指不论幼儿的趋避性如何,他对新事物、新情境的接受和适应的难易度。

综上所述,本研究拟考察幼儿气质与新入园时皮质醇水平变化与在其后患上呼吸道感染中的直接作用和交互作用,并假设:气质的注意分散度与URI呈正相关,情绪性和自我控制与URI呈显著负相关;对入园压力事件情绪性、趋避性和适应性不同的儿童,皮质醇上、下午变化幅度对其患URI的预测作用不同。

研究方法采用酶联免疫吸附法分析唾液皮质醇和日志记录URI的方法,考察新入园的59名幼儿皮质醇变化与两个月期间患URI次数、持续时间的关系,同时检测幼儿气质在其中的作用,并使用SPSS 18.0进行数据分析。

结果发现,新入园幼儿在国庆假期后的第一周内,其皮质醇变化的整体趋势表现为下午的皮质醇水平比上午的皮质醇水平高;上、下午皮质醇水平的变化幅度与其患URI次数呈显著负相关,注意分散度与患URI次数呈显著正相关,幼儿的自我控制能力与其患URI的平均持续时间呈显著负相关;趋避性能够调节上、下午皮质醇水平变化幅度与URI的平均持续时间的关系。研究表明,幼儿面对新入园这一急性压力事件时,皮质醇水平的暂时性升高对免疫系统产生了一定的刺激作用来抵抗URI。幼儿气质的认知、情绪或注意的不同过程与URI以及对皮质醇变化水平与URI关系的作用机制有所不同。

本研究对如何采用一种科学方法研究幼儿应激时的生理、心理因素与其身体健康结果方面的研究具有一定的实践意义,对家庭和幼儿园教育也具有一定的实践意义。以往研究发现幼儿在刚入园时皮质醇水平升高,这也是我们预期中幼儿刚进入幼儿园这一新异环境时应激将会产生的积极作用。本研究结果表明,趋避性对上、下午皮质醇变化差异与URI平均持续时间存在显著的调节作用,对新异环境回避以及应激状态下皮质醇变化幅度较小的幼儿患URI的持续时间相对最长。父母和幼儿园教师应对这类儿童加以重点关注,并探讨对这类型儿童的干预措施(如家长支持、教师引导)。

（资料来源：贺琼,王争艳,王莉,蒋彩虹,上官芳芳.新入园幼儿的皮质醇变化与上呼吸道感染的关系：气质的作用[J].心理学报,46（4）,516-527.）

## 学习活动

寻找近期我国学者发表在权威期刊上的有关0—3岁婴幼儿心理生理测量方面的文章,进一步学习其中的方法和研究程序。

## 复习与思考

1. 心理生理测量法主要包含哪些？分别可以考察0—3岁婴幼儿哪些方面的发展？
2. 皮质醇的作用是什么？如何调节婴幼儿的应激反应？
3. 婴幼儿眼动有哪些衡量指标？分别代表什么？
4. 婴幼儿ERP研究的常用指标有哪些？分别代表什么？
5. 婴幼儿fNIRS研究的基本原理是什么？

# 第五章　问卷调查法

**学习目标**

1. 了解问卷调查法的特征和优缺点。
2. 了解婴幼儿研究中常用的量表。
3. 掌握问卷调查的基本结构。
4. 掌握编制问卷应遵循的基本原则。

由于其简单易行的特点，问卷调查法在社会科学研究中得到了广泛的运用。在本章中，我们将介绍什么是问卷调查法、问卷包含哪些主要内容，以及如何编制问卷。此外，我们将介绍在婴幼儿研究中常用的一些问卷调查工具。

## 第一节　问卷调查法的基本介绍

### 一、问卷调查法的定义

问卷调查法也称为问卷法，它是调查者运用统一设计的问卷，向被调查者了解情况或者就某一现象或问题征询看法和意见的方法。使用问卷调查法时，研究者需要将研究的主题分为详细的纲目，拟制简明易答的一系列问题，编制成标准化的问卷，然后收集资料，并对资料进行统计处理，从而得出结论。

按照问卷填答者的不同，可将问卷调查法分为自填式问卷调查和代填式问卷调查。顾名思义，自填式问卷调查是被调查对象自己填写问卷，比如，研究者通过当面送发问卷、邮寄、网络问卷等形式将问卷递交给被调查者，被调查者亲自回答问卷。而代填式问卷调查则是由研究者或调查员代填，比如研究者通过访问或者电话问卷进行调查，被调查者提供问题的答案，研究者或者调查员记录下问题的答案，代理被调查者完成问卷填写。

问卷调查的一般程序可简单分为三个步骤。首先，研究者需要选择研究的主题，进行初步探索，如有需要，要进行前期调研，提出具体想要通过问卷调查的主要内容是哪些。在第一步中，研究者需要建立起理论架构，即根据调查研究的课题确定调查的变量或概念。接着，研究者需要根据变量设计调查问卷的具体问题，选择调查对象，分发问卷，并回收和检查问卷。问卷问题的设计是一个反复推敲的过程，如有可能，需要进行试测，征求填答者或者专家的意见，对问卷不断进行修订。最后，研究者需要对问卷调查获取的资料进行统计分析并得出结论。

## 二、问卷调查的编制

（一）问卷调查的结构

一份完整的问卷一般包括五部分内容：标题、前言、指导语、问题与选择内容、结束语。尽管第四部分即具体的调查问题和选项是问卷中最重要的内容，但其他四部分也非常重要。

首先，标题应简明扼要地概括出主要的调查内容，比如，在一个有关学前儿童发展情况的项目中，我们发放了一份家长问卷，主要询问他们的孩子在社会性发展、学习品质、身体发育与健康等方面的信息，我们所取的标题为"儿童发展家长评定问卷"。标题所起到的作用是开门见山，让家长大体了解该问卷的主要调查内容。

紧接着标题的部分是前言，其作用是对调查目的、内容的简要说明，以引起被调查对象回答问题的兴趣，消除顾虑。前言通常包括七方面的内容：① 调查的内容、目的、意义。② 关于保密的原则，消除被调查者的顾虑。③ 对被调查者回答问题的要求。④ 研究者的个人或组织身份。⑤ 说明最迟填写完成的时间。⑥ 对被调查者的合作与支持表示感谢。⑦ 提供给被调查者的回报（礼物、金钱等）或者回馈（信息反馈等）。前言部分可囊括以上列出的所有元素，也可以根据研究的需求只选择几个相关的要素。下面呈现的是一个前言的例子。

> **案例1**
>
> 亲爱的家长：
>
> 您好！我是\*\*\*大学\*\*\*系的老师\*\*\*。目前，我与团队正在进行一项家庭环境与学前儿童发展的关系研究，这项研究的目标是考察家庭中的哪些因素与幼儿各方面的发展之间存在联系，其最终目的是帮助更多的家庭知道怎么做才能使孩子更好地发展。您所提供的关于您的家庭与您孩子的可靠信息，将成为我们理解家庭怎样影响孩子发展的重要依据。因此，您的耐心回答，不仅是对我们完成这项研究的巨大支持，而且也是对更多的孩子和家庭的帮助。
>
> 您的参与基于完全自愿的原则，您填写该问卷请不要有任何顾虑。此外，我们将遵循保密原则，对于您所提供的信息和回答，我们郑重承诺将会严格保密，除供

> 本研究使用外不会透露给任何其他个人或机构。因此，请您放心根据实际情况回答所有问题。在您完成问卷后，可能会感到有些问题没有完全对应您的实际情况。遇到这种问题时，请您选择与您情况最为接近的答案。在这里，我们提醒您尽量不要漏答任何问题（免答题除外）。有些问题您不愿意回答，也可以跳过。
> 
> 收到您完成的问卷后，我们将赠送一本儿童绘本以表达对您的感谢，届时将通过您孩子所在的班级老师发放。
> 
> 衷心感谢您的合作与支持。祝愿您工作顺利！身体健康！阖家幸福！

接着，便进入了正式问卷的部分，在呈现具体的调查问题之前，需要先写明指导语。指导语又称填表说明，主要用来指导被调查者如何填写问卷、注意事项，有时还附有例题，以帮助被调查者理解填写问卷的方法与要求。指导语要简洁明了，用词恰当，便于理解。比如，在一个测量幼儿气质的问卷中，我们给出的指导语如下：您将看到一组陈述，描写儿童面对诸多情境的反应。请告诉我们您的孩子面对这些情境最可能出现的反应。当然，这些反应没有对错之分，儿童面对这些情境的反应有很大的差异，这些差异正是我们想要了解的。请仔细阅读每一个陈述，根据您的孩子过去六个月的行为来判断每一陈述与其"符合"或"不符合"的程度，并在相应的数字上画圈（○）。如果您因为没有见过您的孩子在某些情境中的反应而无法回答，例如，某题需要您回答在您唱歌时您的孩子的反应，如果您从未对您的孩子唱过歌，那么在不适用（NA）上画圈。请注意不要漏答。

如果研究者调查的内容较多，问卷的具体内容可能分为多个部分，比如，第一部分可能是家庭的基本情况，第二部分可能是关于家长的行为，第三部分可能是关于幼儿的行为。如果每一部分的内容不同，那么指导语也可能有所不同，需要在每一部分前面写上对应的指导语。

问卷调查的主体部分是第四部分，即问题与选择内容。问题的设计要具体、清楚、客观、可操作、通俗易懂，并且内容应该是被调查者熟悉的。研究者需要根据研究的内容编制具体的问题和选项。问卷题目的类型众多，我们将在下面一部分详细讲述。

问卷的最后一部分是结束语，该部分一般包括两个方面的内容。首先，提出几个开放式问题由被调查者自由回答，或者询问被调查者对该问卷的意见和建议等，如"如果您对该问卷中的任何问题有任何疑问或者问题，请写在下面的空格上"。其次，研究者需要对被调查者表达谢意。

（二）问卷题目的类型

问卷题目类型多样，可大致分为结构型或封闭式问题和非结构型或开放式问题两大类。在编制问题时，研究者可根据需要灵活采用多种问题形式。

封闭式问题要求被调查者从列举的多种答案中挑选最适合个人实际情况的答案，有的题目只能选择一个选项，有的可要求选择多于一个答案。封闭式问题的优点是统一性，便于研究者对问卷结果的处理、分析和比较等。但是，研究者需要认真考虑、反复推敲题目及每一个选项，方可确保问卷的合理性及收集到的信息的准确性。由于填答容易，被调查者可能会随便选答或猜答，从而降低了回答的真实性和可靠性。

封闭式问题可大致分为是否式、选择式及评判式三种基本类型。是否式问题只有两个选项，即"是"与"否"或"同意"与"不同意"这两种极端情况，被调查者根据自己的情况选择其一。选择式问题是从多种答案中挑选最适合的一个或几个答案，又可分为单选式和多选式两种。比如，在一个儿童性格特点的调查中，问题之一是"与别的孩子发生争执时经常能谦让"。其中包括五个选项："1=几乎不能""2=偶尔能""3=有时能""4=比较能""5=经常能"，被调查者需要选择一个最适合的选项。在评判式问题中，研究者在每个问题后面列出许多答案，要求被调查者依照重要性评定进行排序。比如，要求被调查者在所有选项中选出最重要的三项，并依次进行排序；或者要求被调查者对所有的选项依次排序。

开放式问题指的是在问卷中只提出问题，不提供答案，由被调查者自由作答。开放式问题灵活性大，有利于被调查者充分、自由地表达自己的看法等，因此，研究者可能得到各式各样的答案，得到意想不到的研究发现。但是，开放式问题对作答者要求较高，只能用于那些有相当文字表达能力的被调查对象。此外，由于答案不集中，因此难以对答案进行比较，需要研究者花费大量时间对答案进行编码归类等，进而分析处理。

开放式问题可分为填空式和问答式两种类型。填空式问题通常是易于回答的一些简短问题，可在问题后画一短横线，供被调查者填写答案。如："您的年龄多大？""您家有几个孩子？"而问答式问题通常要求被调查者自由作答，有的答案可能较长，比如"您在育儿的过程中，最为困惑的问题是哪些"。

（三）问卷调查编制的原则

在进行问卷编制时，研究者需要从问题的内容、数量、文字表达、排列顺序等多方面进行考虑，需要遵循以下几个大的基本原则：第一，所设计的问题须与研究目的一致。研究者需要反复推敲设计的问题，思考每一个问题与研究主题是否相符。第二，问题的表达要清楚并简洁明了。研究者在设计问题时应力求简洁明了，便于被调查者回答，需要特别注意的是一个题目中只包含一个提问，避免在一个题目中询问多方面的问题。第三，防止使用导向性问题，应尽量做到客观。第四，考虑问卷填答者的感受，避免那些对填答者带来社会或职业压力的问题，还应避免询问个人隐私或敏感的问题，以消除填答者的顾虑和负面情绪。第五，所设计的问题不要超出填答者的知识范围，所提问题应该是填答者能够提供信息的问题。第六，在设计选项时，所列举的选项尽量完整，选项与选项之间必须相互排斥，而不应有重合。

研究者应特别注意问题的数量与排序。问卷中包含的问题不可太多，否则填答者容易产生厌倦情绪，导致随意作答或不予回答等；同时，问题又不能太少，如果问题太少，可能导致无法得到有关研究的基本材料，影响研究结论的科学性。一份问卷的作答时间尽量在30—40分钟。在对问题进行排序时，研究者可采取以下策略：熟悉的问题在前，生疏的问题在后；简单易答的问题在前，复杂难答的问题在后；有关个人基本情况的问题在前，有关行为、态度和观念的问题在后；封闭式问题在前，开放式问题在后。

（四）问卷调查与量表

在许多社会科学研究中，研究者并不编制专门的问卷，而是借鉴或直接使用已有的量表。在问卷中，研究者经常直接使用已有的量表来对感兴趣的变量进行测量。问卷的概念更为广泛，而量表也可以被看作经过严格设计和反复检验了的问卷。与一般的问卷不同，量表的编制过程比一般问卷的编制要严格得多，量表更为标准化。量表的编制需要根据已有的理论作为编制的架构，量表的目的是测量一个概念或特质，研究者期望透过个别的问题来测量个体在某个概念或特质上所处的水平。而问卷的编制不一定有严格的理论依据作为支撑，研究者只要将所要研究的主题厘清，并拟定相对应的问题即可。

此外，量表的编制通常花费较长的时间，经过多个轮回不断对题目进行修订，直到量表达到一定的信度（reliability）和效度（validity）标准。信度指的是测量的一致性和稳定性程度，确保量表达到一定信度的目的是控制和减少随机误差，保证量表的精准。常用的信度系数包括重测信度、复本信度、分半信度、库德-理查森系数（Kuder-Richardson）、克隆巴赫信度系数（Cronbach's alpha）及评分者信度。在使用已有量表时，研究者通常需要汇报所使用的量表在他们的研究中呈现的克隆巴赫信度系数。克隆巴赫系数为一个0至1之间的数值，数值越大表明量表的信度越高，通常需要达到0.7以上才是可以接受的信度水平。

效度指的是测量的有效性，即一个量表能够测量出它所要测量的特质的程度。信度和效度是两个截然不同的概念，可信的测验未必有效。常用的效度指标包括内容效度（content validity）、结构效度（construct validity）、效标效度（criterion validity）、判别效度（discriminant validity）和聚合效度（convergent validity）五种。内容效度是指量表内容的贴切性和代表性，即问题的内容能否较好地反映所要测量的内容，内容效度常以题目分布的合理性来进行经验判断，常用的专家评判法就是测查内容效度的一种方法。结构效度指的是问卷对某一理论概念或特质测量的程度。效标效度指的是量表得分与某种外部准则间的关联程度，通过计算量表得分与效标准则之间的相关系数来衡量。判别效度或区别效度指的是如果那些理应与量表所测量的特质不存在相关性的指标确实同量表得分没有相关，那么该量表便具有区分效度。聚合效度指的是量表所得分数与另外一个测量该特质的工具之间的相关程度，如果运用不同测量方法测定同一特质所得的结果相关性较高，那么聚合效度就好。在编制新的量表时，研究者需要检验量表的效度，而在运用已有的、已经被检验具有较高效度的量表时，研究者通常不再次检验其效度。

## 三、问卷调查法的优势与局限

问卷调查法有诸多优点，采用问卷能够对众多调查对象同时进行调查，节省人力、时间和经费。此外，由于可以不署名，因此能在一定程度上打消被调查者的顾虑，收集到较为客观的资料。由于标准化程度高，便于整理归类，因此可对获取的资料进行定量的统计分析。

问卷调查也存在着一定的局限性。首先，如果采用自填式问卷，对被调查者的文化水平有一定的要求。其次，由于在填写问卷的过程中难以进行监测，不能保证填答问卷的质量。再次，搜集到的资料往往是表面的，难以了解被调查者深层次的内心真实情况。最后，回收率有时难以保证，如果有效问卷的回收率较低，会影响得出的结论及结论的可推广性。

## 第二节　婴幼儿研究常用问卷/量表

在婴幼儿研究中，由于婴幼儿无法亲自进行填答，因此研究者通常让家长或者熟悉婴幼儿的其他成人对婴幼儿的行为进行汇报。前人编制了诸多与婴幼儿研究相关的量表，其中最常用的量表类型是李克特量表（Likert scale），该类型量表由一组陈述组成，并包含了多个程度不一的选项，要求填写者从中选出最符合情况的一项。比如，针对"我的孩子很难管教"这一陈述，爸爸、妈妈或者其他熟悉幼儿情况的人根据这一幼儿的实际情况，选择该描述是否符合这一幼儿的行为特点："非常符合""符合""中立""不符合""非常不符合"。量表具有省时省力、容易进行大样本研究、方便统计和分析等特点，在研究中得到了广泛的运用。在该节中，我们将着重介绍在婴幼儿研究中被广泛运用的几个量表。其中有些量表直接关注儿童的行为，我们将以测量婴幼儿的社会性情绪发展和语言发展水平的量表为例；而有些量表关注的则是婴幼儿家长，如测量家长的教养观念、育儿行为等，我们将以测量家长教养压力和母亲产后抑郁的量表为例。

### 一、婴幼儿社会性情绪发展量表

社会性情绪发展指的是个体对情绪的体验、表达与管理，以及个体与他人建立积极关系的能力。社会性情绪发展包含多个领域，比如情绪调节、行为调节、人际交往等。近些年来，婴幼儿的社会性情绪发展一直是婴幼儿研究的一个热点，婴幼儿的社会情绪发展决定了他们是如何理解自己和这个世界的，这对其未来的心理和行为发展有着深远而广泛的影响。我们可以把婴幼儿的社会性情绪发展看作人生的地基，一个人未来的学业发展、事业发展、人际关系、婚姻幸福等生活的方方面面都与早期的社会性情绪发展息息相关。

Halle 和 Darling-Churchill（2016）梳理了常用的适用于0—5岁儿童的社会性情绪发展的量表，她们发现，以往研究主要关注社会性情绪发展的四个领域，有的量表测量了所有的领域，而有的量表则只测量了一个或者两个领域。表5-1中呈现了 Halle 和 Darling-Churchill 所界定的社会性情绪发展的四个领域，分别是社会能力（social competence）、情绪能力（emotional competence）、问题行为（behavior problems）以及自我调节能力（self-regulation）。社会能力指的是儿童能够有效地与他人互动的能力，其中包括建立和维系社会关系的能力、合作的能力以及根据不同的社会情境的需求调整自我行为的能力。其中具体的行为包括亲社会行为，与同伴和大人积极的互动行为（如倾听、等待、合作、分享），采用正面的方式解决与同伴的冲突的能力，平衡自我的需求与他人的需求的能力等多个方面。情绪能力指的是儿童识别和理解自我和他人情绪的能力，以及调节自我情绪的能力。问题行为主要包括了内隐行为问题和外显行为问题，内隐行为问题包括焦虑、抑郁、社交退缩等，外显行为问题包括攻击、破坏、不顺从等行为。自我调节能力也常常被称为自我控制能力或自我管理，指的是儿童集中注意力、管理情绪、控制行为的能力。

Halle和Darling-Churchill共搜寻到了120个已有文献中用到的测量0—5岁幼儿社会性情绪发展的量表，按照一定的标准进行初步筛选后，对剩余75个量表的信度、效度、施测时长等进行了分析，最终得出6个质量较好的量表，分别是《幼儿情绪社会性评价量表》(*ITSEA*; Carter, Briggs-Gowan, Jones, & Little, 2003)，《儿童行为评估系统第二版》(*BASC-2*; Reynolds & Kamphaus, 2002)，《儿童行为量表》(*CBCL*; Achenbach, 1991, 1992)，《Devereux幼儿评估量表》(*DECA-C*; LeBuffe & Naglieri, 2003)，《学前学习行为量表》(*PLBS*; McDermott, Leigh, & Perry, 2002)，《社会技能评定系统量表》(*SSRS*; Gresham & Elliott, 1990)。其中有些量表已经被国内研究者翻译成中文并应用于相关研究中，有的研究者在英文版本的基础上进行了改编，使得量表更加适用于中国儿童。表5-1呈现了这6个量表及所测量的社会性情绪发展的主要领域，其中有些量表包含了多个版本，不同版本适用于不同年龄阶段的儿童，比如CBCL包含适用于1.5—5岁儿童和6—18岁儿童两个版本。

表5-1　儿童早期社会性情绪发展的六个量表及其所测量的领域

| 量表英文名称 | 量表中文名称 | 社会性情绪发展的领域 | | | |
| --- | --- | --- | --- | --- | --- |
| | | 社会能力 | 情绪能力 | 问题行为 | 自我调节 |
| Infant Toddler Social Emotional Assessment (*ITSEA*) | 幼儿情绪社会性评价量表 | √ | √ | √ | √ |
| Behavior Assessment System for Children, Second Edition (*BASC-2*) | 儿童行为评估系统第二版 | √ | | √ | √ |
| Child Behavior Checklist (*CBCL*) | 儿童行为量表 | | | √ | √ |
| Devereux Early Childhood Assessment (*DECA*) | Devereux幼儿评估量表 | √ | √ | √ | |
| Preschool Learning Behaviors Scale (*PLBS*) | 学前学习行为量表 | | | | √ |
| Social Skills Rating System (*SSRS*) | 社会技能评定系统量表 | √ | √ | √ | |

表中列出的6个量表均有家长汇报和教师汇报两个版本，其中BASC-2适用于2—5岁的儿童，CBCL的低龄版本适用于1.5—5岁的儿童，SSRS适用于3岁及以上的儿童，PLBS适用于学前儿童（一般为3岁及以上儿童）。由此可见，专门针对0—3岁婴幼儿的社会性情绪发展的量表非常少，大多量表适用于2岁及以上的儿童。DECA目前已经有三个版本：适用于1—18月龄的婴儿版本 (*The Devereux Early Childhood Assessment for Infants*; DECA-I)；

适用于18—36月龄的学步儿版本(*The Devereux Early Childhood Assessment for Toddlers*; *DECA-T*);适用于3岁以上学前儿童的版本(*The Devereux Early Childhood Assessment for Preschoolers*; *DECA-P*)。DECA在近些年的研究中得到了越来越广泛的运用,根据版本不同,包含33—38个题目不等,只需5—10分钟即可填写完毕。DECA既可由父母或其他主要监护人填写,也可由教师填写。DECA-I只包含了两个分量表,即主动性(Initiative)和依恋/关系(Attachment/Relationship)。除了主动性和依恋/关系分量表以外,DECA-T还包含了自我调节(Self-Regulation)分量表。而DECA-P则又增添了行为问题(Behavioral Concerns)分量表。尽管这三个版本的DECA针对的年龄阶段不一样,但是其中也包含了一些一致的条目。表5-2呈现了DECA的每个分量表所测量的主要内容以及一些条目样例,括号中标注的是样例条目所来自分量表的版本。

表5-2 《Devereux幼儿评估量表》(DECA)中包含的分量表及主要内容

| DECA 分量表 | 测量的主要内容 | 条 目 样 例 |
| --- | --- | --- |
| 主动性(Initiative) | 幼儿以独立的思想和行动来满足自己需求的能力 | "失败时继续尝试。"(DECA-I,DECA-T,DECA-P) |
| 自我调节能力(Self-Regulation) | 幼儿以恰当的方式表达情绪和控制行为的能力 | "能很好地处理挫折感。"(DECA-T,DECA-P) |
| 依恋/关系(Attachment/Relationship) | 幼儿促进、保持与主要成人和同伴之间积极联系的能力 | "从熟悉的成人那里寻求安慰。"(DECA-I,DECA-T) |
| 行为问题(Behavioral Concern) | 幼儿可能出现的一些内隐或外显问题的行为 | "通过行动或语言伤害他人。"(DECA-P) |

在表5-1的所有量表中,只有ITSEA是专门针对婴幼儿阶段的量表,适用于12—36月龄的婴幼儿,该工具在已有研究中得到了广泛运用,并且我国学者已经对其进行了翻译和修订,并建立了中国常模。下面,我们将详细介绍ITSEA。

ITSEA由美国耶鲁大学Margaret J. Briggs-Gowan教授和马萨诸塞波士顿大学的Alice S. Carter教授共同编制。它共包含了166个条目,量表的核心部分包括125个条目,覆盖了外显问题(Externalizing)、内隐问题(Internalizing)、失调(Dysregulation)和能力(Competencies)四个方面,而每个方面又包含了多个维度,每个维度包括若干个描述儿童早期社会性情绪行为表现的条目。表5-3列出了每个维度的中英文名称。其余的41个条目构成了非核心部分,其中包括不良适应、社会关系和非典型行为的相关条目,以及10个独立的条目。我国学者张建瑞(2008)在其博士论文中对ITSEA进行了修订,并对修订版本的信效度、因素结构等进行了检验。基于分析,张建瑞删除了部分条目,修订后的ITSEA共包含146个条目,其中核心条目104条。自从修订版在我国问世,ITSEA被多次用于中国婴幼儿社会性情绪发展的相关研究中(如邢淑芬,梁熙,岳建宏,& 王争艳,2016)。从表5-1和表5-3中可以看出,该量表涉及的维度较多,较全面地评估了婴幼儿社会性情绪发展的各个领域。

表5-3 《幼儿情绪社会性评价量表》(ITSEA)中所包含的分量表

| 英　文 | 中　文 |
| --- | --- |
| Externalizing Problems | 外显问题 |
| Activity/Impulsivity | 活动度/冲动性 |
| Aggression | 攻击性 |
| Peer Aggression | 同伴攻击 |
| Internalizing Problems | 内隐问题 |
| Depression/Withdrawal | 抑郁/退缩 |
| General Anxiety | 广泛性焦虑 |
| Separation Distress | 分离焦虑 |
| Inhibition to Novelty | 新事物退缩 |
| Dysregulation Problems | 失调问题 |
| Sleeping | 睡眠问题 |
| Negative Emotionality | 消极情绪性 |
| Eating | 饮食问题 |
| Sensory Sensitivity | 感官敏感性 |
| Competence Scales | 能力 |
| Compliance | 依从性 |
| Attention | 注意力 |
| Imitation/Play | 模仿/游戏 |
| Mastery Motivation | 掌握动机 |
| Empathy | 移情(共情) |
| Prosocial Peer Relations | 亲社会同伴关系 |
| Social Relatedness | 社会关系 |
| Maladaptive | 不良适应 |
| Atypical | 非典型行为 |

ITSEA包含了父母汇报和教师汇报两个版本，汇报者评价每个条目中的描述与儿童的实际情况的吻合程度，共包括3个选项："不符合或极少符合"(0)、"部分符合或有时符合"(1)、"非常符合或经常符合"(2)。此外，如果汇报者未曾有机会观察到条目中描述的行为，则可选择"没有机会"这一选项。该量表需要25—30分钟完成。填写该量表耗时较长，不适宜进行快速筛查，为了弥补此缺点，Briggs-Gowan, Carter, Irwin和Wachtel(2004)从原版的ITSEA中抽选了42个条目，创建了减版的ITSEA，即BITSEA，其中外显问题6个条目，内隐问题8个条目，失调问题8个条目，能力7个条目，社会关系3个条目，不良适应3个条目，非典型行为4个条目。我国也有学者在研究中采用了BITSEA。

下面呈现了采用ITSEA量表测量婴幼儿社会性情绪发展的一个研究案例，该研究于

2016年发表在核心杂志《心理学报》上面。研究者关注了我国社会存在的一个现实问题,随着双职工家庭的普遍增多,以及为0—3岁婴幼儿提供托育服务的托儿所等托育机构的缺乏,许多祖辈承担起了白天照看幼儿的责任,因此,许多家庭出现了父母和祖辈共同养育婴幼儿的情况。以往许多研究表明,亲子关系的质量是影响儿童早期社会性情绪发展的关键因素,那么在两代共同育儿的情况下,母子和祖孙关系的质量可能都是影响幼儿社会性情绪发展的重要因素。邢淑芬等提出了四个研究问题,并通过对数据的收集和处理——予以解答。其中对研究问题三、四的解答涉及了婴幼儿的社会性情绪发展,ITSEA所测量的幼儿的社会性情绪发展的四个领域是四个因变量。结果发现,当母子依恋和祖孙依恋均为安全型时,婴幼儿的外显行为、内隐行为以及失调问题均为最低。此外,研究者发现,与祖孙依恋的安全性相比,母子依恋的安全性对幼儿的社会性情绪发展的各个领域的预测作用更大,并且,在预测幼儿的失调问题方面,母子依恋和祖孙依恋的安全性存在着交互效应。

> **案例2**
>
> 
>
> **研 究 案 例**
>
> 
>
> 《祖辈共同养育背景下多重依恋关系及对幼儿社会—情绪性发展的影响》
> 作者:邢淑芬、梁熙、岳建宏、王争艳
> 发表期刊及年份:2016年发表于《心理学报》的48卷第5期
>
> 
>
> **摘　　要**
>
> 
>
> 采用依恋Q-Set分类程序考察72名幼儿(M=17.51个月)的母子依恋和祖孙依恋的安全性,用《婴幼儿社会—情绪性评价量表》(ITSEA)同时评估了幼儿的社会—情绪性(包括外显行为域、内隐行为域、失调域和能力域)的发展状况。结果发现:(1)在祖辈参与共同养育的背景下,大多数幼儿可以形成安全型的母子依恋和祖孙依恋,母子依恋的安全性高于祖孙依恋;(2)母子依恋和祖孙依恋存在着中等强度的相关,36%幼儿的母子依恋和祖孙依恋的安全性水平不一致;(3)回归分析表明,与祖孙依恋的安全性相比,母子依恋的安全性对幼儿的社会—情绪性发展的各领域具有更大的相对预测力,支持主导性假说;(4)拥有高安全性母子依恋和祖孙依恋的幼儿,其外显行为域和内隐行为域的得分显著低于其他3组,高安全性母子依恋或祖孙依恋不能补偿对方的低安全性依恋的消极影响。在失调域上,母子依恋和祖孙依恋的安全性存在着交互效应。
>
> 
>
> **研 究 问 题**
>
> 
>
> 1. 在母亲上班、祖辈参与看护的共同养育背景下,幼儿是否可以形成安全型

的母子关系和祖孙关系？哪一种关系的安全性水平更高？

2. 母子依恋和祖孙依恋的安全性之间是否存在着一致性？

3. 母子依恋和祖孙依恋质量对幼儿的社会性情绪发展的相对预测力是什么？

4. 母子依恋和祖孙依恋的质量对幼儿社会性情绪发展的联合效应是什么？

**研究方法与工具**

1. 问卷调查法：家长填写了家庭基本情况问卷、ITSEA量表。

2. 观察法：研究者分别录制了母子互动和祖孙互动的视频，并随后对录像进行了编码和量化，将依恋分为了低安全性和高安全性两类。

## 二、婴幼儿语言发展量表

在生命的前三年，婴幼儿的语言能力迅速发展。大约在6个月龄时，婴儿开始懂得某些特定的嗓音能够引起另一个人的反应，大约从8个月龄开始，婴儿能够理解一些词语，随后婴幼儿对语言的理解能力迅速发展。婴幼儿的语言表达能力也迅速发展，在半岁到1岁之间，婴儿就已经表现出语言表达的前兆，比如他们开始用手势、目光接触、表情、声音等与周围的人进行交流。婴幼儿一般在一岁左右时说出人生中的第一个词，而到了三岁时，幼儿已经能够理解大量的词汇，并且能够说出一些较为完整、复杂的句子。婴幼儿的语言发展对认知发展和学业发展都有着重要意义，因此也得到了研究者较多的关注，但是测量我国婴幼儿早期语言能力的标准化工具却很少。在这里，我们将介绍由Twila Tardif教授等人根据在西方得到广泛运用的"MacArthur-Bates沟通发展量表（*MacArthur-Bates Communicative Development Inventory*）"修订的适用于中国儿童的《汉语沟通发展量表》。

《汉语沟通发展量表》测量8—30个月龄婴幼儿的早期语言发展，其中既包括普通话版本，也包括广东话版本。由于父母或者主要照养人与自己孩子接触的时间最久，他们能够在日常生活中经常观察自己的孩子，因此，测量婴幼儿语言能力的工具多采用父母汇报的形式，同样，《汉语沟通发展量表》也是由父母汇报的一个工具。

根据婴幼儿的年龄，《汉语沟通发展量表》分为两个版本：适用于8—16个月龄的婴幼儿的版本和适用于16—30个月龄的婴幼儿的版本。如果孩子正好16个月大，测试者则可以根据孩子的发展水平任选一个版本。8—16个月龄的版本称之为"词汇和手势"量表，共分为两部分，第一部分主要考察婴幼儿对词汇的理解和表达，第二部分关注的是婴幼儿通过动作及手势表现沟通意图。表5-4呈现了每一部分的基本内容及样例条目，适用于16—30个月龄的版本与8—16个月龄的版本，其中包括了"词汇"和"句子"两大部分，测量婴幼儿对词汇、短语和句子的理解及表达能力。

表 5-4 《汉语沟通发展量表使用手册》基本内容

| | | 第 一 部 分 |
|---|---|---|
| 初期对语言的反应 | 共含有3个问题,目的是测查婴幼儿是否已开始注意语言。 | 指导语:"孩子开始讲话之前,会对一些字句有反应。以下有一些普通的例子。您的孩子有没有像以下的反应?"<br><br>样例条目:"被叫到名字时会有反应(例:转头寻找声音的来源)。" |
| 理解常用短语 | 包括27个经常对婴幼儿说的短语,目的是测查婴幼儿是否理解这些短语。 | 指导语:"在以下列出的短语中,指出哪些是您孩子可以听懂的句子(有适当的反应)。"<br><br>样例条目:"睡觉觉""饿不饿?""过来!" |
| 开始说话的方式 | 含有4个问题,目的是测查婴幼儿是否已有模仿或自发地说一些词汇或者短语的迹象,而不仅仅是理解。 | 指导语:"您的孩子是否有过下面的言语行为?"<br><br>样例条目:"有些孩子看到想要的东西就会用手指并发出些'嗯'的声音。您的孩子有没有这样做?" |
| 词汇量表 | 普通话版本包含411个词汇,广东话版本包含388个词汇。其中包括多种不同类别的词汇,如名词、象声词、感叹词、动词、形容词、方位词、数词等。父母或其他照养人根据孩子的语言发展情况对所有词汇进行逐一判断,评估孩子是否能"听懂"或"会说"。 | 指导语:"以下是孩子常用的词汇量表。当您说出该词时,孩子虽然还不能说出来,但能正确地反应,请填第二项(听懂)。若孩子又能听懂又能够自己说出该字,请填第三项(能说)。"<br><br>样例条目:"汪(狗叫)""爸爸""再见""打开""骑""蛋糕""脖子""熊猫""小心""盘""袜子" |
| | | 第 二 部 分 |
| 初期沟通手势 | 包含11个题目,目的是测查婴幼儿是否使用一些手势来表达自己的意愿和想法等。 | 指导语:"当婴儿刚开始学习沟通的时候,他们经常用手势去表达他们的思想和愿望。选出以下哪些项目可以是您孩子平时所做的动作。"<br><br>样例条目:摇头表示"不好/不要/不想" |
| 游戏和常规 | 共包含5个题目,主要测查婴幼儿是否在日常生活中进行过某些普遍的游戏。 | 指导语:"您的孩子有没有做过以下事情?"<br><br>样例条目:"唱歌""玩追逐游戏" |
| 动作 | 包含15个题目,测查婴幼儿是否尝试做过一些日常常见的动作。 | 指导语:"您的孩子做过或尝试做以下的事情吗?"<br><br>样例条目:"用梳子梳自己的头发" |
| 模仿做父母 | 包含5个题目,测查婴幼儿是否过家家式地模仿做父母的一些动作。 | 指导语:"这里有些动作是孩子会对玩具动物或布娃娃做的。请指出您曾否见过您的孩子做以下的动作。"<br><br>样例条目:"拍睡觉""抱娃娃轻摇" |
| 模仿成人的动作 | 包含7个题目,测查婴幼儿是否模仿成人的动作。 | 指导语:"您的孩子有没有做或尝试做以下的动作?"<br><br>样例条目:"用手机/遥控器""用钥匙开门" |

根据孩子的年龄和发展水平,填写《汉语沟通发展量表》需要30—60分钟不等。由于该工具比较耗时,修订者还编制了更加简洁的短表,只需要10—15分钟就能完成,适用于8—30个月龄的婴幼儿,在常规发展检查时作为筛查工具。《汉语沟通发展量表》是一个标准化的工具,研究者首先需要根据计分手册计算出各部分的原始分,然后根据常模计算出每个婴幼儿的标准分。《汉语沟通发展量表使用手册》一书中详细记录了计分规则和常模。

## 三、婴幼儿家长教养压力量表

孩子的到来为父母增添了许多快乐,但同时也带来了一些压力。为人父母是一件充满各种挑战和压力的事情,许多已有研究关注了教养压力及其影响。教养压力指的是父母在养育子女的过程中产生的压力感,这种压力感几乎是每个父母在抚育的过程中都会感受到的。教养压力之所以受到学者的关注,源于教养压力与家长的育儿行为和儿童的身心发展之间存在着密切关系。当面临过高的教养压力时,父母对孩子通常持有更负面的看法,更倾向于认为孩子难以管教,父母与孩子之间的情感交流通常会减少,父母对孩子需求的敏感和回应程度降低,并且展现出更多消极的育儿行为,比如对孩子更加严厉或者更加听之任之。许多学者认为,教养压力通过影响家长的育儿行为间接影响儿童的社会性情绪发展和认知发展。

我国学者也对教养压力展开了许多研究,其中不乏针对婴幼儿家长的研究。研究多采用了被广泛运用的《教养压力问卷》(*Parenting Stress Index*;PSI)或者它的简版。该问卷由美国的Abidin教授编制,适用于育有0—12岁儿童的家长,目前已经更新到了第四版(Abidin,2012)。长版问卷由120个条目构成,大约需要20分钟完成,而简版则只有36个条目,只需不到10分钟的时间便可填写完成。因此相较于长版,简版似乎得到了更广泛的运用。耿岚(2009)对简版的《教养压力问卷》进行了中文版修订,研究表明,中文修订版具有良好的信效度。

在长版所包含的120个条目中,有101个条目是关于育儿方面的压力的问题,其余的19个条目是关于一般性的生活压力的问题,这19个条目可以选用也可以不选用。长版共包括13个分量表,其中6个分量表聚焦儿童领域:注意力分散/多动(Distractibility/Hyperactivity)、适应性(Adaptability)、强化家长行为(Reinforces Parent)、要求度(Demandingness)、情绪(Mood)、接纳性(Acceptability)。其余的7个分量表聚焦家长领域:能力(Competence)、社会隔绝(Social Isolation)、与孩子的依恋关系(Attachment to Child)、健康(Health)、角色限制(Role Restriction)、抑郁(Depression)、配偶(Spouse)。在使用时,既可以使用每个分量表的分数,也可以只计算一个总的压力分数。简版问卷(PSI-SF)包括三个分量表,分别为育儿苦恼(Parental Distress;如"我感到自己被做家长的责任困住了"),亲子互动失调(Parent-Child Dysfunctional Interaction;如"我孩子对我提出的需求比大多数孩子要多"),困难儿童(Difficult Child;如"我孩子对我笑的频率比我期望的要低")。该问卷为五点计分。在使用简版问卷时,既可以使用计算出的每个分量表的分数,也可以运用所有条目计算一个总的压力分数。

## 四、婴幼儿母亲抑郁量表

产后抑郁是女性生产之后,由于体内激素、社会角色及心理变化所产生的身体、情绪、心理等一系列的变化(赵佩,李甦,2012)。因此,约有63%的女性在产后会出现抑郁表现,而产后抑郁症的发病率则高达15%—30%(张巍,安力彬,刘媛,2011)。母亲的抑郁表现为情绪较为消极,对日常活动缺乏兴趣,对幼儿的需求不敏感、反应性低,也较少会与幼儿进行持续性的社会互动(宗利娟,刘俊升,李丹,陈欣银,2014)。大量研究表明,母亲的抑郁情绪对幼儿的社会性情绪发展有着重大影响。首先,抑郁的母亲容易培养出具有情绪和行为方面问题的儿童,其中母亲的抑郁情绪与儿童的内隐问题行为有着密切的关系,如抑郁、焦虑、极度退缩等,这些研究发现得到了广泛证实(宗利娟,刘俊升,李丹,陈欣银,2014)。Goodman和Gotlib(1999)提出了母亲的抑郁情绪对儿童心理发展影响的整合模型,其中指出了母亲的抑郁情绪影响儿童发展的四种途径:① 抑郁的遗传;② 先天的神经调节机制的失调;③ 母亲负面的认知、情感和行为;④ 儿童经受的压力性生活环境。

研究中运用较为广泛的测量母亲抑郁情绪的量表是《爱丁堡产后抑郁量表》(*Edinburgh Postnatal Depression Scale*;*EDPS*)。该量表的英文原版由Cox,Holden和Sagovsky于1978年编制,并于1987年进行了重新修订,香港中文大学的Lee等人于1998年将其翻译为中文。该量表共包含10个条目。在填写该问卷时,母亲回想自己过去7天的感受,并做出评价,该量表为四点计分(0—3)。以题目1为例,如果作答者回答了选项(1),则计分为0,选择了选项(2)则计分为1,选择了选项(3)则计分为2,选择了选项(4)则计分为3。其中题目3、5、6、7、8、9、10为反向计分。以题目3为例,假如作答者回答了选项(1),则计分为3,回答了选项(2)则计分为2,回答了选项(3)则计分为1,回答了选项(4)则计分为0。分数越高表明抑郁程度越高。

Lee等人修订的《爱丁堡产后抑郁量表》(EDPS)中文版

> **案例3**
>
> 在过去七天内:
> 1. 我能看到事物有趣的一面,并笑得开心。
>    (1)同以前一样。
>    (2)没有以前那么多。
>    (3)肯定比以前少。
>    (4)完全不能。
> 2. 我欣然期待未来的一切。
>    (1)同以前一样。
>    (2)没有以前那么多。

(3）肯定比以前少。

(4）完全不能。

3. 当事情出错时,我会不必要地责备自己。

(1）大部分时候这样。

(2）有时候这样。

(3）不经常这样。

(4）没有这样。

4. 我无缘无故感到焦虑和担心。

(1）一点也没有。

(2）极少有。

(3）有时候这样。

(4）经常这样。

5. 我无缘无故感到害怕和惊慌。

(1）相当多时候这样。

(2）有时候这样。

(3）不经常这样。

(4）一点也没有。

6. 很多事情冲着我而来,使我透不过气。

(1）大多时候我都能应付。

(2）有时候我不能像平时那样应付得好。

(3）大部分时候我都能像平时那样应付得好。

(4）我一直都能应付得好。

7. 我很不开心,以致失眠。

(1）大部分时候这样。

(2）有时候这样。

(3）不经常这样。

(4）一点也没有。

8. 我感到难过和悲伤。

(1）大部分时候这样。

(2）相当时候这样。

(3）不经常这样。

(4）一点也没有。

9. 我不开心到哭。

(1) 大部分时候这样。

(2) 有时候这样。

(3) 只是断断续续这样。

(4) 没有这样。

10. 我想过伤害自己。

(1) 相当多时候这样。

(2) 有时候这样。

(3) 很少这样。

(4) 没有这样。

## 本 章 小 结

在本章中,我们了解了问卷调查法在婴幼儿研究中的使用,由于问卷资料相对容易获取,因而在研究中得到了广泛使用。研究者可以根据研究需求自编问卷,也可以选取已有的成熟量表。在本章中,我们主要关注了量表,举例介绍了测量婴幼儿社会性情绪发展和语言发展的相关量表,并介绍了测量家庭因素的相关量表。尽管问卷有简单、易操作等优点,我们仍需要注意,问卷收集到的信息在深度上可能有所不够。问卷可以与观察、访谈等方法结合使用,以获取更加丰富、深入的资料。

## 延 伸 学 习

 拓展阅读

### 问 卷 设 计

可以说,问卷法的关键在问卷设计,难点也在问卷设计。这是因为,调查问卷设计得如何,将直接影响到调查资料的真实性和实用性,影响到问卷的回收率,进而影响到整个调查的结果。另外,一切问题都必须在正式调查前考虑好,一旦问卷发出,就难以更改和补救。所以,问卷设计在问卷调查过程中有着十分重要的地位。下面谈谈问卷设计的几个问题。

1. 问卷的结构。一份问卷通常包括下述几部分:① 封面信,即一封致被调查者的短信。信中一般需要说明调查的目的、调查单位或调查者的身份、调查的大概内容、调查对象的选取方法和对结果保密的措施等。封面信的语言要简明、中肯,结尾要有落款,并可附上地址、

电话号码和联系人的姓名等,以便消除被调查者的疑虑,体现调查的正式性。② 指导语,即用来指导被调查者填答问卷的各种解释和说明。其作用与仪器的使用说明书相似。有些指导语集中在封面信之后,有些则分散在某些较复杂的调查问题之后,对填答要求、方式和方法进行说明。③ 问题及答案,这是问卷的主体,也是问卷设计的主要内容,下面我们将较详细地介绍。④ 其他资料,如问卷名称、编号、日期、预编码等。

2. 问卷设计的步骤。要设计一份调查问卷,第一步工作并不是马上动手去列调查的问题,而是要先做一定的探索性工作。即先摸摸底,熟悉和了解一些基本的情况,以便对各种问题的提法和可能的回答有一个初步的认识。做这种探索性工作的常见方式,是设计者围绕所要调查的问题,自然地、随便地与各种对象交谈,并留心观察他们的特征、行为和态度等。

经过了探索性的工作后,我们就可以动手设计问卷初稿了。具体做法是,先根据调查内容的结构,在纸上画出问卷总体的各个部分和前后顺序;然后将每一部分的内容编成一个个具体的问题,写在一张张小卡片上;调整问题间的顺序,并将整理好的问题卡片打印出来,形成问卷初稿。

问卷初稿设计好以后,不能直接用于正式调查,必须对问卷初稿进行试用和修改。试用就是把问卷在小范围内用一次,然后检查问卷中填答错误及填答不全的原因,找出毛病进行修改。也可以采取请有关专家和典型调查对象评价的方法,来对问卷初稿中的毛病进行分析和修改。只有经过了试用和修改后,才能把问卷用于正式调查中。

3. 问卷设计的原则。首先,问卷设计要紧紧围绕所研究的问题和所要测量的变量来进行。尽可能做到所搜集的正是所需要的资料,不多也不少。即既不漏掉一些必需的资料,也不包含一些无关的资料。其次,设计问卷时不能只把注意力放在编制什么问题上,还要注意问卷调查过程中人的因素。要多为回答者着想,同时还要充分考虑到被调查者的社会背景、文化程度、心理反应、主观意愿、客观能力等各种因素,尽可能使问卷适合被调查者,尽量为他们填答问卷提供方便,减少困难。第三,问卷设计还要考虑到问卷的使用方式和资料的分析方式,因为不同的使用和分析方式对问卷有着不同的要求。

4. 问题的内容与形式。问卷中的问题从内容上看,可分为行为方面的问题(比如"上个月你看了几次电影?""你们家订了几种报纸?"),态度方面的问题(比如"你是否赞成住房制度改革方案?""你希望生几个孩子?")和被调查者社会背景方面的问题(比如询问被调查者的性别、年龄、职业、文化程度、婚姻状况等)。

从形式上看,可分为开放式问题与封闭式问题两大类。所谓开放式问题,就是不为回答者提供具体答案,由回答者自由填答的问题。简言之,就是只提问题,不给答案。而封闭式问题则是在提出问题的同时,还给出若干个答案,要求回答者根据实际情况进行选择。比如,"你最喜欢看哪类电视节目"就是一个开放式问题。但是,当我们在这个问题下面列出了若干个答案,要求回答者选择其一时,就变成了封闭式问题。开放式问题的主要优点是允许回答者充分自由地发表意见。因而,所得资料丰富生动。其缺点是资料难于编码和统计分析,对回答者的知识水平和文字表达能力有一定要求,填答所花时间和精力较多,还可能产生一些无用的资料。封闭式问题的优点是填答方便,省时省力,资料易于统计分析。其缺点是资料失去了自发性和表现力,回答中的一些偏误也不易发现。一般来说,大规模抽样调查的问卷多采用封闭式问题。

5. 问题的语言。语言是问卷设计的基本材料,问题措辞的基本原则是简短、明确,通俗易懂。同时,要注意避免下列错误:① 诱导性提问,即以某种方式表现出来的倾向性提问。比如:"你不抽烟,是吗?"另外,引用权威人士或大多数人的观点,也会形成诱导性问题。比如:"医生认为抽烟对身体有害,你是否也这样认为?"② 双重问题,即在一个问题中同时询问了两件事情。比如:"你的父母是工人吗"这一问题实际包含着"你的父亲是工人吗"和"你的母亲是工人吗"两个问题。那些只适合其中一种情况的被调查者就无法回答这一问题。③ 含糊的问题,即问题的含义不确切,使得回答者难于理解,或容易产生歧义。比如:"你觉得你所在单位近几年来情况怎样?"究竟问的是什么情况很不清楚,回答者往往难于填答。

6. 问题的数量与顺序。一份问卷应该包括多少个问题,这要依据调查的内容,样本的性质,分析的方法,拥有的人力、财力、时间等各种因素来决定,没有固定的标准。但一般来说,问题不宜太多,问卷不宜太长。通常以回答者在30分钟以内完成为宜。

有关问卷中问题的次序,有下列常用的规则:① 把简单易答的问题放在前面,把较难回答的问题放在后面;② 把引起被调查者兴趣的问题放在前面,把容易引起他们紧张或产生顾虑的问题放在后面;③ 把被调查者熟悉的问题放在前面,把他们感到生疏的问题放到后面;④ 先问行为方面的问题,再问态度、意见、看法方面的问题,最后问个人背景资料的问题;⑤ 若有开放式问题,则应放在问卷的最后面。

(资料来源:风笑天. 社会调查知识系列讲座之四:问卷法[J].

青年研究,1993,5:41—43.)

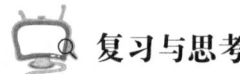 学习活动

寻找一个研究问题,尝试编制一个问卷来考察你的研究问题。如果可能,就寻找几个被试填写你的问卷,并搜集一些反馈意见,对问卷做进一步的修改。

复习与思考

1. 了解目前常用的测量婴幼儿社会性情绪发展的主要量表。
2. 了解测量婴幼儿语言发展的量表主要涵盖哪些方面。
3. 了解测量婴幼儿家长育儿压力和抑郁的相关工具。
4. 思考问卷调查法的优势与弊端。

# 第六章 观察法

**学习目标**

1. 了解观察法的不同类型。
2. 了解针对婴幼儿及亲子互动进行观察研究的经典案例。
3. 了解针对家庭环境和园所环境进行观察研究的案例。
4. 掌握观察法的一般步骤。

观察法是心理和教育科学研究中最基本、最普遍的一种研究方法,也是婴幼儿研究中常用的研究方法之一。研究者有时通过感官直接进行观察,有时借助录像机、行为核查表等观察工具进行数据收集。在日常生活中,人们也时常进行自发的、偶然性的观察,但是科学的观察有别于日常观察,科学观察是一种有目的、有计划的观察。

## 第一节 观察法的基本介绍

### 一、观察法的类型

科学的观察法不同于日常生活中的一般观察,它指的是研究者通过感觉器官或借助辅助仪器,有目的、有计划地对发生的现象或行为进行系统、连续的考察、记录、分析,从而获取信息和数据的一种研究方法。观察法是儿童早期发展研究中被广泛采用的一种研究方法,幼儿不易受观察者在场的干扰,行为表现一般比较真实自然。研究者可以直接观察和记录幼儿的行为,考察幼儿与周围的人和事物的作用过程,从而对幼儿的行为及其发展过程进行研究。

观察法的要素包括观察者、观察手段、观察对象以及观察对象的行为状态。依据不同的维度,研究者划分了多种不同类型的观察法(表6-1)。每种观察法都有其优点和缺点,研究者应该根据研究目的来选择适宜的观察方法,同时,人力、物力等外部条件也常常影响观察方法的选取。

表6-1 观察法的种类及其定义

| 维度 | 种类及其定义 | |
| --- | --- | --- |
| 观察环境 | 自然观察法 | 一般在自然状态下,即事件自然发生、对观察环境不加以改变和控制的状态下进行的观察。 |
| | 实验室观察法 | 在人工控制的环境中进行的系统的观察。 |
| 是否借助仪器设备 | 直接观察法 | 通过观察者的感官考察被研究对象的活动。 |
| | 间接观察法 | 借助一定的仪器、设备考察研究对象的活动。 |
| 是否结构化 | 结构观察法 | 在观察前有详细的观察计划、明确的指标体系,而且在观察时严格按计划进行,能对整个观察过程进行系统、有效的控制和完整、全面的记录。 |
| | 非结构观察法 | 观察者只有一个总的观察目的和观察要求,或仅有一个大致的观察范围和内容,没有详细的观察计划和指标体系,观察时要依据观察目的,按观察者的理解,有选择地记录观察结果。 |
| 是否参与观察对象的生活 | 参与观察法 | 观察者参与到被观察对象的活动之中,通过参与观察对象共同进行的活动从内部进行观察。 |
| | 非参与观察法 | 观察者不参与被观察对象的任何活动,以局外人的身份进行观察。 |

依据观察环境,可将观察法分为自然观察法和实验室观察法。自然观察有助于观察到研究对象较为真实自然的行为,而实验室观察则可对观察的环境进行控制,其标准化程度较高。此外,有些研究必须借助一定的环境设置或者设备方可进行,比如研究者在进行婴儿的视觉悬崖实验时,需要将实验室布置成一个视觉悬崖的场景。

根据观察工具,又可将观察法分为直接观察法和间接观察法。直接观察较为简便,但是人的视野和精力有限,较难精确全面地记录下观察的内容。间接观察则可借助观察设备进行客观记录和多角度的观察,但是使用仪器往往会增加观察的成本,还有可能引起观察对象的注意,从而影响其行为表现。

根据观察时是否采用结构化的观察提纲,观察法被分为结构观察法和非结构观察法。结构观察法需要研究者对观察的内容、程序、记录方法事先进行细致的设计和考虑,观察的记录结果适合进行定量化的处理。非结构观察法则较为灵活机动,有助于研究者进行全面的观察,但是观察的记录难以进行量化处理。有研究者建议,在进行探索研究时或研究的初期,可以采用非结构观察法,以便确定主题和观察方法与内容,而在研究的后期,可以采用结构观察法对某些内容进行更加深入的观察和分析。

最后,根据观察者的参与程度,又可将观察法分为参与观察法和非参与观察法。参与观察法要求研究者作为人们日常生活中的一员直接参与其中,因此,通过与"局内人"建立关系,更有可能深入了解"局内人"的生活及其体验。但是,直接参与研究对象的生活可能影响观察者观察和记录的客观性。此外,直接参与研究对象的生活也有可能改变他们的行为表现。相较而言,在非参与观察法中,观察者更有可能保持客观,但是其观察可能不如参与观察那么深入。

## 二、观察法的方法

根据观察时采用的具体方法,社会科学研究中常用的观察方法主要有三类:描述性观察、取样观察、评价观察。

描述性观察法指的是通过详细记载事件或行为发生、发展的过程来获取资料的方法。研究者可借助多种不同的记录方式来对观察对象的行为或事件进行描述性观察,如日记描述法、轶事记录法和连续记录法。在记录时,观察者应尽量做到具体、如实地描述。

取样观察法是对观察的事件或行为进行分类,把复杂的事件或行为转化为可以数量化或可限制的材料来记录的观察法。常用的取样方法包括时间取样、事件取样以及个人取样。事件取样是以时间为单位对行为取样,在规定的一定时间段中观察,对所选取的时间段内发生的各种行为做较全面的记录。在采用时间取样时,研究者一般主要考察规定时间内某种行为是否出现及出现的种类、行为发生的频率以及行为持续的时间等。比如,观察者每隔20秒钟对某个幼儿园班级中的攻击性行为进行记录,就这样观察20秒,并记录20秒,持续观察一个小时。事件取样是以事件为单位进行观察,因此,观察所关注的是行为事件本身,而不是人为的时间间隔内发生的行为。观察者需要等待所要观察事件的发生,并将其记录下来。比如,观察者在某个幼儿园教室中持续观察一小时,只有当攻击行为发生时才做记录,根据记录表对攻击行为做详细记录。个人取样则是对单个观察对象连续取样,以个人为单位,在观察中选取一个观察对象,在规定时间内记录该个体展现出的研究所关注的全部行为和事件,观察结束后,再选择另外一名观察对象进行观察和记录,并按照该步骤反复进行。比如,观察者在某个幼儿园班级中持续观察一小时,每10分钟观察者选择一个不同的儿童,并记录下该儿童做出的攻击行为。

取样观察法是常用的一种观察方法,研究者通常需要先对观察内容进行分类,并对行为下操作定义,该步骤的目的是用具体的、可度量的指标对需要观察的事物、事件或现象进行分类和界定,以便不同观察者的记录趋于一致。接着,研究者需要设计记录表单并确定观察指标,最后按计划实施观察。取样法记录简单,较为客观,观察记录容易进行数量化处理,便于分析。此外,研究者可以综合采用三种取样观察法。

评价观察法是观察者根据预先设定的标准对行为进行观察,并对所观察的行为做出评价。观察者通常需要对行为进行等级评定,如从"1=从不"至"5=总是"五个等级中选择适合的一个适当地描述,或者从一组评述的短语中选择最适合的短语。评价观察法的优点是方便操作,且数据容易进行量化分析。观察者通常需要事先接受观察培训,以确保不同观察者采用相同的标准对行为做出判断,保证观察的信度。

## 三、观察法的一般步骤

观察法的步骤可简单分为六步。第一步,观察者需要明确观察的目的和意义,思考想要通过观察了解些什么,并确定观察对象、时间、地点、内容和方法。前面我们讲述了各种观察法的分类，研究者需要根据观察的目的及客观条件的限制，选择合适的观察方法。第二步，搜集有关观察对象的资料（如文献资料），对所要观察的对象和内容有初步的认识。第三步，编制观察提纲，明确观察的内容和重点，如采用结构观察法，观察提纲则须对所要观察的内容进行细致地划分和界定，如有需要，事先设计观察记录表，供观察时使用。第四步，根据观察提纲有计划、有步骤地实施观察，全面而系统地进行观察，必要时，可对观察计划做出调整。第五步，记录并收集资料。观察者一般需要在观察过程中做记录，观察后也往往需要对观察记录做补充和修改，撰写观察小结和个人思考等。第六步，分析资料，得出结论。

## 四、观察法的优势与局限

如前文所述，由于幼儿的行为不易受到观察者在场的影响，其表现较为真实自然，因此观察法在儿童发展和学前教育领域得到了广泛应用。观察法存在着诸多优点。第一，观察者可直接对观察对象进行观察和感知，所要观察的行为或事件在自然状态下发生，因此，获取的资料较为客观、真实。第二，通过观察可以收集到无法言表的资料，如个体的肢体语言。第三，在自然状态下进行观察时，能够获得生动而具体的资料。第四，观察具有及时性，可以捕捉到正在发生的现象。第五，当通过较长时间对研究对象的行为进行反复观察和跟踪观察时，可以考察研究对象的行为动态演变。

观察法的局限性主要包括五点。第一，由于观察法需要大量的时间、人力和物力，因此不适合大规模的宏观调查。第二，由于受到时间的限制，某些事件的发生过了一段时间可能就不会再发生，难以再次被观察到。第三，由于观察法需要研究者对观察对象进行直接的观察，不适合观察较为隐秘的行为。第四，观察者只能观察到个体表现出的行为，不能直接观察到人们的思想意识和事物的本质。第五，观察法受到观察者本身的限制，由于观察法是依靠人的感觉器官去感知客体，观察容易受到观察者感官的局限性，特别是不借助任何观察设备进行的直接观察，因此观察结果会受到主观意识的影响。

在婴幼儿研究中，根据研究目的的不同，观察的对象也有所不同，有些研究着重观察婴幼儿自身的行为，有些研究考察亲子关系或亲子互动质量，而有些研究则关注婴幼儿所生活的家庭环境和保育机构的环境。在下面四节中，我们将依次举例介绍针对婴幼儿行为、亲子互动、家庭环境以及保育机构的观察研究方法。在这里，我们着重介绍国际上较为成熟、被运用得较为广泛的观察工具，以评价观察为主。

## 第二节　针对婴幼儿行为的观察研究

婴幼儿阶段是儿童在肢体运动、语言、认知、情绪和情感、自我调节等多个领域迅速发展的阶段。家长们常常喜悦地与周围人分享他们在孩子身上看到的变化，他们可能观察到孩子能够蹒跚地走路了，孩子学会了说几个新的词语，孩子能够认识红色了，孩子哭闹的次数减少了，等等。通过科学的观察研究，研究者能够系统地考察婴幼儿在各个领域的发展特征和变化趋势。

在许多年前，心理学家就已经开始使用观察法来探究婴幼儿的发展。著名的发展心理学家让·皮亚杰对自己的三个孩子进行了细致的观察，许多观察都是自发进行的，并没有明确的研究问题作为指引，是一种非结构化的自然观察，但是皮亚杰敏锐的洞察力使得他能够捕捉到令其诧异、引发其思考的有意义事件。比如，有一次皮亚杰与自己7个月大的女儿杰奎琳玩耍，杰奎琳不小心把一只塑料鸭子掉在被子上，然后被被子盖住了。皮亚杰注意到，尽管杰奎琳目睹了鸭子掉到什么地方，但是她一点儿要去捡鸭子的意思都没有。这让皮亚杰感到吃惊，他试着把鸭子再次放到杰奎琳面前，杰奎琳兴奋地伸手去抓鸭子。皮亚杰又慢慢地把鸭子藏在了被子下面，像之前一样，杰奎琳没有要去被子下面寻找鸭子的任何迹象。后来，基于观察和后续更多的研究，皮亚杰提出了客体永久性的概念来解释杰奎琳表现出的行为。基于对自己孩子的观察，皮亚杰之后与其他研究人员一起，对许多儿童进行观察，结合其开创的一些临床法实验，揭示了不同年龄儿童思维活动的特征及差异，进而提出了独特的儿童阶段性发展理论。

尽管非正式的"随意"观察或许能激发一些学者对婴幼儿某些行为的兴趣，并促使某些有意义的研究发现和理论的提出，但严谨的婴幼儿研究需要遵循科学的观察方法。研究者首先需要确定自己的研究问题和希望观察的婴幼儿行为是哪些，明确观察的对象、时间、地点和内容。接着，编制观察提纲，或者采用已有的观察提纲进行有计划、有步骤、全面而系统的观察。最后，对观察数据进行分析并得出结论，分析可能是量化的，也可能是质性的，分析方法取决于研究问题。在本节中，我们将以儿童气质类型的观察研究为例，介绍研究者是如何对婴幼儿的行为进行直接观察的。

## 一、婴幼儿的气质

在出生之初，每个婴幼儿就表现出与众不同的个性特征，有的活泼好动，有的则安静内敛。面对来自内在或者外界的刺激，如饥饿、大人的引逗等，有的婴幼儿反应异常强烈，有的婴幼儿则表现得很缓和。婴幼儿在生命早期展现出来的这种与生俱来的对内在及外在刺激的反应方式被称为气质。

关于气质结构，目前研究采用的主要有两个模型，表6-2呈现了这两个主要的气质模型，一个是托马斯和切斯提出的气质的九个维度和三类主要的气质类型（易照养儿童、难照养儿童、慢热儿童）。第二个是Rothbart提出的，该模型将气质的某些维度进行了整合，并添加了托马斯和切斯的模型中没有涉及的维度。由表中可以看出，Rothbart将气质主要分为两个大的维度，即反应性和自我调节，反应性这一维度下又细分了多个维度。学者采用了多种方式对婴幼儿的气质进行研究，其中最常用的两种方式为家长汇报和实验室观察。目前，运用较为广泛的实验室观察法为"实验室气质观察程序"（Laboratory Temperament Assessment Battery；Lab-TAB）。

表6-2 气质结构的维度之 Thomas & Chess 的模型及 Rothbart 的模型

| Thomas & Chess | | Rothbart | |
| --- | --- | --- | --- |
| 维度 | 描述 | 维度 | 描述 |
| 活动水平（Activity Level） | 主动活动时间与被动活动时间之间的比例 | 反应性（Reactivity） | |
| 节律性（Regularity） | 睡眠、苏醒、饥饿和排泄等身体功能的规律性 | 活动水平（Activity Level） | 大肌肉活动水平 |
| 注意分散（Distractibility） | 环境刺激改变行为的程度 | 注意广度/持久性（Attention Span/Persistence） | 对一种事物感兴趣的持续时间 |
| 趋近/退缩（Approach-Withdrawal） | 对新的事物、食物或者陌生人的反应 | 恐惧性痛苦（Fearful Distress） | 对强烈的、新的刺激的警惕和痛苦反应，包括适应新情境的时间 |
| 适应性（Adaptability） | 根据环境变化而进行自我调整的难易程度 | 易激惹痛苦（Irritable Distress） | 愿望未能实现时的受挫、哭泣和痛苦 |
| 注意广度和持久性（Persistence & Attention Span） | 对某种活动的投入程度和持续时间 | 积极情感（Positive Affect） | 表达幸福、快乐等积极情感的频率 |
| 反应强度（Intensity of Reaction） | 哭、笑、发声或大肌肉活动等反应的活跃程度 | 自我调节（Self-Regulation） | |
| 反应阈限（Threshold of Responsiveness） | 引起一种反应的刺激强度 | 努力控制（Effortful Control） | 主动抑制一种本能的或占优势的反应，计划并执行更具适应性的行为的能力 |
| 心境（Quality of Mood） | 友好、快乐或不友好、不快乐表现的多少 | | |

## 二、实验室气质观察程序

实验室气质观察程序由 Hill Goldsmith 和 Rothbart 创建，目前共有三个版本，其中包括一个适用于3—5岁儿童的学前版本。针对婴幼儿阶段的有两个版本，其中一个版本适用于约6个月大的婴儿，另外一个版本适用于12个月左右大的婴儿。Lab-TAB包含多个任务，每个任务需3—5分钟完成。在实验室环境中，研究者引入一些情境，通过观察、记录、编码幼儿面对这些情境时的反应来评估幼儿的气质。以适用于12个月大婴儿的版本为例，其中包含20个小任务，用来测量幼儿气质的五个维度，包括恐惧、愤怒/受挫、快乐/愉悦、兴趣/坚持性和活动水平。表6-3中列出了各个维度所包含的任务主要有哪些。

表6-3　实验室气质观察程序(Lab-TAB)中所包含的任务

| 维　度 | 描　述 |
| --- | --- |
| 恐惧<br>(Fear) | 该维度测量的是幼儿的消极情感，包括不舒适感以及面对那些可能引发恐惧的新颖事物时所表现出的紧张和担忧。 |
| | 该维度共包含4个任务情境。 |
| | 任务样例"遥控蜘蛛"：一个遥控大蜘蛛进入房间并靠近幼儿。该物品具有新颖性、不确定性和侵扰性，并且某些幼儿可能也惧怕这类爬行类动物，因此，这类情境可以引发幼儿不同程度的恐惧。 |
| 愤怒/受挫<br>(Anger/Frustration) | 该维度关注的是在一些可能引发幼儿心烦或受挫的情境下幼儿表现出的愤怒水平。 |
| | 该维度共包含4个任务情境。 |
| | 任务样例"母子分离"：母亲在房间与幼儿玩耍时，实验者把母亲叫出房间，中断了母亲与幼儿的玩耍，幼儿会与母亲短暂分离。该任务情境会在一定程度上引发幼儿的愤怒情绪。 |
| 快乐/愉悦<br>(Joy/Pleasure) | 该维度关注的是幼儿在面对一些社会性或非社会性的刺激时产生的愉悦感的强度。 |
| | 该维度共包含4个任务情境。 |
| | 任务样例"手偶游戏"：实验者拿着手偶讲故事，并时不时用手偶挠一挠儿童，逗幼儿发笑。该任务情境测量的是幼儿在面对社会性刺激时所表现出的愉悦。 |
| 兴趣/坚持性<br>(Interest/Persistence) | 该维度关注的是幼儿在各种任务情境中表现出的持续的注意和投入。 |
| | 该维度共包含4个任务情境。 |
| | 任务样例"对重复视觉刺激的注意"：在该任务情境中，幼儿观看一系列投射到屏幕上的幻灯片，没有听觉刺激，并尽可能减少环境中的其他干扰因素。该任务情境测量的是在一个严格控制的情境下，幼儿对非社会性的刺激表现出的兴趣。 |
| 活动水平<br>(Activity Level) | 该维度关注的是幼儿在日常活动中表现出的身体四肢、躯干等部位的肌肉运动。 |
| | 该维度共包含4个任务情境。 |
| | 任务样例"海洋球池"：放置一个海洋球池，在里面放许多橡皮球供幼儿玩耍。该任务情境为幼儿提供了一个新颖的环境，幼儿可能表现出多种肢体活动。 |

由上表可以看出，这些简短的任务情境试图激发幼儿表现出各个维度所关注的行为，通过观察和编码测量幼儿在各个维度上的水平。由于该实验室气质观察程序是一个结构化、标准化的观察工具，因此采用此类观察法时，需要事先对评估者进行严格的培训，并进行多次练习。此外，在正式的测评中，需要采取一定的措施来确保评估的准确性。通常，两名评估者会同时对部分样本进行评估，根据二者的评分计算评分者内部一致性系数（如Kappa系数），需要达到一定的指标才可以确保观察评估的可靠性。通常而言，两名或多名评估者需要对至少20%的样本进行共同评估，进而考察评分的一致性。

下面呈现的研究案例是2011年发表于《心理发展与教育》期刊的一个研究，研究者用两种方法对中国6个月大城市婴儿的气质进行了测量。一个是通过问卷调查法，母亲填写了《婴儿行为问卷》简版，一个是用实验室观察法，研究者并没有采用被广泛运用的Lab-TAB这一实验室观察工具，而是自编了一些任务情境，因为研究者重点关注的是气质反应性维度中的情绪性反应，而不是气质的各个维度。在任务情境中，实验者向幼儿展示三种刺激：白毛巾（中性）、维尼小熊（正性）、黑色大猩猩毛绒玩具（负性），用以诱发幼儿的积极和消极情绪。与前人研究相似，实验室观察的气质的某些方面与母亲报告之间存在显著相关，而有些方面则不存在显著的关系。比如，在正性情境下，实验室观察的积极、消极情绪与母亲报告的消极情绪显著相关，而母亲报告的积极情绪与实验室观察得到的积极情绪则无显著相关。此外，研究者还考察了母亲的抑郁倾向和育儿压力是否影响母亲报告与实验室观察两种气质测查方法之间的一致性，并发现了一定的联系。有趣的是，母亲报告的积极与消极情绪和实验室观察的积极与消极情绪之间无显著相关。这一发现表明，母亲汇报与实验室测查之间并不存在关系，国外的一些研究也曾汇报过类似的发现，研究者在讨论中指出，这归因于两个工具所测查的情绪反应的偏向性不同。此外，该研究发现，母亲的抑郁倾向与育儿压力交叉影响了母亲汇报的积极情绪与实验室观察的积极情绪之间的差异，以及育儿压力和儿童性别交叉影响了实验室观察的积极情绪与母亲汇报的积极情绪之间的差异。该研究表明，采用不同的研究方法收集多来源数据可以更好地揭示不同方法所测量的数据之间的差异，从而有助于更深刻地理解所测量变量与其他变量之间的关系。

## 案例

### 研究案例

《婴儿气质的实验室观察与母亲报告的一致性及其影响因素研究》
作者：于珩、张明浩、陈欣银、邓慧华、陆祖宏
发表期刊及年份：2011年发表于《心理发展与教育》第3期

### 摘 要

本研究采用呈现三种性质物品的实验室观察法与母亲报告法，考察203名6个月婴儿积极情绪和消极情绪的一致性。结果表明：① 在正性情境下，实验室观察的积极、消极情绪与母亲报告的消极情绪显著相关；② 母亲的抑郁倾向与两种气质测查方法测查的婴儿消极情绪的一致性正相关显著；③ 婴儿性别在一定程度上调节着母亲养育压力与两种方法测查婴儿积极情绪的一致性。

### 研究问题

1. 母亲报告的婴儿气质与实验室观察的婴儿气质之间是否具有一致性？
2. 母亲抑郁和母亲养育压力是否会影响两种方法测量的婴儿气质之间的一致性？

> **研究方法与工具**
>
> 1. 问卷调查法：母亲在婴儿6个月大时首次填写了家庭基本情况问卷，测量母亲抑郁水平的《90项症状清单》，简版的《育儿压力问卷》(PSI-SF)以及《婴幼儿行为问卷》(IBQ-R Short)中的受限后沮丧、害怕以及微笑和大笑三个分量表。
> 2. 观察法：研究者采用了一系列的任务情境来诱发幼儿的不同行为和情绪，从而观察并测量幼儿的气质。

## 第三节　针对亲子关系/互动的观察研究

在生命的头几年中，经常陪伴在婴幼儿左右的是父母，特别是母亲，理所当然，对婴幼儿发展影响最大的人也通常是母亲。半个多世纪以来，诸多研究反复证明，婴幼儿生命早期与主要照料者（通常是母亲）之间建立的关系对其日后发展起着举足轻重的作用。在该节中，我们将通过两个例子介绍有关亲子关系/互动的观察研究。首先，我们将介绍依恋关系的相关研究，以及被广泛应用的测量亲子依恋类型的"陌生情境实验法"。接着，我们将介绍通过观察对亲子互动的质量进行的研究。

### 一、依恋关系研究及陌生情境实验法

在生命的头12个月中，婴儿需要完成的非常重要一个任务是与他的主要照料者建立起依恋关系。依恋（Attachment）指的是"人对生活中特定人物的一种强烈而深刻的情感联结，与这个人交往带来愉快体验，面临压力时会从这个人处得到安慰"（劳拉·伯克，2014，p. 205）。亲子依恋关系是幼儿和他的主要照料者相互作用的过程中逐渐建立起的一种特殊的联结、纽带或持久关系。依恋是婴幼儿与成人最早建立的关系之一，亲子依恋关系是幼儿与其主要照料者在相互互动的过程中建立起的发展基石，它对幼儿日后各个方面的发展有着深刻而又深远的影响，尤其是对个体的人际交往、情绪情感调节、行为调节等社会性情绪各个领域的发展有着重要意义。

依恋理论最早由英国心理学家John Bowlby（1969）提出，他还提出了依恋关系建立的几个阶段。尽管依恋建立的时间存在个体差异和文化差异，但是依恋关系发展的模式基本一致。以往研究中常用的依恋关系的测量工具是陌生情境实验法，该研究范式已经被沿用至今，目前依然是测量依恋类型的最经典的研究方法。

陌生情境实验法（Strange Situation）由美国心理学家Ainsworth于20世纪60年代开创，

该方法通常在实验室中进行,是一种结构化的实验室观察法。陌生情境实验法适用于1—2岁的幼儿。1岁以后,所有在家庭中长大的幼儿都会对熟悉的照料者形成依恋。有一些幼儿感觉比较安全,他们相信照料者会在需要时给他们提供情感支持,但是有些幼儿则显得焦虑,对照料者缺乏信心。Ainsworth从陌生情境实验中发现了三种不同的依恋模式,分别为安全型依恋、回避型依恋和矛盾型依恋。后来,Ainsworth的学生Mary Main又加入了第四种依恋类型,即紊乱型依恋。

陌生情境实验一般需要20分钟左右完成,整个过程需要被录制下来,以便进行后续的编码和分析。为了不干扰幼儿,通常需要在一个装有单向玻璃的实验室进行,研究者可以在单向玻璃的另外一侧进行观察。陌生情境的基本设置如图6-1。该情境实验大致包含8个结构化的片段(详见表6-4),其中幼儿和母亲(或其他主要照料者)分离和重新团聚两次,而这两次的分离和重新团聚片段则是观察的重点。研究者需要重点观察幼儿在面临与母亲的分离和重聚等情境时四方面的行为反应:① 幼儿探索周围的环境和玩具,比如玩耍玩具;② 母亲离开时,幼儿的反应;③ 当陌生人和幼儿独处时,幼儿面对陌生人的焦虑反应;④ 母亲返回房间后,幼儿的反应。表6-5呈现了各种依恋类型的主要行为表现。

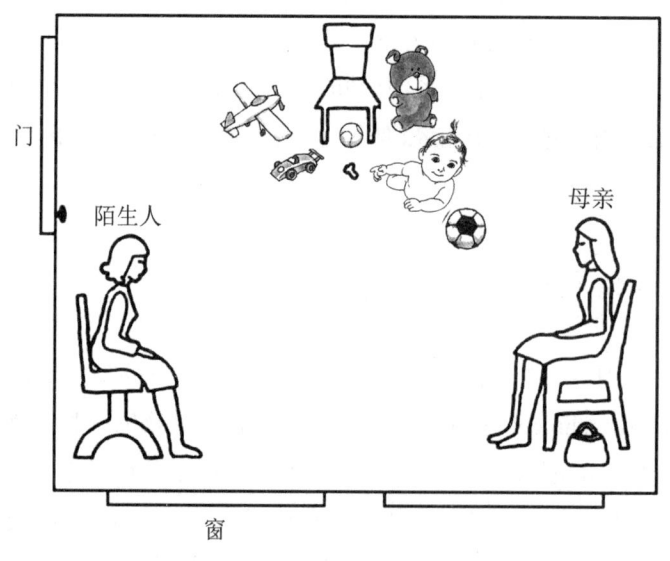

陌生情境

图6-1 陌生情境的情境基本设置

表6-4 陌生情境实验所包含的8个片段及所观察到的依恋行为

| 片段 | 人员 | 情境变化 | 观察到的依恋行为 |
| --- | --- | --- | --- |
| 1 | 母亲、幼儿和实验者 | 实验者引领幼儿和母亲进入实验室。 | |
| 2 | 母亲、幼儿 | 母亲和幼儿单独在实验室,幼儿自由探索周围环境,母亲不参与幼儿活动。 | 把母亲当作安全基地 |

(续表)

| 片段 | 人员 | 情境变化 | 观察到的依恋行为 |
|---|---|---|---|
| 3 | 母亲、幼儿、生人 | 陌生人进入房间,与母亲交谈,然后接近幼儿。母亲悄悄离开。 | 幼儿对陌生人的反应 |
| 4 | 幼儿、生人 | 第一次分离:陌生人与幼儿互动。 | 分离焦虑 |
| 5 | 母亲、幼儿 | 第一次团聚:母亲回来,安慰幼儿。接着,母亲再次离开。 | 幼儿对重聚的反应 |
| 6 | 幼儿 | 第二次分离:幼儿独自一人在实验室。 | 分离焦虑 |
| 7 | 幼儿、生人 | 陌生人进入房间,与幼儿互动。 | 幼儿被陌生人安抚的反应 |
| 8 | 母亲、幼儿 | 第二次团聚:母亲回到实验室,迎接并抱起幼儿,陌生人悄悄离开实验室。 | 幼儿对重聚的反应 |

注:片段1持续30秒,其他片断持续的时间各为3分钟。在分离的片断,如果幼儿哭得厉害,可适当缩短时间;在重聚的片段,如果幼儿需要较长时间才能平静下来,重新开始探索和玩耍,则可适当延长时间。

表6-5  四种依恋类型及其主要行为表现

| 依恋类型 | 母婴分离和团聚时婴儿的情感行为反应 |
|---|---|
| 安全型依恋 | 母亲在时,幼儿独立玩耍和探索。 |
| | 母亲离开时,幼儿感到难过,试图挽留母亲。 |
| | 母亲不在时,幼儿心神不宁。 |
| | 母亲返回时,幼儿热情地迎接母亲,寻求母亲的拥抱和安慰,幼儿的情绪平复后,很快地再次投入玩耍和探索。 |
| | 母亲在时,幼儿对陌生人随和大方。 |
| 不安全型依恋——回避型 | 母亲离开时,幼儿很少哭闹。 |
| | 母亲不在时,幼儿很少表现出焦虑。 |
| | 母亲返回时,幼儿表现得冷漠、忽略或者回避,母亲抱时,会有明显不看或不紧贴母亲的现象。 |
| | 对陌生人表现友善,但也会表现出对母亲一样的忽视或回避。 |
| 不安全型依恋——矛盾性 | 母亲离开时,幼儿非常痛苦、极度反抗。 |
| | 母亲返回时,幼儿非常生气,有时会打母亲,很久才能平静下来。 |
| | 对陌生人相当戒备。 |
| 不安全型依恋——紊乱型 | 母亲离开时,幼儿表现得相当慌乱和不知所措。 |
| | 母亲不在时,幼儿显得非常压抑。 |
| | 母亲回来时,幼儿对是否接近母亲表现矛盾,可能哭叫,可能跑开,可能一边张开双手让母亲抱又一边后退。 |

Ainsworth及她的同事认为,安全型依恋的幼儿把母亲当作他们的安全基地,探索陌生的环境,在母亲离开时,他们会表现出难过和分离焦虑,母亲返回时,他们积极地寻求接近,渴

望从母亲那里得到安慰。回避型依恋的幼儿则表现得与安全型依恋的幼儿截然不同,母亲在身旁时,回避型的幼儿表现得漠不关心,当母亲离开时,幼儿看起来并不伤心,他们对陌生人的反应与对母亲的反应很相似,再次重聚时,他们回避母亲,当被抱起时,他们表现出不愿意靠近。对矛盾型依恋的幼儿而言,当母亲在身边时,他们通常显得比较"黏人",常常停止探索环境,寻求与母亲的接近,当母亲离开时,他们情绪反应强烈,会大哭不止,母亲返回时,他们表现出生气、拒绝的行为,有时会打或推母亲,被抱起后,许多幼儿会继续哭,不容易被安抚。紊乱型依恋的幼儿是最缺乏安全性的一类,与母亲重聚时,他们表现出许多困惑甚至相互矛盾的行为。

研究表明,大约65%的美国婴幼儿属于安全型,约20%属于回避型,10%—15%属于矛盾型,只有5%—10%属于紊乱型。值得注意的是,这一比例存在跨文化差异。比如,回避型依恋在德国婴幼儿中的比例比美国婴幼儿中的比例更高,这是由于德国家长看重独立,更加鼓励孩子独立玩耍等行为(Grossmann, Grossmann, Spangler, Suess, & Unzner, 1985)。相较于美国,在日本的研究显示,回避型依恋类型的日本婴幼儿的比例较低(Takahashi, 1990)。尽管我国学者也采用了陌生情境实验法来考察婴幼儿的依恋类型,但是并没有系统的研究揭示在我国婴幼儿人群中各类依恋类型的大致比例。

## 二、亲子互动的研究及观察法

在生命的早期,婴幼儿的社会交往大多发生在与母亲或其他主要照料者之间,因此,许多婴幼儿研究关注的是亲子的互动过程。例如,母亲如何回应婴幼儿发出的信号(如哭泣、微笑、咿呀学语)?婴幼儿又是如何回应母亲的各种行为的?二者的互动和谐吗?许多关注互动过程的研究采用了自然观察法,即在一个自然的情境中,观察母亲(或其他主要照料者)与婴幼儿之间的互动过程。有时,研究者会进行家访,在家访时直接观察在一段时间中母亲与婴幼儿的互动,依据事先编制的编码系统对亲子的互动行为进行现场编码,或者把亲子互动的过程录制下来,对录像资料进行事后编码和分析。有时,研究者会邀请母亲和幼儿来到实验室,在实验室中创设一个类似于家庭的自然环境,其目的与在家中观察是一致的,即让母亲和孩子像平时一样自然地互动。有的研究者不对观察的互动活动加以区分,而有的研究者则选定特定的活动来进行观察,如玩耍、喂食、盥洗等,这些都取决于研究者的研究问题。以上所描述的各类观察为自然观察法,在自然情境中对亲子互动进行观察。根据研究者的研究问题,所采用的编码系统也会有所不同。有的研究关注较为广泛的亲子互动行为,如在亲子互动中母亲对婴幼儿需求的敏感性、婴幼儿对母亲表现出的积极情感等。而有的研究则聚焦某一类具体的行为。研究者首先需要确定自己的研究问题,在查阅大量已有文献的基础上,确定编码系统的选取。

除了在自然情境中观察亲子互动过程,有的研究者还设置了结构性的情境来观察亲子互动。在结构化观察中,所有的被试所处的情境相似,这样就排除了诸多因素的干扰,使得被试间的对比更加客观。比如，美国国家儿童健康和人类发育研究所（National Institute of Child Health and Human Development；NICHD）曾进行了一项著名的儿童早期照养研究（Study of Early Child Care）。研究人员设计了一个所谓的"三个箱子任务"（被称为"3-bag"或者"3-box"）（NICHD Early Child Care Research Network，1999）。在该任务中，研究人员提供给母亲和孩子三个分别装有不同类型玩具的箱子，箱子按顺序依次排列并分别编号为1、2、3。母亲和孩子从1号箱中的玩具开始玩起，按照箱子的号码顺序依次玩耍箱中的玩具。总共玩耍时间为10或15分钟，母亲和孩子可以自由决定在每个箱子上停留的时间，他们被要求尽量像平时在家中那样自然玩耍。

在NICHD的原始研究中，针对每个年龄段，箱子中的玩具会稍有不同，玩具的选取标准要适合被测试儿童的年龄阶段。Tamis-LeMonda, Shannon, Cabrera和Lamb（2004）在其研究中也借鉴了三个箱子任务，针对两岁的儿童，他们选取的玩具如下：1号箱子中有一本书，2号箱子中有一套厨房娃娃家玩具，3号箱子中有一只船以及许多动物玩具。研究人员录制下亲子互动的过程，后续对录像进行编码和分析。NICHD研究团队针对每个年龄段提供了适宜的编码系统，各年龄段所关注的行为基本一致。比如，在针对两岁组儿童的编码中，主要关注了7个方面的母亲行为、3个方面的儿童行为以及1个方面的双方互动行为（表6-6中列出了编码系统的10个方面）。编码者通过观看录像，对每个方面进行评分，评分等级为1至7分，1分为最低，7分为最高。为了确保编码的准确性，通常需要有两名或更多的编码者观看同一批录像（为总数的20%左右），进行独立评分，然后计算编码一致性系数。如果一致性较差，则需要对编码人员进行进一步的培训，对录像进行重新编码。值得注意的是，采用三个箱子任务并不代表一定要采用原始的编码系统，研究者可根据自己的研究需要选用其他的编码系统，或者创建一个新的编码系统。

表6-6 "三个箱子任务"的编码系统维度

| 编码维度（中文） | 编码维度（英文） |
| --- | --- |
| 家长（父母或其他主要照料者）行为 | |
| 家长敏感性 | Parental Sensitivity |
| 家长干涉行为 | Parental Intrusiveness |
| 家长促进儿童认知发展的行为 | Parental Stimulation of Cognitive Development |
| 家长正面情感 | Parental Positive Regard |
| 家长负面情感 | Parental Negative Regard |
| 家长不关注行为 | Parental Detachment |
| 儿童行为 | |
| 儿童参与 | Child Engagement of Parent |
| 儿童对物品的持续注意力 | Child's Sustained Attention with Objects |

(续表)

| 编码维度（中文） | 编码维度（英文） |
| --- | --- |
| 儿童指向父母的负面情绪/情感/行为 | Child's Negativity Toward Parent |
| 亲子互动行为 | |
| 双方的相互关联性 | Mutuality/Connectedness |

除了三个箱子的任务以外，还有许多其他常用的结构性任务，比如亲子阅读、亲子共同搭建乐高等。结构观察法的目的是所有被试完成同一个任务，并采用统一的编码系统对婴幼儿及家长的行为进行编码。不论是自然观察法还是结构观察法，观察以及编码的过程通常会耗费许多的人力、物力和时间，但是对行为的直接观察可以提供更加真实客观、丰富细致的信息。

## 第四节　针对婴幼儿家庭环境的观察研究

婴幼儿的发展并不是在真空环境中进行的，而是在真实的复杂环境中发生的。儿童的成长环境是一个多层次的复杂概念，你可以把它想象为俄罗斯套娃，套在最外层的是宏观的文化环境，再往里面一层是间接影响儿童发展的一些环境因素，如政府出台的产假政策、父母的工作场所等，而最里面的一层则是直接影响儿童发展的诸多因素，如家庭、学校，其中家庭环境通常是婴幼儿最早接触的环境，也是他们在生命的头三年中最关键的成长环境。近些年来，越来越多的研究关注家庭环境对婴幼儿发展的影响，以期通过改善家庭环境来提升婴幼儿的发展水平。家庭环境评估量表（*Home Observation for Measurement of the Environment Inventory*；HOME）是研究者广泛采用的一个测量工具。尽管其名称的中文翻译中包含了"量表"一词，但HOME实际上是一个结构化的观察工具，供观察者在家访时对婴幼儿的家庭环境进行观察和评估。

家庭环境评估量表由美国学者Bettye Caldwell和Robert Bradley于1978年开发，在过去的三四十年中，开发者对它进行了多次修订。针对不同年龄段的儿童，有多个版本的HOME可供研究者选用，比如针对0—3岁婴幼儿的版本（IT-HOME），针对3—6岁幼儿的版本（EC-HOME）以及针对6—10岁儿童的版本（MC-HOME）。家庭环境评估量表的核心目标是测量在家庭中儿童可以接触到的刺激和支持的数量和质量，其中既考察了家庭中的物理环境，如家庭中图画书等学习材料的数量，也考察了家庭中的社会环境，如家长与儿童的互动情况。针对0—3岁婴幼儿的版本共包含45个条目，这45个条目构成了六个分量表，即家长情感及语言的反应（responsivity）、接纳（acceptance）、环境的组织（organization）、学习材料（learning materials）、家长参与程度（involvement）、环境的变化性（variety）。表6-7呈现了各个分量表所关注的主要内容及样例条目。

表6-7 婴幼儿家庭环境评估量表(IT-HOME)的主要内容

| 分量表 | 主要内容 | 样例条目 |
| --- | --- | --- |
| 家长情感及语言的反应 | 家长通过语言、触摸及情绪反应来强化婴幼儿做出家长预期的行为,并且能自由使用语言或行动与婴幼儿进行沟通。 | 家长以口语回应孩子的发声或语言。 |
| 接纳 | 家长对婴幼儿不太好的行为的接纳度,同时家长应避免不适当的限制和惩罚。 | 在家访中父母没有斥责或批评孩子。 |
| 环境的组织 | 家中物理环境和日常作息安排等是否为婴幼儿的生活提供了一定的可预测性、结构性。 | 孩子有特定的地方放玩具或心爱的东西。 |
| 学习材料 | 家长是否提供适合的学习材料(如玩具、图画书等)以促进婴幼儿的发展。 | 有娃娃推车、学步车、小汽车及小三轮车等玩具(任何有轮子且孩子可以坐或骑乘在上面的,或者任何有大轮子且孩子可以操作的器材或玩具)。 |
| 家长参与程度 | 家长是否主动参与婴幼儿的学习及提供刺激以促进其发展成熟的行为。 | 家长维持孩子在视线范围内,并经常注意他。 |
| 环境的变化性 | 在婴幼儿的日常生活中注入新的人或事情以增加环境的变化性(并非失去秩序)。 | 家长念故事给孩子听,每周至少三次。 |

婴幼儿版的 HOME 中约三分之二的题目主要以观察为主,但是家访者也需要通过询问家长了解某些活动发生的频率,如每周外出的频次和亲子阅读的次数。整个家访一般需要45—90分钟才能完成所有条目。家访者应尽可能确保家长和孩子表现得越自然越好。家访者不应参与孩子的活动,只需要进行观察和与家长进行对话。家访者需要事先完成一定的培训并进行一定的练习,以熟悉评估量表中的所有条目,并掌握一定的家访技巧,以使家访的效果达到最好。

## 第五节 针对婴幼儿保育环境的观察研究

目前我国的0—3岁幼儿保育和托育服务还比较缺乏,针对婴幼儿保育和托育环境质量的研究较少,但是国外已经有大量研究关注了早期保育和托育环境质量对婴幼儿发展的影响。西方的学者也开发了评估早期保育和托育环境质量的相关测评工具,其中应用较为广泛的为"课堂互动评估系统"(*The Classroom Assessment Scoring System*; CLASS)和"婴幼儿环境评估量表"(*Infant/Toddler Environment Rating Scale*; ITERS)。其中,针对0—3岁的婴幼儿CLASS包含了两个版本:针对0—18月龄的婴儿版本(CLASS-Infant)和针对18—38月龄的学步儿版本(CLASS-Toddler)。

## 一、课堂互动评估系统（CLASS）

CLASS 是由弗吉尼亚大学的教学和学习高级研究中心（Center for Advanced Study of Teaching and Learning）的团队研发的一套测评师幼互动质量的标准化工具，该工具聚焦师幼互动，而不关注环境中的其他因素。CLASS 婴儿版包括了一个大的领域（domain），即师幼间的语言和肢体交流，该领域下面细化了四个维度（dimension），而每个维度下面又有着具体的行为指标（indicator）。四个维度分别为关系氛围（Relational Climate）、教师敏感性（Teacher Sensitivity）、促进探索（Facilitated Exploration）及早期语言支持（Early Language Support）。CLASS 学步儿版包含了两大领域：情绪和行为支持（Emotional and Behavioral Support）以及参与性支持学习（Engaged Support for Learning）。其中，情绪和行为支持领域下面包含了五个维度，分别为积极氛围（Positive Climate）、消极氛围（Negative Climate）、教师敏感性（Teacher Sensitivity）、尊重儿童观点（Regards for Child Perspectives）、行为引导（Behavior Guidance）。参与性支持学习领域下面包含了三个维度：促进学习和发展（Facilitation of Learning and Development）、反馈质量（Quality of Feedback）、语言示范（Language Modeling）。

CLASS 主要采用现场观察对教师进行直接评估。有时，研究者也使用相机记录教室中的师幼互动，后续对录像进行打分。CLASS 是一个结构化、标准化的观察工具，有着具体、详尽的观察指南及评分体系。评估者必须参加由 Teachstone 公司提供的 CLASS 培训，并成功通过认证，方可对师幼互动的质量进行评估。每次观察评估约耗时 2 小时，评估者需要至少完成 4 个观察周期，每个观察周期为 30 分钟，其中 20 分钟进行观察，10 分钟对每个维度进行评分和记录。观察结束后，评估者需要综合各个观察周期，计算出每个维度的平均分，再综合每个领域所涵盖的维度的分数，计算出每个领域的平均分。

虽然 CLASS 评估工具是由美国学者开发，但该工具已经被全世界许多国家采用。近些年来，有关 CLASS 评估工具的跨文化适宜性研究越来越多，研究者在认可该工具优点的同时，也意识到它的一些文化局限性。尽管如此，该工具还是提供了一个评估保育和托育机构环境质量的框架，国内学者可以根据我国特有的文化特点对该工具进行修订。

## 二、婴幼儿环境评估量表（ITERS）

婴幼儿环境评估量表由美国的四位学者开发，目前已经更新至第三版，于 2017 年出版（Harms, Cryer, Clifford, &Yazejian, 2017）。同 CLASS 相似，ITERS 也是一个结构化、标准化的观察工具。与 CLASS 聚焦师幼互动不同，ITERS 关注的是 0—3 岁婴幼儿所在保育和托育机构的整体环境质量，其中既包括对空间及材料的观察和评估，也包括对婴幼儿所进行的活动的评估，还包括对师幼之间以及同伴间互动质量的评估。ITERS 第三版共包含 33 个条目，这些条目构成了六个分量表，分别为空间及家具摆设（Space and Furnishings）、日常照养常规(Personal Care Routines)、语言和书籍(Language and books)、活动(Activities)、互动(Interactions)、项目结构(Program Structure)。每个分量表包含三至十个条目不等。评估一般采用现场观察的方式进行,评估者需要在机构现场观察约三个小时,然后对各个条目进行评分。

## 本 章 小 结

在本章中,我们以具体的观察工具为例,向读者介绍了运用观察法对婴幼儿的行为、亲子关系/亲子互动、家庭环境以及保育和托育机构的环境进行观察研究。观察法有多种不同的类型,具体观察方法的选取取决于研究问题。相较于量表等较为简单的研究方法,观察法一般更加耗时耗力。但是,通过直接观察,评估者能够对儿童的行为进行更加客观真实的评价,也能够提供更加详尽丰富的信息。观察者通常需要经过反复练习,方能熟练掌握运用观察法。

## 延 伸 学 习

 拓展阅读

**运用观察法应注意的问题**

1. 选择最佳观察位置

选择合适的观察位置,对观察的效果具有重要的意义。在选择位置时,要注意两个因素:方位和距离。合适的方位是指观察者要面对被观察者,如果背对或侧对,就难以观察到被观察者的行为和表情。在观察的过程中,观察者要适当调节自己的观察位置,保持合适的观察距离。总之,在观察时,观察者一方面要力争处在观察的最佳视野,另一方面要保证不影响被观察者的常态。

2. 善于抓住观察对象的偶然的或特殊的反应

要全面正确地了解问题,偶然的或特殊的东西不是无足轻重的,它对于研究问题的动向更具启示意义。因此,在观察过程中,对被观察者的偶然的或特殊的反应,观察者不要忽视,应该给予一定的重视。

3. 注意观察与分析相结合

科学的观察不仅仅是被动地搜集事实,更重要的是对事实进行分析研究,找出各种教育现象间的相互联系。因此,在观察过程中,一定要与分析研究相结合,通俗地说,即要求一边观察一边思考。在做记录时,研究者可以把自己头脑中闪现的意见、推论等记录下来,但是要用一些特殊符号将它们同严格的观察记录区分开。因为这样的意见对以后分析资料可能会有一些帮助。

4. 坚持观察的客观性

如果观察者带着偏见去观察，收集到的资料其客观性、真实性就很难得到保证，那么资料也就失去了它应有的价值。因此，在观察时，观察者要摒弃一切先入之见，不要戴有色眼镜看问题，要实事求是地观察和记录，不要因个人好恶影响观察的客观性。

5. 做好观察前的准备工作

做好观察前的准备工作，是进行科学观察的基础，准备工作的好坏是观察成败的关键之一。在观察前，一定要制订好观察计划或方案，这样才能保证观察能够有计划地进行。此外，要做好物质方面的准备：① 如果观察要借助仪器，就必须事先对仪器进行检查、安装，安排如何使用；② 印制观察记录表格，以便迅速、准确和有条理地记录所需要的材料，便于日后的核对、比较、整理和应用。

（资料来源：张艳. 中小学教师怎样进行课题研究（六）：教育科研方法之教育观察法［J］. 教育理论与实践，2008，28（17），41.）

## 学习活动

1. 观察一个0—3岁婴幼儿，记录他与他人的互动行为，可分别记录他与母亲、与同伴以及与陌生人的互动。

2. 寻找近期我国学者发表在权威期刊上的有关0—3岁婴幼儿发展方面的论文，找出其中采用的研究方法和研究工具。

## 复习与思考

1. 观察法的主要分类有哪些？
2. 依恋关系指的是什么？陌生情境实验室法的步骤和观察要点是什么？
3. 如何对婴幼儿的家庭环境进行评估？
4. 如何对婴幼儿的保育和托育机构的环境进行评估？

# 第七章 访谈法

**学习目标**

1. 了解访谈法的基本类型和优缺点。
2. 掌握访谈法实施的主要步骤。
3. 掌握在实施访谈法时需要注意的访谈技巧。

访谈法是社会科学研究中常用的一种研究方法。在本章中，我们将介绍访谈法的基本概念和基本操作，并列举访谈法在婴幼儿相关研究中的运用。访谈法不同于前几章介绍的研究方法，每个研究中所采用的访谈工具都有所不同，因此，并没有广泛运用的标准化的访谈工具。

在本章中，我们主要介绍访谈法的基本知识和实施方法。在以往的研究中，个体访谈被运用得较多，但是焦点小组访谈（一种集体访谈法）也得到了越来越广泛的运用。尽管两种访谈法在访谈提纲的编制和实施过程等方面都有着诸多相同点，但是焦点小组访谈也有其独到的特点，因此，我们将单独在一节中介绍焦点小组访谈。最后，我们将呈现访谈法在婴幼儿研究中的应用案例，结合案例来深化读者对访谈法的理解。

## 第一节 访谈法基本介绍

### 一、访谈法的基本概念

在日常生活中，我们时常与周围人展开对话，我们在电视上也经常看到各种形式的访谈节目，尽管对话和交谈是访谈的一部分，但是它们不同于科学系统的访谈法。访谈法是研究者通过与研究对象进行口头交谈来收集对方有关心理特征和行为数据资料的一种研究方法。访谈是一种有目的、有计划、有准备的谈话，不同于日常谈话，访谈的内容紧紧围绕研究的主题而进行。陈向明（2000）是这样定义访谈法的：

"访谈"是研究者"寻访"被研究者并与其进行"询问"和"交谈"的一种活动。"访谈"是一种研究性的交谈,是研究者通过口头谈话的方式从被研究者那里收集(或者说"建构")第一手资料的一种研究方法。(p.165)

## 二、访谈法的类型

访谈法包含多种类型,根据访谈对象人数、交流方式、提问方式等有不同的区分。

根据访谈对象人数,访谈法包括个别访谈和集体访谈两种类型。顾名思义,在个别访谈中,访谈对象只有一个人,通常是一对一的交流,而集体访谈则是同时访谈多名研究对象的过程。集体访谈具有一次性能够接触多名研究对象的优点,并且在一个集体的对话中,更容易激发不同的观点,使得数据更加丰富。集体访谈适用于考察热点的、普遍性的问题,而个别访谈比较适用于探究敏感性、隐秘性的问题。焦点小组访谈是一种常用的集体访谈方法,我们在第四节中将会详细介绍。

根据交流方式,访谈法可分为直接访谈和间接访谈两种。直接访谈即访谈者与访谈对象进行面对面的交谈,间接访谈是借助电话、网络等中介物进行的访谈。

按照提问方式,访谈法又可分为结构式访谈、非结构式访谈和半结构式访谈。表7-1中列出了这三种访谈的主要特点及各自的优缺点。在研究中,要根据研究的需求灵活选择访谈形式,并可以结合使用多种访谈方式。

表7-1 结构式、非结构式及半结构式访谈的主要特点及优缺点

| | 主要特点 | 优点 | 缺点 |
| --- | --- | --- | --- |
| 结构式访谈 | 又称为标准化访谈,研究者根据预先设定的目标,事先拟定好具体的访谈问题,按照统一的设计要求(如提问方式、提问顺序、记录方式)和标准统一的访谈问题进行的一种访谈。 | 可控性程度高,结构性强,易于量化。 | 灵活性差,对问题的探讨难以深入。 |
| 非结构式访谈 | 又称为非标准化访谈,只有一个粗线条式的访谈提纲而展开的非正式的访谈,鼓励被访谈者自由表达自己的观点。 | 较为灵活,可以得到深入的信息,多用于探索性研究和前期研究。 | 结构化较差,难以量化,访谈和分析过程都有一定难度。 |
| 半结构式访谈 | 又称为半标准化访谈,有事先拟定的提纲和主要问题,但是在访谈过程中,访谈者可以根据具体情况,对访谈问题进行灵活调整,留给被访谈者一定表达自己想法和意见的余地。 | 兼顾了结构式访谈和非结构式访谈的优点。 | |

## 三、访谈法的优势与局限

访谈法有诸多优点。访谈法适用于许多不同的学科,适用于探究不同的社会现象。此外,访谈法灵活性强,获取的信息较为真实有效。但是,访谈法耗时耗力,有一定的主观性,

调查结果可能受到访谈者能力、水平、态度、访谈技巧等个体因素的影响。此外,访谈一般无法匿名,有些问题不能或者不适合当面询问。

## 第二节 个体访谈法的实施步骤

### 一、确定个体访谈方案

访谈法实施的第一步是明确访谈目的。研究者需要确定研究的现象,提出研究问题和概念框架,并明确通过访谈想要达到的目的是什么。基于研究问题,研究者需要明确研究的对象,确定研究对象需要满足的条件有哪些,比如研究的是男性还是女性、年龄段是什么、所处的社会阶层、已婚还是未婚、是否需要是从事某一特定职业的人员等。确定了研究对象需要具备的基本特征之后,研究者便应思考可以通过哪些途径接触该群体,并初步制定选择样本的方法,进而发出访谈的邀请。

接着,研究者需要确定将要采取的访谈类型。在第一节中,我们介绍了各种不同类型的访谈法及优缺点,研究者需要根据研究的目的确定将会采用结构式、半结构式还是非结构式的访谈。结构式访谈提纲的编制类似于问卷的编制过程,研究者需要拟定访谈问题及问题选项,并确定问题询问的先后顺序。结构式访谈主要用于收集标准化的数据,在某些情况下,问卷可以取代结构式访谈,但是相对于问卷,结构式访谈有其明显的优势。比如,在一定程度上可以确保收集到的数据的真实性;被访谈者如对问题本身或者问题选项有疑问,访谈者可以及时澄清。

非结构式访谈主要用于被研究较少的话题,多用于探索性研究和前期研究中,非结构式访谈只有一个粗线条式的访谈提纲,研究者只需要拟定几个非常宽泛的与研究话题相关的问题,在访谈中鼓励被访谈者畅谈自己的想法。非结构式访谈对访谈者的要求较高,并且访谈者需要对所研究的话题已有一些深入的思考,才能在访谈过程中敏感地捕捉到被访谈者所传达的意义,并提出高质量的追问问题,激发被访谈者深入讲述自己的看法。

由于半结构式访谈兼具了结构式访谈和非结构式访谈的优点,因此,在以往的研究中,它是被采用较多的一种访谈类型。在第二、第三节中将重点介绍半结构式访谈在个体访谈和焦点小组访谈中是如何应用的。

### 二、编制半结构式个体访谈提纲

访谈提纲的设计一般遵循三个基本步骤:准备、初步设计访谈提纲、试访与修改。在准备阶段,研究者需要明确访谈目的,查阅相关文献,确定访谈重点以及访谈对象。接着,研究者需要设计访谈提纲。研究者可依据前人的研究成果、个人的经验性知识和预研究的结果等,思考访谈问题的基本框架,确定访谈的主要问题包括哪些。在编制访谈问题时,要遵循以下原则:① 访谈问题要与研究问题息息相关,切忌跑题;② 尽可能问开放式的问题,而非封闭式的问题(结构式访谈除外);③ 问题不要带有引导性;④ 问题要简洁易懂,提问方式和用词的选择要结合被访谈者的人群特征(如教育水平、年龄、习惯等)。访谈提纲编制好以后,研究者可以从同行那里获取一些反馈意见,对提纲进行初步修订。最后,研究者需要对访谈提纲进行试测,检验访谈问题的适宜性,从而对访谈提纲进行进一步修改。试测的人群最好与研究对象相似,对访谈进行详细的记录或者录音,以便回顾反思整个访谈过程,对访谈提纲进行修订。

### 案例1

**《南京市0—3岁婴幼儿教养机构运营模式研究**
**——基于四个机构的考察》研究中的教师访谈提纲**

1. 您的专业背景、职业资格和工作经历怎样?
2. 您在职前接受了什么样的培训,培训过程和效果如何?
3. 您对0—3岁婴幼儿发展特点的了解程度?
4. 我们机构的课程来源于何处?如果是教师自编课程,请介绍一下课程编写的过程。编写中的最大困难是什么?
5. 您从刚接触婴幼儿及课程到现在经历了什么样的历程?其中遇到的最大困难是什么?
6. 您认为3岁以下的课程设计和实施与3岁以上的有何不同?
7. 户外活动和婴幼衔接课程设置情况?
8. 我们机构课程中体现了什么教育理念和课程目标?
9. 您认为我们机构的环境创设整体体现了什么设计理念?
10. 除了每周的亲子活动外,我们机构还有哪些服务项目?
11. 从继续提高课程质量来看,您觉得如何改进现有的课程和服务项目?

案例中的访谈问题源自王磊的硕士论文《南京市0—3岁婴幼儿教养机构运营模式研究——基于四个机构的考察》。该研究采用了半结构式访谈,访谈对象为婴幼儿教养机构的教师和管理者,研究的主要目的之一是考察这些早教机构的环境创设、师资力量、课程设置和其他服务等。从中可以看出,访谈问题紧扣研究目的。其中问题1、2、3主要考察了机构教师的资质和知识水平。问题4、5、6、7、8、11聚焦课程设置,既关注课程的开发和实施,又关注教师对课程的感受和思考。问题9考察了机构的环境创设,问题10则关注了其他服务。

## 三、个体访谈的实施

访谈提纲确定之后,接下来的一步就是访谈的实施。首先,访谈者需要做好充足的准备,其中包括熟悉访谈提纲,准备好材料(提纲、证件、纸笔或录音笔等记录工具),(如果可能)了解访谈对象,选择适宜的时间地点,尽量以被访谈者的方便为主。在访谈开始时,访谈者需要进行自我介绍,并向被访谈者介绍访谈的目的、内容以及保密性等原则。如果是结构式访谈,则访谈者需要按照既定的提纲逐个问题询问,并及时记录下被访谈者的回答。如果是非结构式或半结构式访谈,则访谈者需要用心倾听,把握访谈的节奏,进行适当的追问,以鼓励被访谈者详细讲述自己的经历或想法,获取深入丰富的信息。同时,访谈者要紧扣访谈目的,当被访谈者跑题太远时,能够将注意力再次拉回到主题上面来。访谈结束后,要感谢被访谈者的参与,"善始善终"。访谈技巧需要时间的磨炼,因此,在正式访谈前,研究者最好对访谈者进行培训,访谈者还可以先练习访谈熟悉的家人或朋友,获取一些经验。表7-2列出了一些访谈的技巧。

表7-2 访谈的基本技巧

| 基本技巧 | 具 体 做 法 |
|---|---|
| 进行充分的准备 | 熟悉访谈提纲,如有可能,事先进行练习。 |
| | 带齐所有的材料,如访谈提纲、录音笔、纸笔、礼物等。 |
| | 掌握访谈对象的基本情况,如性别、年龄、文化程度等。 |
| | 以被访谈者的方便为主,约定访谈的时间和地点。 |
| | 在访谈的前一天联系被访谈者,再次确认并提醒对方访谈的时间和地点。 |
| 建立信任感 | 服饰得体,亲切自然。 |
| | 在访谈一开始,向被访谈者进行自我介绍。 |
| | 向被访谈者说明访谈的目的。 |
| | 告知被访谈者他们是如何被选择出来参与访谈的。 |
| | 告知被访谈者保密原则,打消他们的顾虑。 |
| | 访谈过程中营造宽松、友好的氛围,对被访谈者的回答给予积极回应。 |
| 有效控制访谈 | 始终围绕访谈的问题,尽量减少题外话,但是切忌直接打断被访谈者。 |
| | 根据被访谈者的特点,灵活掌握问题的问法和说话的语气。 |
| | 用简单的语言进行提问,提出的问题要具体明确,避免过于抽象。 |
| | 在半结构式或者非结构式访谈中,多使用开放式问题,少用封闭式问题。 |
| | 采用启发方式引导被访谈者回答。 |
| | 适时进行追问,使得被访谈者的回答更加详细和深入。 |
| | 尽量对一个问题进行充分的讨论后再转向下一个问题,但是始终保持灵活,随机应变。 |
| | 问题与问题之间的衔接做到自然流畅。 |
| | 最后询问被访谈者:"有没有哪些方面您想补充的?" |

(续表)

| 基本技巧 | 具 体 做 法 |
|---|---|
| 积极倾听和回应 | 做到行为、认知、情感等多个层面的倾听。在行为层面上，积极关注地倾听；在认知层面上，建构听到的内容，试图理解被访谈者所表达的意思和背后的含义；在情感层面上，给予被访谈者共情的倾听。 |
| | 保持开放的心态，用平等的态度访谈。 |
| | 允许沉默，分析沉默的原因，采取相应的对策。记住，有时沉默的时间也是被访谈者整理思绪的时间。 |
| | 不轻易打断被访谈者的谈话，避免评论或议论，避免忠告或者训诫。 |
| | 可采用多种方式对被访谈者进行回应，包括认可、确认、重组和总结、自我暴露、鼓励等。 |
| | 留意自己的表情和肢体语言，使其符合被访谈者所谈的情境。 |
| | 保持适当的眼神接触。 |

## 四、确定个体访谈的数目

在开展个体访谈研究时，研究者通常会问的一个问题是：我需要做多少个访谈才足够呢？对这个问题并没有统一的答案，访谈的个数取决于多个因素。在寻求该问题的答案时，我们参考了《多少访谈算够——质性研究中的样本量的专家观点和早期反思》一文（"How many qualitative interviews is enough? Experts voices and early career reflections on sampling and cases in qualitative research"）。其中，多名社会科学研究者发表了对质性访谈个数的一些思考，正如他们所言，没有一个"魔法数字"（magic number），该问题的答案简言之就是"看情况"（it depends）。

在量化研究中，样本大小是决定研究质量的一个关键性问题，但是在质性访谈研究中，样本量的大小浮动空间较大，受到多个因素的影响。在有些质性研究中，一个被试样本就足够了。有些访谈研究只有少数几个被试（比如6—12个被试）就可以收集到丰富而又深入的数据，特别是当样本难以获取的时候，少数几个样本就足够了。举例来说，假如有研究者想要研究我国同性恋家庭中的育儿行为，不像许多欧美国家，同性恋婚姻在我国不合法，而同性恋家庭中领养孩子或者通过代孕等途径生养孩子的例子更是微乎其微，由于该样本的获取极其困难，所以少数几个样本就足够支撑一个较好的质性研究了。

Patricia A. Adler和Peter Adler建议，一个中等的访谈样本大小是30个左右，他们还建议，硕士生和博士生在开展研究时，访谈的样本可以设定在12—60个。Charles Ragin则建议，以访谈法为主要研究方法的硕士生论文的样本量应在20个左右，而博士生论文的样本量应该是50个左右。我们建议，以访谈法为主要研究方法的本科生论文的样本量应至少在10—20个。在访谈研究中，一般需要20—30个访谈才能够被学术期刊发表。假如时间和资源允许，并且样本比较容易获取，那么研究者可以增大样本量，可以考虑增加到60个甚至更多。与量化研究中通常信奉的"越多越好"的原则不同,质性访谈并非越多越好。Gerson和Horowitz(2002)表示,假如访谈的数目超过150个,那么收集的资料就太多了,难以迅速有效地完成数据分析。

## 第三节 焦点小组访谈

### 一、焦点小组访谈的基本概念

焦点小组访谈(Focus Group),又称座谈法或小组讨论法,是一种常用的集体访谈方式。焦点小组访谈指的是挑选一组具有代表性的研究对象,采用小型座谈会的形式,由一个或多个经过训练的访谈者以一种无结构、自然的形式与小组进行讨论,从而获取信息的一种调查方法。焦点小组访谈有着诸多优点:首先,多名研究对象同时参与访谈,因此相对于个体访谈而言,其效率较高。其次,焦点小组访谈的过程是访谈者与多个研究对象相互影响、相互作用的过程。在一个群体中,一个人的回答往往会刺激其他的被访谈者产生更多的想法,这种相互作用能够激发出更多、更丰富的信息,群体动力在访谈过程中起着关键作用。

### 二、焦点小组访谈的人数

焦点小组的最佳人数没有一致定论,有的学者认为4—6人为宜,有的学者认为每个小组应为5—10人,以6—8人为宜,通常来说,每个焦点小组6—8人为最佳。焦点小组的人数太多或者太少都会使得访谈的质量打折扣。成员太多的话,每个成员能够发言的时间或者机会就会比较少,并且在陌生人较多时,人们一般会有所保留,不愿意坦诚分享自己的想法、观点和经历等。如果成员太少,则难以收集到较为多元和丰富的信息。此外,研究者需要思考与所研究话题可能相关的人类学特征(比如性别、社会阶层、职业、年龄等),焦点小组成员要尽量保证在相关特征上的相似性,参与成员的异质性会降低焦点小组访谈的质量。

与个体访谈相似,焦点小组访谈的个数并没有固定的一个数字,有的学者建议10—12个小组访谈较为合适,而有的学者认为3—6个小组访谈就足够了。个数确定的一个基本原则是,数据基本达到饱和,即新的访谈增加的都是之前已获得的重复性的信息,即可停止继续访谈。但是,焦点小组的个数也受到研究目的、研究对象的易得性以及时间和人力、物力资源等多方面因素的影响。

### 三、焦点小组访谈的实施

焦点小组访谈的实施过程与前面所描述的基本访谈法相似,但是研究者在设计和实施焦点小组访谈时需要注意以下一些事项。与个体访谈相似,访谈者需要在访谈一开始对小组成员的到来表示欢迎,并进行自我介绍。接着,访谈者需要介绍访谈的话题是什么以及为什么在场的被访谈者会被选中参与访谈。与个体访谈不同,接下来访谈者需要介绍在小组讨论过程中小组成员应遵守的"规矩"。比如:回答没有对与错,讨论关注的是不同的观点。由于后期需要将录音/录像进行文字转录,每次只能有一个人讲话。你不需要与其他人的观点一致,但是当他人分享他们的观点时,你需要认真倾听,尊重对方的观点。手机尽可能静音或者关机。如果有重要的电话必须接,请先走到一旁小声地讲话,并尽快返回讨论中。……研究者可以根据具体的研究目的对规矩进行调整,这些规矩的目的是创造一个开放、相互倾听、友好、无干扰的访谈环境。

在完成前面的基本环节后,就进入到了正式访谈的环节。访谈者的主要任务是引导讨论,鼓励小组成员分享和对比彼此的经历和想法,讨论他们对彼此观点的看法等。访谈的第一个问题应是一个比较简单、宽泛的问题,宽泛的问题容易激发小组成员的讨论,相当于"热身"问题。接着,访谈问题逐步聚焦到访谈的几个关键问题上。最后,访谈者需要抛出结束问题,通常是询问小组成员就讨论的话题还有没有其他想要分享的。访谈问题应该以非引导性的、开放式的问题为主。

## 四、焦点小组访谈的技巧

焦点小组访谈对访谈者有着较高的要求,除了表7-2中列举的基本技巧外,焦点小组访谈者还需要具备其他几项技能。由于焦点小组访谈的质量依赖于群体动力,因此访谈者需要有效引导讨论。比如小组中有的人比较爱主导讨论,有的人比较沉默,有的人则喜欢与旁边的人窃窃私语,访谈者需要具备"阅读"小组成员口头语言和肢体语言的能力,对小组动态具有较高的敏感性,能够合理引导,使所有人都能参与到讨论中。此外,在讨论中,小组成员可能出现不一致的观点,不一致的观点的作用应该是促使进一步深入的探讨,而不是争论谁对谁错,访谈者需要营造一个开放友好的环境,使得讨论热烈但没有"火药味"。访谈者还需要把握全局,把握讨论的整体节奏和走向,注意时间的把控等。

如有可能,尽量有两名访谈者共同主持访谈,其中一人为主要主持人,一人为访谈助手。主要访谈者的职责是引导讨论,而访谈助手的主要职责是记录和辅助。访谈助手的职责具体如下(参考 Richard Krueger 的 "Designing and conducting focus group interviews" 一文):

- 布置房间和座位。
- 当被访谈者来到时,欢迎他们。
- 在访谈的整个过程中,做好详细记录。
- 操作录音笔、摄像机等记录设备。
- 不参与任何讨论。
- 在主要访谈者邀请的情况下,可询问小组成员问题。

- 在访谈结束时,提供口头的总结。
- 与主要访谈者事后进行汇报和交流。
- 为访谈数据的分析和报告提供反馈。

## 第四节　访谈数据的分析

访谈数据收集完成后,研究者要对访谈数据进行分析并汇报结果。访谈数据的分析方法有多种,研究者需要根据研究目的选择适宜的分析方法。在很多情况下,访谈数据分析方法的选取并没有对与错之分,研究者需要依据前人文献、理论、研究问题等选取分析方法。研究者可以对访谈数据特别是结构式访谈数据进行量化,在非结构式或者半结构式访谈中,研究者也可以对数据进行一定的量化处理,比如,研究者可以编码被访谈者提及某个具体事物的次数。研究者常采用质性分析来编码访谈数据,以捕捉访谈中丰富的信息。与量化数据分析不同,质性数据分析的目的通常是对原始数据进行浓缩,将其整理为一个有一定结构、条理和内在联系的意义系统。

## 一、访谈数据分析的基本步骤

研究者通常需要对访谈数据进行转录,然后对转录的文字进行编码。一般来讲,编码是质性数据分析的核心过程,即选择合适的编码单元(如对每句话或者每几句话进行编码),根据文字中所反映的概念为其贴上一个"标签",该标签能够反映出一句话或者几句话中所传递的主要概念。对数据进行分析的第一阶段通常是开放式编码,其目的是使得数据中的主题和概念浮现出来,第一轮开放编码的主要目的是对数据进行初步探究。在编码过程中,研究者应详细记录下分析过程中的思考,通过记录的方式深化自己初步建构起来的理论。开放编码环节中浮现的编码系统是一个起点,后续分析中可以对该系统进行不断修改。

开放编码完成后,研究者需要对初步的编码系统和数据进行二次审视,即二级编码或关联编码。该轮的主要目的是发现和建立概念之间的各种联系,比如因果关系、相似关系、结构关系、功能关系等。该阶段编码又称为"主轴编码",研究者每次对一个类属进行深度分析,围绕这一类属寻找编码间的相关关系。在对概念进行关联性分析时,研究者不仅需要寻找概念类属之间的关系,还需要探寻被访谈者所表达的这些内容背后的意图和动机,结合当时的语境和被访谈者所处的社会文化背景深入思考访谈数据。

编码的第三个阶段是选择编码,又称为三级编码或核心编码。在这一阶段,研究者需要对已发现的概念类属进行系统的分析,选择一个具有统领性的"核心类属",即主题(theme),能够将大多数研究结果囊括在一个比较宽泛的理论范围之内。研究者将这些概念类属进行有机串联,组成一个系统的理论架构。在进行选择编码时,研究者需要记录详细的备忘录,思考原始的概念类属是否能够概括出一个比较重要的核心类属,并对这些核心类属的理论整合性进行分析,目的是对理论进行整合。

---

**案例 2**

**"中小学教师对尊重的理解及不尊重行为的表现"的研究过程**

(三)研究过程

(1)访谈:对被访对象分别进行单独访谈,并对访谈过程进行录音。

(2)转写:把访谈录音形成的声音材料逐字转写成文字。

(3)编码:这是本研究的关键步骤,首先采用开放编码,对文本资料概念化和分类;然后进行主轴编码,把在开放编码中被分割的资料,再加以类聚,建立类别与次类别的连接;在此基础上,选择编码,对经过主轴编码的各个类别再进行统整和精练。虽然编码工作起始于开放编码,但是在后续的工作中,这三种编码程序随着对资料的反复慎审,理论抽样的不断充实,循环交替地重复进行。

---

案例中展示了一个已有的研究过程,该研究为发表在《教育研究与实验》杂志上的《中小学教师对尊重的理解及不尊重行为的表现》。在该研究中,研究者选取了42名中小学教师,采用了半结构式访谈对教师进行了一对一的访谈,并对访谈进行了录音。研究者首先对访谈录音进行了转录,然后对数据依次进行了开放编码、主轴编码和选择编码三个过程。就"教师对尊重学生的理解"这一问题,根据访谈编码,研究者总结出教师列举的12项内容,并进一步对这12项内容进行了归类整合,构成了"支持独立""平等""指导帮助""亲和""有礼貌"五大主题。就"教师对学生不尊重行为的表现"这一问题,根据访谈编码,研究者汇总了13个类别的教师对学生的不尊重行为,通过进一步整合,研究者浓缩为"显性不尊重行为"和"隐性不尊重行为"两大主题。

## 二、访谈数据分析工具

研究者可以借助一些质性数据分析的软件对访谈数据进行编码分析,较为常用的软件有Nvivo和MAXQDA。需要注意的是,这些软件只是辅助工具,帮助组织和整理编码,对编码进行有效组织和呈现,并具有可视化呈现等功能,在很大程度上减少了研究者的工作量。但是,编码系统的建立需要研究者来完成,而访谈数据分析的核心过程就是编码,编码依赖于研究者对所研究话题的已有文献的了解和相关的理论知识。如果研究者没有这些软件的辅助,也可以在Excel中或者通过传统的剪贴方式来完成编码。

## 三、访谈数据分析结果汇报

在对访谈数据分析的结果进行汇报时,汇报的内容和形式在一定程度上取决于所采用的访谈法的类型。如果研究者采用的是结构式访谈,最终得到的数据很可能是量化的,或者可以很容易被转化为量化数据,那么就可以像一般量化研究那样,通过汇报数据分析的结果,结合表和图来呈现量化结果。如果采用的是半结构式或者非结构式访谈,那么汇报的主要内容则是访谈数据中所浮现的主题,在阐述每个主题的主要内容时,可以直接引用被访谈者所说的话,或者对他们所说的话进行总结,来帮助读者直观了解每个主题的内涵是什么。可参考本章中所提及的多个研究样例,来进一步学习如何对质性访谈的结果进行汇报。

## 第五节　访谈法在婴幼儿研究中的运用案例

在该节中,我们将列举两个研究案例,一个为发表在《兰州教育学院学报》上的研究《0—3岁婴幼儿家庭亲子阅读现状研究调查》,一个为发表在英文期刊 Appetite 上的研究 Toddler-feeding practices among Mexican American mothers: A qualitative study（《墨西哥裔美国母亲对幼儿的喂养行为：一个质性研究》）。

### 一、0—3岁婴幼儿家庭亲子阅读现状研究调查

在《0—3岁婴幼儿家庭亲子阅读现状研究调查》中,研究者采用了两种方法对中国0—3岁婴幼儿家庭中的亲子阅读情况开展了研究,一个是访谈法,通过访谈婴幼儿的家长考察亲子阅读的目的、材料选择、指导方法等;一个是观察法,通过非参与式观察了解亲子阅读活动的主要内容。研究中所采用的访谈提纲和观察提纲皆为研究者自编。研究者将访谈数据和观察数据结合在一起进行了汇报,发现了四个主要的主题:①家长的阅读目的存在偏差;②盲目选择亲子阅读的材料;③亲子阅读方式单一、缺乏互动;④随意选择亲子阅读的时间和地点。在详细阐述每个主题时,研究者在多处直接引用了家长在访谈中所说的话,研究者还在多处描述了观察到的具体亲子阅读中的行为。在案例中的"研究结果节选"部分,我们呈现了研究者是如何运用家长在访谈中所说的话来阐释主题四的主要内涵的。最后,研究者结合访谈和观察中所发现的几大主题,为亲子阅读提出了一些可行性建议。

案例3

### 研　究　案　例

0—3岁婴幼儿家庭亲子阅读现状研究调查

作者：钱晶

发表期刊及年份：2015年发表于《兰州教育学院学报》第8期

### 摘　　要

以苏州市0—3岁婴幼儿家庭为研究对象，本文运用访谈法和自然观察法开展了为期6个月的亲子阅读现状调查，发现其中存在不少问题，包括家长阅读目的有偏差、亲子阅读材料选择的盲目性、亲子阅读方式单一且缺乏互动、亲子阅读时间和地点的随意性等，进而提出了相应的对策和建议。

### 研 究 问 题

本研究主要从实践层面探讨0—3岁婴幼儿家庭亲子阅读的现状，基于家庭亲子阅读实录分析其中存在的问题，以期为家长与相关研究者提供一定的借鉴。

### 研究方法与工具

以6户婴幼儿家庭为研究样本，结合采用了访谈法和观察法。

访谈法：研究者在访谈前先拟定访谈提纲，重点了解6户家庭中父母对亲子阅读目的、材料选择、指导方法等问题的看法。

观察法：在观察研究的过程中，研究者不介入亲子阅读活动，只是记录亲子阅读活动的内容，包括阅读时间、阅读材料、家长指导方法、婴幼儿的行为特征等。

### 研究结果节选

（四）随意选择亲子阅读的时间和地点

研究发现，6个家庭基本上没有固定的阅读时间和场所，也没有制定完整的阅读计划，亲子阅读缺乏计划性和发展性，这说明家长并没有充分重视亲子阅读，更没有把亲子阅读视为家庭教育的重要部分。

在谈及亲子阅读时间时，有家长说："有时候吃过晚饭没事就带孩子一起看看书，有时在客厅，有时在书房。"（摘自访谈记录2014-09-09）有家长说："2岁以前临睡时给宝宝读绘本的时间比较多，现在看宝宝的心情，她越来越喜欢看动画片。"（选自访谈记录2014-10-11）有家长说："有时候下班比较晚，吃过饭就匆匆给孩子读一下书。太忙了。"（选自访谈记录2014-12-23）

## 二、墨西哥裔美国母亲对幼儿的喂养行为

在 *Toddler-feeding practices among Mexican American mothers: A qualitative study* 中,研究者考察了墨西哥裔美国母亲在喂养自己孩子时的相关喂养行为、影响因素以及态度,从而揭示墨西哥裔美国母亲的喂养风格。研究者采用了一对一的半结构式访谈,共访谈了18位母亲,孩子的年龄在12—47个月,访谈问题主要包含了三个方面:① 母亲的喂养行为。② 有关喂养的相关感知和信念。③ 喂养的相关建议。下图中列出了几个文章中汇报的访谈问题。

研究者对访谈进行了录音和文字转录,采用了"持续比较法"(constant comparative method;扎根理论研究中常采用的分析方法)进行了分析,分析过程由两位研究者共同完成,两人共同商讨,确定了访谈中浮现出来的主要主题。研究者汇报了四个主题:① 婴儿的喂养行为,包括开始引入固体食物;② 在从个体喂养到家庭式就餐模式的转变期间的婴幼儿喂养行为;③ 家长对孩子体型的态度和认知;④ 家庭中的他人示范和食物供给的影响。同样地,研究者在多处引用了被访谈的妈妈所讲的话,来详细阐述每个主题的内涵。

---

**案例4**

### 研 究 案 例

*Toddler-feeding practices among Mexican American mothers: A qualitative study*

作者:Virginia Chaidez,Marilyn Townsend,Lucia L. Kaiser

发表期刊及年份:2011年发表于 *Appetite*

#### 摘　要

Little is known about toddler feeding practices, particularly among Mexican American mothers. A convenience sample of 18 Mexican-American mothers with toddlers participated in individual in-depth interviews. In determining what to feed her child, mothers tended to cater to the child's preferences rather than exposing the child to different foods or repeating attempts to feed previously unaccepted foods. In deciding when to feed food or beverage, more than half said the child's cue was primary. Findings indicate that an indulgent feeding style may dominate compared to other styles in the toddler developmental stage in Mexican-American mothers.

我们对婴幼儿的喂养行为了解较少,特别是关于墨西哥裔美国母亲的喂养行

为。通过方便取样,该研究对18位有婴幼儿的墨西哥裔美国母亲进行了深入的一对一访谈。就喂养孩子什么食物,母亲倾向于考虑孩子的偏好,而不是试图让孩子接触不同的食物或者刻意喂孩子之前不吃的食物。就何时喂养孩子吃的或喝的这一问题,多于一半的母亲认为孩子发出的信号是最主要的因素。研究发现表明,在墨西哥裔美国母亲群体中,对婴幼儿溺爱式的喂养风格占据主导。

### 研 究 问 题

- 墨西哥裔美国母亲是如何喂养婴幼儿的?包括喂什么以及何时喂。
- 影响墨西哥裔美国母亲对婴幼儿喂养行为的影响因素是什么?

### 研究方法与工具

访谈法:研究者采用了一对一的半结构式访谈,共访谈了18位母亲,每次访谈约持续1小时。

访谈问题(样例):

- 你孩子最喜欢吃的食物有哪些?
- 你希望你的孩子吃更多什么样的食物?你希望孩子减少对哪些食物的摄取?这样做的困难之处有哪些?
- 为孩子提供什么样的食物,你从家人或者朋友那里获取了什么样的建议?

### 研究结果节选

该研究的一项发现聚焦于母亲对于体型的态度。在该方面,妈妈们认为孩子的体重状况似乎是她们喂养实践成功的一个普遍指标。但是,就胖乎乎的体型是否可取这一问题,妈妈们的回答有所差异。例如下面两位妈妈在访谈中的话就表明了她们不一致的态度。

妈妈1:"我担心他会变瘦,因为我的三个孩子都比较瘦。我想生一个稍微胖一点的孩子,但从来没有。"

妈妈2:"很多人说他很小,但我想这是因为相较于奶瓶喂养的婴儿,他被母乳喂养得更多。医生说他很完美。(访谈者:所以你不是特别在意?)不,我真的不介意。"

## 本 章 小 结

在本章中,我们介绍了访谈法的基本概念、类型及操作过程,并阐述了访谈数据的分析和汇报。此外,我们单独介绍了焦点小组访谈的基本知识和实施流程。最后,我们呈现了两个采用访谈法的婴幼儿相关研究案例。访谈法能够帮助研究者获取丰富的信息,但是数据的收集和分析较为耗时耗力。访谈数据的质量依赖于访谈问题的质量和访谈者的访谈技能。因此,访谈法也是比较有难度的一种研究方法。

# 延 伸 学 习

拓展阅读

**访谈进行:被控制的互动关系的展开**

当访谈活动正式开始时,访谈者与受访者便不可避免地走进了一种关系中。面对面的访谈活动一开始,现实情境中的直接关系就形成了,尽管"关系"的价值、功能、稳定程度等有所不同。在这一互动关系中,虽然影响关系展开和信息呈现的因素颇多,但从根本上说,是处于一种"控制"中的关系。

(一)关系中的控制

访谈是有目的的谈话过程,是访谈者与受访者共同挖掘受访者的历史和现在、看法与思想的过程,也是受访者梳理、洞察、表达自身相关信息的过程。没有一次访谈是不隐含控制的,除非访谈者只想和受访者做一次纯粹的漫无目的的闲聊。在访谈过程中,访谈者在给予受访者"自由"的同时也绑定了"规则"。当然,控制过多、过少或失控都会影响访谈的真实与深度,如以"代课教师的生存状况"为研究主题的访谈片段中,访谈者的"您心里会不会埋怨""你不会觉得心里不平衡吗""你会不会为自己是代课的觉得难过""你会不会觉得不公平"等一系列追问,只缘于访谈者认定:代课老师都应是辛苦的,如果受访者说不到"辛苦"这个点子上,访谈的目的就没达到,从而使整个访谈走到了过度受控的境地。

随着访谈的展开,我们希望研究的问题、访谈提纲中的问题与实际提出的问题可能不同甚至相左时,访谈者是否能够容忍事物的不确定性、模糊性和多元解释,保持旺盛的好奇心和共情能力,将决定访谈者能否有效控制和深入引导访谈过程。只有给予受访者最大化、合理的显形自由,才能使访谈者的隐形控制最小化地负向影响访谈效果,因而,在控制与自由的双重赋予中,访谈者更需要掌握的是引导访谈对象的技巧与能力。

(二)关系中的访谈者

1. 自我角色的知觉

访谈过程中,需要访谈者超越自己的文化去解读受访者的言行,在"站成"自己的同时能"站出"自己,从受访者的角度体会其体会而与之共情,并随时监督与改善自己的思路与做法。访谈者必须清楚"我"和"他"的世界是不一样的,防止把自己的理解与判断强加给"他"。访谈者需要扮演两种角色:引领访谈过程的"自我",即访谈的引导者有着自己原本的个性、审美、价值观和文化背景等;审视自我的"非我",即访谈的监控者突破与超越"自我",从"第三者"的角度分析自我的言行与思维、体验与回应,分析受访者的反应与需求及与受访者的关系等。

**2. 自我形象的把握**

访谈是一种人际沟通的形式、一种社会交往的过程。访谈者的控制权并不否认其在言行上应发出与受访者人格平等的信号。要有效控制访谈并达到可能的预期目标,接下来就要设计和表现一个适合于推进访谈顺利进行的交往形象,控制与本场活动无直接或间接关系的个人情绪。访谈过程中,访谈者得体、大方、亲切、平易近人、好打交道、愿意听"我"说等都是不可缺少的形象感觉。所以,访谈者应根据访谈对象的处境、身份及地位等掌控"对内的自我形象构架"与"对外的自我形象展现"间的一致性。良好访谈形象的塑造是要塑造受访者眼中的良好个人形象,其直接性前提是访谈者对受访者的了解。

**3. 访谈者的语言技能**

访谈是需要高度语言智慧的研究方法。无论是进入访谈的热身阶段还是访谈开展中的提问、回应与追问,访谈应尽可能地创造一个受访者所熟悉的通俗化、生活化的口语交流平台,使受访者理解问题并尽可能充分表达自己。访谈者的语言能力与技巧,特别是提问的技巧在一定程度上决定着受访者的表述及整个访谈活动的进行与成效。

在某省一农村教师培训项目的前期调查中,某高校访谈者在访谈一中学校长时问:"作为校长,您在教育公平中期望得到什么?"该校长犹豫片刻未做回应。该研究者认为,当前的一线老师不清楚自己缺少什么,这是研究教师培训计划时一个不容忽视的问题。

20世纪90年代中期一项以"师生互动"为主题的研究中,老师们对"日常教学中你们老师和学生的互动情况怎么样"这一提问无从回答,访谈者由此得出当前一线教师与学生的互动不足的结论。

我们不讨论以上两组访谈者得出的结论的真实概率,只来做一次角色易位,换作我们,将如何回答以上两个问题?访谈者用了所谓的"教育公平"和"互动"等学术用语来提问,使相关问题抽离了受访者所熟悉的语境和生活,破坏了交流继续进行的平台,访谈者也只能获得一个假象和一个假的结论。不妨继续推想,如果上述两种情形继续产生回答与追问,那么在多大程度上属于"真",多大程度上属于敷行,多大程度上会导致真解释和真结论?除上述三个要素外,访谈者的直觉、灵感、个性、好奇心、敏感度等也会对访谈活动产生不可小视的影响,在此不做一一讨论。

**(三)关系中的受访者**

**1. 不一定保持常态的互动对象**

访谈活动得以进行缘于以下共识,即在一定的情境中,访谈者与受访者有共同注意的焦点,并均通过各类信息表达出能够或愿意交流的明朗态度。让受访者轻松、保持常态,只有这样他才可能说出真实的想法,这是对访谈者最常规的要求。但实际上,很多访谈中访谈者很难达到这种常规要求,受访者也很难维持这种常态。

**2. 处于一定社会环境中的人**

不要轻易相信受访者真的全部放开,个人与环境总是纠结不分的,他可能会隐瞒、美化、改动、忽略、放弃真实信息或对访谈者采取不回应态度。这并不是说访谈过程中所获资料没有真实性可言,而是说还需要在后续的工作中花更多的时间对各类材料进行核实、分析与诠释。在做相关假设时,访谈者就需要考虑:所问问题对不同身份、地位和文化背景的受访者来说意味着什么。在对资料进行分析之前,首先要对资料的来源进行分析,对获得相关资料的情景、双方互动情况进行全面的有效分析。场景的研究,应成为衡量受访者可能性回应偏差的根据之一。

(资料来源:刘继萍.追寻"真实":教育访谈法中需澄清的几个问题[J].
广西师范大学学报:哲学社会科学版,2009,(4),91—92.)

## 学习活动

三人一组进行访谈法练习。其中,一人担任访谈者,一人担任被访谈者,一人担任观察者和记录者。自选访谈题目,编制访谈提纲,做一次访谈,并撰写访谈报告。

## 复习与思考

1. 访谈法的主要分类有哪些?
2. 访谈法的利弊各有哪些?
3. 访谈问题的设计需要遵循哪些原则?
4. 访谈者需要具备哪些访谈技能?
5. 仔细阅读《南京市0—3岁婴幼儿教养机构运营模式研究——基于四个机构的考察》研究中的教师访谈提纲,请反思:(1)该访谈提纲是否简洁明了?(2)访谈问题能否有效激发教师的回应?(问题是开放式的还是封闭式的?)(3)如果你开展此项研究,你会对该访谈提纲进行修改吗?如果会,你将进行哪些修改?为什么?
6. 相较于个体访谈,焦点小组访谈需要注意哪些事项?

# 第八章 婴幼儿研究的特殊技术与方法

**学习目标**

1. 理解出现在婴幼儿身上的有意义的自然反应。
2. 掌握偏好法、习惯化法和伴随操作行为强化法的基本原理及其在研究中的应用。

婴幼儿受其自身发展特点的制约,语言表达和理解能力有限,甚至新生儿和小年龄婴儿在运动以及身体控制方面还存在着较多问题,为研究者考察婴幼儿的认知和学习带来了较大的挑战。不少研究借助成人报告法或者观察法对相关问题进行探讨,但是这些常见的研究方法(如测量法、观察法、问卷调查法等)在考察婴幼儿的心理和认知发展方面存在局限性。考虑到婴幼儿主要依赖感知觉认识和了解周围的世界,并不断学习,心理学家基于婴幼儿感知觉和认知的评估及测量,发展和完善了几种适宜而有效的研究方法与技术。这些技术分为有意义的自然反应法、偏好法、习惯化法、条件化法以及其他的行为实验法(庞丽娟,李辉,1993;米勒,2004)。由于这些方法间接考察了婴幼儿无意识状态以及无法直接用言语表达时所反应的感知觉和认知发展,通常被统称为内隐测量法(implicit measures)(David, & Causey,2018)。

## 第一节 有意义的自然反应

新生儿出生后并非像一张"白纸",他们已经具备了一定的认知能力,被研究者称为是"摇篮里的科学家"(戈波尼克,梅尔佐夫,库尔,2004)。他们有很多自发行为和反应,有些是无意义的,有些则是有意义的,反应了新生儿和婴儿对外界事物的辨别和理解,以及外界事物对他们的作用。对这些行为和反应的探究有助于研究者了解婴幼儿早期的学习以及与外界事物的互动。在本节中,我们将介绍婴儿的实验研究中四类主要的有意义的自然反应法,并辅以案例说明。

# 一、视崖反应

## （一）视崖反应简介

视崖反应是考察婴幼儿深度知觉发展的重要研究方法。深度知觉又称距离知觉或者立体知觉,能够帮助个体对客体,以及客体所出现的环境中的各种特征,比如障碍、通道、陡坡、左右和上下关系、深度和距离等进行感知,并做出适应性的反应(弗拉维尔,P.H.米勒,& S.A.米勒,2002)。比如,当成人遇到有深度的陡坡时,深度知觉使成人辨识出陡坡的深度,并在靠近时感到害怕,并采用一定的行为避免坠落的危险(弗拉维尔,P.H.米勒,S.A.米勒,2002)。也即,借助深度知觉个体能够在一定程度上对某些危险提前觉察,并开启自我保护机制,做出适当反应,保障自我的安全。

婴儿是否对深度有一定的感知和觉察力？能否表现出与成人相似的知觉和行为反应？为了探讨这一问题,美国著名心理学家吉布森(Gibson)和沃克(Walk)设计了视觉悬崖实验(简称视崖实验),成为发展心理学的经典实验之一。

视崖实验需要借助视崖装置,如图8-1所示,这是一个高度适于成人操作的长方形平台。平台四周由30厘米高的围板围住,中间采用白胶布粘贴,形成"中央板"。一半铺上红白格相间的棋盘布,紧贴玻璃放置,看起来没有深度,称为"浅侧";另一半则为透明玻璃平面,并在距离其150厘米左右处,平行放置相同的红白格相间的棋盘布,使这一半看似深陷的悬崖,称为"深侧"(庞丽娟,李辉,1993;王明晖,左志宏,2011)。

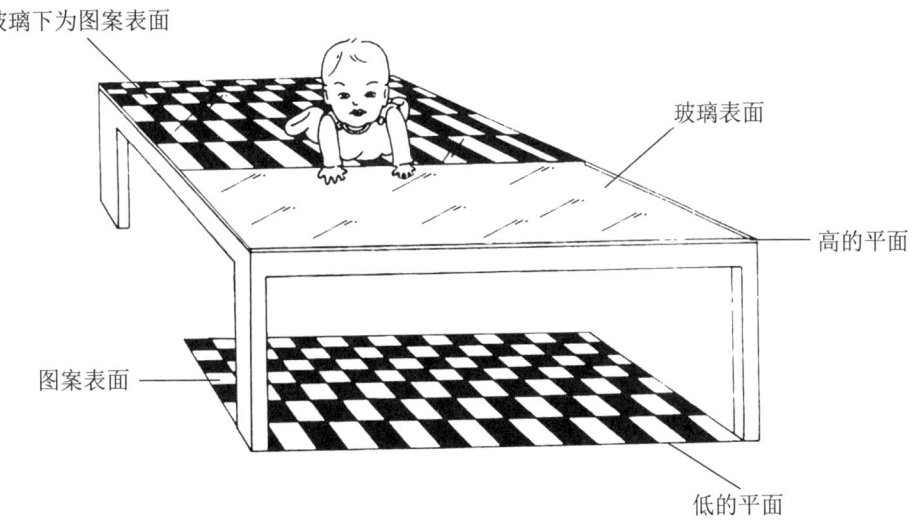

图 8-1 用于研究婴儿深度知觉的视崖装置

这一实验的程序如下:

首先,研究者将婴儿面向他们的母亲放在平台中央板上。

随后,婴儿的母亲在平台围板的一侧(深侧或者浅侧)处,鼓励婴儿越过视崖。如果婴儿在2分钟内没有越过,母亲便出示婴儿熟悉的玩具吸引他,并继续鼓励2分钟。

之后，母亲站到对面一侧，重复进行实验（弗拉维尔，P.H.米勒，S.A.米勒，2002）。

如果婴儿无法知觉到深度的差异，则无论母亲走到哪一侧，婴儿都会爬向母亲。根据吉布森的研究，6—7个月的婴儿已经有了深度知觉，他们能够轻松地爬过"浅侧"，却避免向"深侧"爬行，并对悬崖深度表现出了害怕和恐惧（庞丽娟，李辉，1993）。这一研究尚不能回答更小的婴儿是否具有深度知觉。由于更小的婴幼儿还不能爬行，甚至不能较好移动，因此，有研究者将视崖反应和生理指标的测量相结合。比如，J.肯泼斯对2个月大的婴儿进行了研究，他们在采用这一实验技术的同时，测量了婴儿的心率。结果显示，与浅侧处相比，婴儿在深侧处时心率反而降低，并且在深侧时，婴儿表情镇定，没有哭泣。这表明，2个月大的婴儿能够辨识不同的深度，但还没有发展起恐惧感，心率的降低所体现的是婴儿的注意（弗拉维尔，P.H.米勒，S.A.米勒，2002）。

随着这一技术的成熟使用，一些研究者拓展了深度知觉的研究内容，以此技术研究对婴幼儿情绪情感以及与父母的亲子交往等做了研究。在下一部分的介绍中我们将对相关的研究做简要描述。

（二）研究案例

视崖反应主要考察婴儿对深度知觉的感知，但同时，视崖反应实验也能够引发儿童的情绪反应，比如恐惧、焦虑等。有研究者试图探讨父亲和母亲的情绪表现对婴儿情绪表现的影响和差异，研究采用了视崖装置，用以诱发和观察婴儿的情绪反应。以下所展现的案例是2014年发表于 *Developmental Science* 上的一项研究。研究者选取了81名10—15个月的婴儿与其父亲（41人）或者母亲（80人）参与视崖反应研究。

在研究开展前一周，研究者邀请婴儿父母填写家庭调查问卷、父母焦虑状况（Screen for Child Anxiety Related Emotional Disorders-Adult version）、婴儿气质问卷（Infant Behavior Questionnaire-Revised），并随机抽取婴儿的父亲或者母亲作为被试参与一周后的实验研究。研究者邀请婴儿父母将婴儿放在视崖装置平台的浅侧，同时保持沉默，随后，父亲或者母亲则站在深侧，当婴儿看父亲或者母亲第一眼后，实验者举手指示，父母就开始不断鼓励婴儿。在此过程中，父母被告知不能触摸平台。研究者使用三架摄像机拍摄亲子任务的过程。

在数据分析过程中，研究者采用了编码的方式。对婴儿的行为每10秒做一次编码，从三个方面做编码。编码工作由两组4名观察员完成。

（1）行为强度。其中0表示没有表现行为，1表示轻微表达行为，2表示清晰表达行为，3表示清晰并且强烈表达行为。

（2）焦虑的口头表达状况。其中0表示没有，1表示轻微较短的焦虑表达，3表示短暂哭喊或者较长时间口头轻微表达焦虑，3表示清晰哭喊较长时间或者哭喊强度大。

（3）焦虑表达形式。其中1表示肢体表达，2表示面部表达，3表示口头表达（如呼喊，呜咽等）。

对父母的行为和情绪反应从以下两个方面编码。编码工作由第三组2位研究员完成。

（1）父母焦虑的表达形式。肢体表达，面部表达，口头表达。

（2）父母鼓励。肢体鼓励（如挥舞手、拍手、手部姿势），面部表达（如微笑），以及口头表达（如"快来这里""宝宝，你很棒！"）。

结果表明，虽然母亲比父亲在鼓励儿童时有更强烈的面部情绪表达，但是，两组婴儿在爬过视崖深侧时的速度和焦虑程度均无显著差异。而进一步的分析表明，比起母亲，父亲焦虑情绪的表达更能引起婴儿焦虑情绪和趋避反应。在母亲参与的一组中，婴儿焦虑的气质与爬过视崖深侧时的趋避反应呈负相关。婴儿焦虑的气质能够调节父母焦虑情绪和婴儿趋避反应的关系，即婴儿焦虑气质水平越高，父母情绪与婴儿爬过视崖深侧时的趋避反应关系更正向且紧密。此外，父母的鼓励和婴儿焦虑情绪及趋避反应无关。这些结果显示，父亲和婴儿的社会性参照互动过程与母亲和婴儿的这一过程呈现差异。

## 二、抓握反应

（一）抓握反应简介

抓握是个体操作物体的典型方式。婴儿能够通过抓握获取想要的物体，但在抓握动作发生前，需要感知和理解距离空间，并且通过抓握能够形成对物体各种属性的感性经验，因此，抓握反应是测查婴儿知觉的有效方法，能够考察婴儿的物体知觉、运动知觉、时空知觉等，以及婴儿对事物理解的自然反应（李红，何磊，2003；庞丽娟，李辉，1993）。

在研究婴儿的抓握反应时，一些研究者探讨了婴儿抓握策略与所给物体尺寸之间的关系（Fagard & Jacquet, 1996）。这些研究者为婴儿提供不同尺寸的物体，观察婴儿的抓握反应，并分析抓握时所使用的策略，比如是双手抓握还是单手抓握、抓握时手的弧度等，以考察儿童对物体特征的知觉。研究显示，婴儿不仅能够根据静态物体的尺寸选择合适的抓握策略，同时也能够对动态的物体进行抓握（庞丽娟，李辉，1993）。这在一定程度上反映了婴儿能够知觉物体的存在、物体的大小特征、物体的运动以及物体运动时的时空特征。

（二）研究案例

有研究者对婴儿进行了实验，分别在物体静态放置和运动状态下考察婴儿对物体的抓握情况。在静态下，研究者在3个月大婴儿面前放一个小球和一个大球，观察婴儿的抓握反应。结果发现，即使这一阶段婴儿还不会用手拿东西，但已经能够根据球的大小以及自身与球之间的距离采用不同的姿势抓球。具体表现为：面对小球，婴儿用手掌去抓，而面对大球时则用双手去抱（庞丽娟，李辉，1993）。

研究者也考察了动态条件下婴幼儿的抓握能力。研究者将4.5—5个月的婴儿放在椅子上，在其面前放一个缓慢运动的物体（如球），结果发现，婴儿能够将手伸向这个物体，且将手放在物体即将到的地方，而非第一眼所看到的物体的位置（庞丽娟，李辉，1993）。

以上两个条件下婴幼儿所表现出的抓握反应表明，在早期，婴幼儿便能够知觉到物体的存在和运动，并且能够判断物体运动轨迹与时空的关系，以便能够指导自己准确地抓握到物体（庞丽娟，李辉，1993）。

## 三、视觉追踪

### (一)视觉追踪简介

视觉追踪是婴儿最早发展起来的认知能力之一。婴儿一出生就能够对物体进行注视与追踪,但此时双眼的注视运动还不协调,对双眼追随物体运动能力的控制较弱,且使用跳视注视,无法形成连续注视。至2个月时,婴儿的双眼协调能力有了明显提升,具备了视觉集中活动的能力,能够对水平缓慢移动的物体进行追视,至3个月时能追视作圆周运动的物体,在4个月时,婴儿水平平稳追视的能力已经接近成人,而从5—6个月起,婴儿的头部运动更加灵活,在头部运动的配合下,婴儿注视范围进一步扩大,能够对远距离的物体进行视觉追踪(王明晖,左志宏,2011;Kaul et al.,2016)。

### (二)研究案例

以下所展示的案例来自Johnson等于2003年在《美国国家科学院院刊》上发表的论文《婴儿客体概念的发展:来自视觉追踪研究范式下婴儿早期学习的证据》。该研究考察了学习是否对婴儿早期客体表征具有重要的影响。研究选取了80名4—6个月的婴儿,其中,4个月婴儿48名,6个月婴儿32名。在实验过程中,婴儿坐在父母腿上,在婴儿前方76厘米研究者处放置了显示器,显示刺激,刺激主要展示的是球从一端到另一端的水平运动轨迹。球在运动时,有些在运动轨迹中有遮挡物,有些则没有。在研究过程中,研究者考察婴儿在观看小球运动过程中出现预测性眼动的情况(anticipatory eye movement)。

该研究采用了视觉追踪的范式。将婴儿分成两组,一组婴儿观看无遮挡情况下小球的运动轨迹,观看时长为2分钟,另一组婴儿则不看。之后研究者让婴儿接受三项实验:① 让婴儿观看8次小球在有遮挡情况下的运动过程,同时播放非节律性的声音吸引其注意,每次实验声音的不同,每个婴儿听到的声音随机。② 让婴儿观看小球在无遮挡情况下的运动,且不播放声音。③ 让婴儿观看小球垂直运动而不是水平运动的过程,且没有遮挡,在不同刺激之间使用哔鸣声吸引婴儿注意。其中,4个月婴儿参与全部三项实验,而6个月婴儿只参与前两项实验。每项实验参与的婴儿为16人。

研究结果表明,对4个月婴儿而言,比起没有预先观看过小球在无遮挡情况下运动过程的婴儿,观看过视频的婴儿出现更多的预测性眼动,而对6个月婴儿而言,是否观看过视频对其出现预测性眼动的情况并无显著影响。这就表明学习和训练对4个月婴儿的课题表征有重要影响,而对6个月婴儿而言作用不大。这进一步表明,6个月婴儿已经具备了一定的客体运动表征能力。

## 四、回避反应

### (一)回避反应简介

当婴儿感知到面前带有威胁性的物体或者情境时会产生回避反应,比如出现身体向后躲闪、头向旁边避开、伸手阻挡等。为考察婴儿的这一反应,研究者通常采用物体趋近的方法,在正对婴儿一定距离外,放置一个物体或者影像,并逐步移向婴儿,以观察婴儿的反应。婴儿对逐步趋近的物体的回避反应通常被认为是对三维空间感知的重要标志。

(二)研究案例

以下所展示的案例来自Bower等于1970年发表在Perception & Psychophysics杂志上的文章。该研究考察了婴幼儿对逐步趋近物体的反应。研究选取了出生6天以上的婴儿,进行了四项研究。当研究者放置物体使之移动后,通过录像和观察的方式记录儿童的反应行为。

在第一个研究中,研究者选取了21名出生6至20天的新生儿,在其面前呈现不同的物体,并让物体以不同的方式运动。结果显示,当物体逐步趋近时,婴儿的眼睛睁大,头往后,并伸出双手。

为进一步考察物体的远近对婴儿回避反应的影响,研究者选取5名出生8—17天的新生儿进行了第二个实验。在实验中,研究者将远距离设定为物体离新生儿50厘米处停下,将近距离设定为物体离新生儿20厘米处停下。同时,在物体的选择上,研究者选择了大物体和小物体,以此形成4种实验条件,由于近距离的刺激容易造成新生儿不安,因此最后实验采用6组刺激,依次为小物体-远距离、大物体-远距离、小物体-近距离、小物体-近距离、大物体-远距离、小物体-远距离。每组刺激呈现7次,在物体运动开始前和结束后均停止7—10秒。由于近距离的实验次数太少,因此研究无法对相应的数据进行比较。

为避免实物趋近对新生儿造成不安,在第三个实验中,研究者改用了影像呈现的方式。在实验过程中,正对新生儿呈现了6英寸×6英寸的屏幕,在屏幕背后26厘米处放置了一个100瓦的光源。通过光源照射,屏幕上呈现了一个红黑相间的靶心。研究者呈现了三种趋近速度5厘米/秒、12.5厘米/秒、25厘米/秒,每种速度呈现四次,研究者首先将靶心移到光源处,停10秒,然后再移到屏幕。在这一轮的研究中,研究者选取了9名出生10到20天的新生儿。结果显示,9名新生儿中有8名显示了回避反应。并且随着实验次数的增加,婴儿的反应强度下降,这与呈现实物时的反应情况不同。

研究者认为空气压力可能对新生儿的回避反应造成影响。因此,在第四个研究中,研究者仅呈现了空气压力的变化。在这一研究中研究者选取了4名婴儿。研究者让婴儿坐直对着气孔。研究者使气孔按照压力增加、逐步降低、无压力的顺序呈现刺激。结果显示,压力变化条件下,4名婴儿均出现了回避反应,表现出了半闭眼睛、将头微微前倾并偶尔左右转动的反应。

以上四个研究表明新生儿对趋近的物体能够表现出功能性的趋避反应,并且能够根据刺激条件的不同做出不同的趋避反应,进一步显示新生儿具有一定的空间感知能力。

## 第二节 偏好法及应用

偏好法是考察婴儿视觉辨别能力的最简单的方法。这一方法是罗伯特·范茨(Robert

Fantz, 1961) 发明的研究婴儿视知觉的技术。这一技术所要回答的问题是：当任何两个视觉刺激呈现在婴儿面前时，婴儿是否能够将它们辨别开来（米勒，2004）？

## 一、偏好法简介

早在范茨之前，不少研究已经表明，婴儿能够用最原始的方式感知世界，比如见光、辨别基本的颜色以及觉察运动等，但婴儿对形状、模式、尺寸或者体积等不能做出反应，即婴儿不具备形式知觉（Pattern perception）（Hock, 1999）。范茨对此表示怀疑，他认为人类婴儿自出生开始便具备了形式知觉，因此在20世纪50—60年代设计了测查婴儿视觉辨认的装置，这个装置可以用来考察婴儿如何"分析"世界，也即他们会观察什么物体、会观察多久。

这种研究婴儿视觉辨认能力的方法即为偏好法。偏好法主要针对视觉通道的刺激，因此又被称为"视觉偏好"。这一研究范式通常是在婴儿面前同时呈现两个或者更多图片或者物体，考察婴儿对不同物体或者图形的注视时间（比如次数、注视的时长），以此判断婴儿对某种物体或者图片的偏好（庞丽娟，李辉，1994）。研究者假设，当同时面临两种不同的视觉刺激时，如果婴儿更倾向于注视其中一种，就可以说明婴儿具备了对两种刺激的知觉和区别能力，并能对其中一个产生偏好（陈英和，1994）。

范茨研究婴儿视觉偏好的早期装置是一个具有观察功能的小屋，小屋的底部有一张小床。在实验过程中，研究者让婴儿处于觉醒状态，平躺在小床上，婴儿可以注视到头顶上方呈现的刺激。小屋空间有限，当同时呈现两个刺激时，婴儿无法同时注视，而需要稍微转头，这一转头反应新生儿也能够完成。观察者通过小屋顶部的小孔，记录婴儿注视物体的时间（陈英和，1994；米勒，2004）。

## 二、研究案例

以下所展示的是范茨（1961）发表在 *Scientific American* 杂志上的文章。该研究利用上述装置，对出生1—15周的婴儿进行了三项实验。这一研究旨在考察婴儿如何感知世界，较好回应了当时对婴儿是否存在形式知觉的争论。

在第一项实验中，范茨为婴儿呈现了黑白的图形作为控制刺激，包括带有横条纹的正方形及正方形的靶心；棋盘和没有任何图案的正方形；一个宽的十字加号及圆；一对完全一样的三角形。每对刺激的呈现时间为1分钟。结果显示，无论什么年龄，婴儿都喜欢复杂的图形（如靶心、带条纹的图形及棋盘）。但在出生8周时，婴儿对靶心的偏好强于条纹图以及棋盘，对不带任何图案的正方形注视时间最短。

范茨早期对小鸡的研究发现，小鸡具有天生的形式知觉能力，而这一能力源自小鸡为了生存而寻找食物的本能需求。人类婴儿需要成人的照顾和保护，因此，应该对人脸具有一定的偏好。因而，在第二个实验中，范茨考察了49名出生4天至6个月的婴儿人脸识别与偏好的能力。在实验中，范茨呈现了三个刺激，一张人脸、一张与人脸轮廓一致但脸部特征完全打乱的图片，以及一张与人脸轮廓一致的椭圆形图案，图案一端涂满黑色，剩余部分则为空白。结果显示，无论年龄，婴儿对人脸的偏好显著，且关注时间均相似。

在第三个实验中，研究进一步考察了婴儿对人脸特征的关注情况。研究呈现了6张直径为6英寸的圆形图案，图案依次为人脸、靶心、圆形的印刷品（如报纸或者教科书）、红色的圆形、荧光黄的圆形以及纯白的圆形。研究者记录下婴儿注视每个图案的时间。结果显示，婴儿对人脸图案的注视时间远远超过对其余任何图案。

## 第三节 习惯化法及应用

习惯化是生物体适应环境的重要技能，也是包括人类在内的生物体进行内隐学习的重要方式。习惯化（habituation）是指随着某一刺激的重复呈现，个体定向反应减少直至消失的现象，也即当个体一旦熟悉了某一刺激，就不再对其予以太多关注。然而，当这一刺激发生变化时，机体的注意反应将被重新唤醒，称为去习惯化（dishabituation）。去习惯化反应的发生通常被视为个体在学习、辨别以及对新异刺激进行反应（Flom，2018）。

## 一、习惯化法简介

在上述介绍中可知，早在20世纪50年代晚期以及60年代初期，罗伯特·范茨已经发现婴儿具有知觉辨别能力，他们能够对所呈现的两种模式中的一种表现出视觉偏好。特别地，范茨发现，比起没有变化或者熟悉的模式，婴儿更喜欢有改变的模式（如新异的模式）。虽然不同的研究都能够考察婴儿的视觉辨别能力，但直到20世纪70年代中期至80年代早期，习惯化的研究范式才逐步被广泛用于研究婴儿的认知、社会性和言语行为的发展（Flom，2018）。

与偏好法相比，习惯化范式的使用更为广泛。偏好法主要适用于视觉通道的刺激，诸如听觉、嗅觉等无法通过同时呈现让婴儿进行辨别。习惯化范式虽不能说明婴儿更喜欢哪个刺激，但能够考察其对不同感觉通道刺激的辨别力。

在习惯化法的实验中，研究中通常包含习惯化和去习惯化两个过程（庞丽娟，李辉，1993）。研究者通常以固定的间隔（5—15秒）为婴儿呈现一系列的使之出现习惯化反应的刺激（通常为7—20个）。研究者记录婴儿对第一个刺激或者早期出现习惯化反应的刺激所关注的时间。此后，研究者为婴儿呈现一至两个实验刺激，这些刺激与先前的刺激不同，用于引发婴儿的去习惯化反应（Flom，2018）。典型的习惯化/去习惯化反应曲线如图8-2所示。该图反映了婴儿能够辨别两种不同的刺激。如果婴儿发现了这些刺激与习惯化实验条件下刺激的不同时，就会重新唤起注意反应，从而对新刺激的注视时间增加。此外，这一范式也反映了婴儿记忆力的发展。在实验过程中,熟悉和新异刺激并非同时呈现在婴儿面前,他们需要将眼前的刺激与先前在脑海中的刺激进行比对,以做出反应。因此,需要借助记忆力。

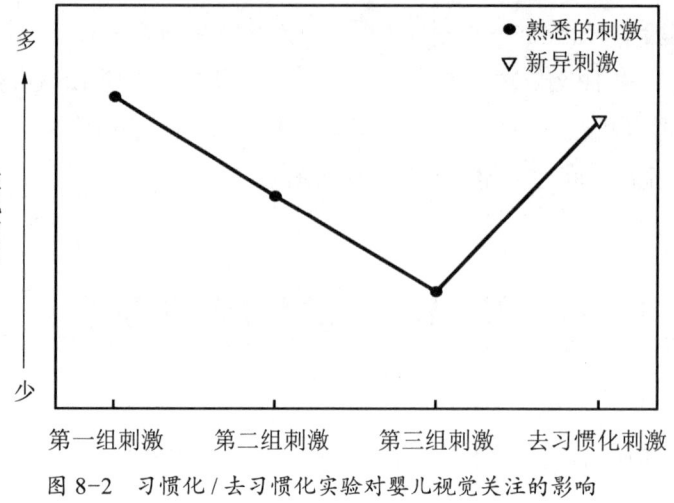

图 8-2　习惯化/去习惯化实验对婴儿视觉关注的影响

以上固定刺激数量及刺激呈现间隔的范式存在不足。比如,不同婴儿出现习惯化的速度有所不同。因此,当呈现完习惯化阶段的刺激时,有些婴儿还没有出现习惯化的反应,而有些婴儿则会出现不安等反应,数据就不稳定。为了弥补这一范式的不足,有些研究者采用了基于婴儿控制的个性化习惯化程序。在这样的研究程序中,研究者通常采用既定的习惯化标准确定婴儿习惯化反应的出现。比如,当婴儿对某一刺激的关注时间与首次关注相比降低了50%时,就认定为习惯化反应已经产生。这种方法以个体婴儿的表现为基准,避免了设置统一次数和呈现时间所带来的实验误差(Flom,2018)。

在习惯化/去习惯化的实验中,除了注视时间外,研究者也将心率变化和吮吸行为作为因变量(米勒,2004)。婴儿心率变小或者没有变化以及吮吸行为不间断被视为是习惯化的证据。

## 二、研究案例

以下所展示的案例来自陈杰等于2012年在《心理科学》杂志上发表的文章。该研究主要考察6—19个月汉语婴儿词汇学习的注意偏好。研究选取了122名汉语婴儿,其中6—8个月的婴儿31名,17—19个月的婴儿48名,采用习惯化范式考察6—8个月及17—19个月婴儿对动态事件中任务、动作以及物体的辨别能力。

研究呈现两种材料,即视觉材料和听觉材料。

视觉材料为一段30秒的视频,展现的是一名女性对一个物体做一个动作,动作每3秒循环一次,重复呈现。动作有明显的路径和方式,但是物体不做任何改变。

录像共计8段,包含两个人物、两类动作以及两个物体的交叉组合。另外,有一个新异行为事件(女性抛三种不同颜色的球)作为后测刺激。

除视频资料外,研究者也提供了听觉材料。在一部分视频播放的同时,研究者为婴儿呈现单音节无意义的单词。单词前加语气词"哇""哦"等,并且其呈现先于视频中的动作。但在测试阶段,只呈现语气词。

实验在昏暗的隔音室中进行。婴儿坐在父母腿上,距其3英尺远处有一13寸彩色显示器播放视频。婴儿被随机分配到两种听觉条件——有单词组和无单词组。此外,还随机分配到8个视频中以引起习惯化。该研究为混合设计,其中,被试间变量为年龄(6—8个月和17—19个月)、条件(有单词和无单词),被试内变量为测试类型(控制、人物变化、动作变化、物体变化、后测)。

在习惯化阶段,研究者在显示器中央呈现一个伸缩变化的图形,同时伴有声音,吸引婴儿注意。当婴儿开始看屏幕后,向其呈现视频。每名婴儿只看8段视频中的一段,视频为随机分配。同时,有一半婴儿在无单词的安静条件下完成实验,另一半则在有"单词"的条件下完成实验。

研究让婴儿反复观看视频,一个试次为30秒,当其连续3个试次内注视时间降低到最初3个试次的50%,或者看完全部的20个试次时即定为习惯化已经产生。之后,进入测试阶段。在测试阶段,研究者向婴儿呈现四种事件,分别是控制条件、任务改变、物体改变和动作改变。四个试次的呈现顺序在不同的婴儿间平衡。最后,研究者为婴儿播放女性抛三种颜色球的视频。

在整个实验过程中,研究者通过按住和松开电脑上的按键记录婴儿注视的时间。

结果表明,无论年龄,婴儿对新异的刺激有明显更多的注意。此外,婴儿能够注意到动态事件中各成分的变化,对变化试次的注视时间显著长于控制(原来的视频)试次。在所有变化测试中,17—19个月婴儿的注视时间显著高于6—8个月的婴儿。6—8个月的婴儿仅能够区分动作的变化,对人物和物体无法区分,而17—19个月的婴儿对三类变化都可以区分。这进一步为儿童早期单词获得提供了重要的理论基础。

## 第四节  伴随操作行为强化法及应用

以上的习惯化范式中所反应的是婴儿的学习,即对已经熟悉的刺激不再做出反应。本节将介绍另一种学习形式,即婴儿学会重复获得某个强化的反应。

### 一、伴随操作行为强化法简介

伴随操作行为强化法源自斯金纳的操作性条件反射理论。斯金纳将行为分成应答性行为和操作性行为。人类行为主要由操作性行为构成,并且在学习情境下更具有代表性。操作性反射所引起的操作性行为是指当个体"知道"某种行为和结果的关系后，会根据行为后果来调节自己的行为。操作性反射形成的关键是强化。当研究者给予行为者想要的东西时，也即给以正强化时，个体的具体行为便会增强。

利用这一原理，研究者考察了婴儿的知觉发展，并将之与婴儿的自然探索行为"吮吸"和"转头"行为相结合。这种方法的实验程序通常包含四个步骤：首先，研究者为儿童呈现目标刺激。其次，当婴儿产生吮吸或者转头行为后，就给以感兴趣的事物进行强化。再次，研究者多次重复刺激，使婴儿将目标刺激与探索行为联系起来，即形成操作性行为。最后，研究者改变目标刺激，观察婴儿的探索行为是否发生变化（王明晖 & 左志宏，2011）。

## 二、研究案例

以上的介绍显示，利用伴随操作行为强化法，研究者通常考察婴儿"吮吸"和"转头"两种自然探索行为。本部分中将分别呈现一个案例，说明这种方法的应用。

（一）吮吸行为

以下展示的是沐恩（Moon）等于2013年发表在 *Acta Pædiatrica* 杂志上的文章。该研究考察胎儿期所接触的语言是否能够唤起婴儿出生后的语音知觉。研究分别对瑞典和美国各40名新生儿进行了研究，这些新生儿出生时长为7—75小时，平均33小时。研究所选取的新生儿符合如下三个特征：① 胎儿期以及出生后的听力测试正常。② 新生儿母亲的母语是英语或者瑞典语。③ 在最后的孕程内，母亲仅跟胎儿讲母语。

研究者探讨这些新生儿对其母语和非母语中的元音的反应情况，以考察胎儿期内的语言学习是否有效。研究者假设新生儿对母语元音的兴趣低于非母语元音，具体在吮吸行为上，当新生儿听到母语元音时吮吸的频率将低于听到非母语元音时。

研究的刺激材料为电脑生成的17个不同的英语前不圆唇元音（包括 /i/ 及16个变体）以及17个不同的瑞典语前圆唇元音（包括 /y/ 及16个变体）。每个元音呈现500毫秒，通过耳机向新生儿播放72分贝的元音。根据呈现的材料（母语和非母语元音），研究者将每个国家的新生儿随机分成母语组和非母语组，共计4个组别。

研究在安静的房间进行，新生儿平躺在婴儿床上，左右耳佩戴耳机。此外，研究者为新生儿配备了安抚奶嘴。当新生儿接受安抚奶嘴，并以典型而有节奏的模式吮吸时，数据收集过程开始。奶嘴与感受器相连，该感受器与呈现元音刺激的电脑相连接。当新生儿第二次吮吸安抚奶嘴时，耳机中便会随机播放17个元音。当新生儿吮吸停止1秒或者以上时，研究将重复刚才播放的元音。每名新生儿接受实验时长为5分钟。

结果显示，母语组和非母语组新生儿的反应存在显著差异。与上述假设一致，听到非母语语音组的新生儿吮吸奶嘴的频率高于母语组新生儿。同时，新生儿出生时长对其吮吸行为没有显著影响。这表明胎儿期所接受的语言刺激会影响新生儿对母语的语音知觉。在出生后，新生儿对熟悉和不熟悉的元音会做出不同的反应。

## （二）条件性转头

以下所展示的是康博尔（Conboy）等于2013年发表在 Developmental Pyschology 杂志上的文章。该研究使用条件性转头实验，考察11个月婴儿对母语和非母语语音的辨别能力、非言语对象检索任务中的表现以及言语交流能力，并进一步探讨这些能力间的关系。研究在婴儿出生47周时，对18名家庭语言背景为英语单语的婴儿进行了研究。

研究采用了双目标转头言语辨别任务，刺激材料为英语以及西班牙语版本的三音节语音，语音为英语的 /da/-/ta/ 和西班牙语中的 /ta/-/da/，由一名成年双语女性朗读并事先录制。在实验过程中，婴儿和其父/母被安排在一个安静的房间，婴儿坐在父/母腿上。研究者在婴儿左侧由扩音器播放语音，同时一位研究助理在婴儿右侧安静地操作玩具以吸引其注意。研究者训练婴儿，使其在听到重复的背景音发生改变时能够转头远离研究助理，并关注强化物（在扩音器旁边的机械玩具）。另有一名研究者在单独的房间里从视频监视器中评判婴儿的转头行为。如果婴儿的转头行为正确，研究者便激活机械玩具，给以强化。

这一实验在一周内分两天完成。在第一天内，研究者让婴儿单独对两种语言下的两组语音形成条件化。在第二天的实验中则给以两组语音刺激。研究者首先给所有婴儿母语语音刺激，使其形成条件化。

此外，在完成转头任务的一周内，研究者还邀请婴儿及家长在单独的一天完成认知控制任务。研究者也邀请婴儿父母在一周内完成婴儿交流发展调查问卷。

研究结果显示，婴儿对母语语音的敏感性强于非母语的语音。同时，婴儿对母语语音的辨别能力与接受性词汇数量相关。

## 本 章 小 结

在本章中，我们介绍了四种婴幼儿研究的特殊技术与方法。这些技术和方法的使用能够使我们对婴幼儿认知与早期发展的理解提前至其出生，扩展了研究者对婴幼儿研究的思路，对我们更好地了解婴幼儿的发展，以及对婴幼儿早期问题的诊断与干预有着非常重要的意义。然而，这些技术和方法均需要借助特殊的仪器和设备，对婴幼儿行为的记录不够精准，大量的研究均集中于早期。尽管如此，这些方法奠定了婴幼儿研究的基础，为近年来婴幼儿脑科学和神经科学研究的方法提供了重要的范式。

## 延 伸 学 习

 **拓展阅读**

**婴幼儿习惯化行为的实验心理学意义**

视觉注意的习惯化和恢复是一个普遍的心理现象。婴儿的习惯化行为是其大脑信息处理能力的反映,这一观点已逐渐为人们所接受。

对习惯化的理论阐述,最初由俄罗斯生理学家Sokolov在20世纪60年代提出了"信息获得论"。他提出,由一个刺激激发了机体的定向反应,随着该刺激的重复,大脑皮层建立了一个模式(model),并在刺激的强度、性质和时间信息等方面越来越精确。随后的刺激便在记忆中与此模式做比较。一个刺激能否引起兴趣取决于该刺激是否与建立的模式相吻合。因此,婴儿的习惯化被认为反映了大脑内模式的建立和比较这两个相互联系的过程。婴儿对刺激的注意一直维持,直至代表该刺激的脑内模式与其吻合。这个理论至今仍然是我们对习惯化行为认识的基础。

由此,近代研究认为,习惯化的能力是机体信息处理能力的反映。从理论上讲这个观点至少应得到三个条件的支持:① 脑发育较好,较成熟的婴儿习惯化速度快;② 婴儿对简单刺激比对复杂刺激的习惯化速度快;③ 婴儿在重复刺激后能对该刺激有所记忆,即能区别已熟悉的和新鲜的刺激。

欲将习惯化行为引用到脑功能的了解和预测,首先要满足实验心理学的两个要求:① 习惯化能敏感地区分婴儿个体间的差异;② 习惯化能力的检测结果短时间内能重复。符合这两个条件是确定习惯化行为的意义和讨论其与认知发育的其他指标之间的同时性和预测性效度的基础。量化的和非量化的研究都显示习惯化对反映个体间的差异有足够的灵敏度。对习惯化行为测验的短时间重复性和较长期的稳定性,已有不少研究见诸报道。

习惯化揭示婴儿和儿童认知能力的效度:

**同时性效度** 研究发现,习惯化速度快的婴儿具有下列倾向:更喜欢复杂的刺激;感觉运动发育、适应环境、解决问题和接受概念速度较快;玩耍的方式更为成熟;在传统的智能测验中异形辨认、缺损识别和拼图等方面成绩优异。另一方面,脑功能的障碍在习惯化行为中有所反映:母亲怀孕时使用镇静药较多的婴儿、高危新生儿及出生时Apgar评分较低($\leq 8$分)的婴儿以及营养不良、脑性瘫痪和Down综合征患儿的注意应答显著异常。

**预测性效度** Bornstein的实验室所进行的6月龄内的习惯化行为(应答降低)与4岁以内的智能测验的相关情况的研究结果表明,婴儿早期的习惯化行为与以后的智能发展有直接联系,平均的相关系数接近0.50的水平。不同的实验室,在不同的婴儿(正常的和高危的),以不同的实验方法(包括视觉的和听觉的)观察了注意应答的不同行为表现(应答降低和应答恢复)对智能发展的预测性效度,平均的相关系数达0.49(应答降低)和0.46(应答恢复)。

(资料来源:季红光,郭迪,蔡汝刚,王海明. 婴幼儿视觉注意习惯化行为的
实验心理学意义[J]. 中国儿童保健杂志,1999(2),127-128.)

## 学习活动

寻找我国学者发表在权威期刊上的有关0—3岁婴幼儿研究特殊技术与方法的文章,进一步学习其中的方法和研究程序。

**复习与思考**

1. 什么是婴幼儿有意义的自然反应？如何对婴幼儿的各类自然反应进行研究？
2. 什么是偏好法？偏好法实施的程序和范式是怎么样的？
3. 什么是习惯化法？习惯化法实施的程序和范式是怎么样的？
4. 什么是伴随操作行为强化法？这一方法的实施程序和范式是怎么样的？

# 第九章　研究报告的撰写

**学习目标**

1. 了解并掌握婴幼儿研究报告的撰写要求。
2. 学会撰写和应用婴幼儿研究报告。
3. 能够区分引用与抄袭文献的区别，遵守研究报告撰写的伦理规范。

当一项教育科学研究课题的研究工作已经按计划收集数据，并将有关的材料和数据整理完毕之后，需要对整个研究过程及结果进行分析、总结，并用文字表述出来，形成一份该课题研究的书面材料，这就是我们通常所说的研究报告或科研论文。教育研究报告是对整个教育课题研究过程的高度概括和科学总结，它表明了研究者对所研究课题的态度、观点和方法，也反映了研究课题的水平，即专业科研水平、教育理论水平和创造力。由此可见，撰写教育研究报告在整个教育研究过程中具有十分重要的地位。

由于研究课题性质不同，研究方法各异，研究时间长短不一样，因而报告格式也不完全相同。一般来讲，研究报告主要包含以下几部分：① 研究背景与文献综述；② 研究方法；③ 研究结果；④ 讨论并得出结论；⑤ 参考文献。需要注意的是，学术期刊论文、毕业论文、研究报告等格式不完全统一，研究者需要根据要求的格式来完成。比如学位论文的格式一般包括以下内容：题目，摘要，正文（引言、文献综述、研究方法、研究结果、讨论、结论），参考文献，附录。

## 第一节　题目与摘要

### 一、题目

一篇好的科研报告的标题，应该新颖、确切、鲜明、简练、醒目，必须反映研究的主题。题目以能概括全篇内容，并引人注目为好。

（一）学术论文中文标题的撰写方法

标题是一篇论文最醒目的部分。一个好的标题可以使读者立刻知道论文的概要。因此,论文的标题需要仔细斟酌。

1. 研究论文的标题应准确得体

首先,标题应能准确地表达论文的中心内容,恰如其分地反映研究的范围和达到的深度。比如"2—3岁幼儿绘本选择偏好影响因素分析",标题中界定了研究的对象为2—3岁幼儿,研究的内容是绘本选择偏好,研究的范围界定在影响因素分析。整个标题非常具体,使读者对研究的问题一目了然。

其次,研究的标题不要使用笼统的词语或者华而不实的词。常见的问题主要包括:① 题名反映的面过大,而实际研究的内容却很窄。② 标题一般化,不足以反映文章内容的特点。③ 不注意分寸,有意无意拔高。比如有的课题,其研究的内容深度并不够,却常常把"……的机理""……的规律"一类词语用在题名上,过分拔高了研究的深度。比较客观的做法是,除确实弄清了"机理"、掌握了"规律"之外,一般的研究名称取名为"……现象的解释""……的机制初探"等比较恰当。例如"婴幼儿先天性白内障特征及潜在炎症机制探索研究",在这个标题中,作者使用"探索研究",措辞较为慎重,也给研究可能出现的局限性留有余地。

再次,研究论文的标题应简短精练。题名应简明,使读者印象鲜明,便于记忆和引用,例如"视频对1—2岁幼儿亲子互动的影响研究"。题名一般不宜超过20字。在保证能准确反映"最主要的特定内容"的前提下,题名字数越少越好。以下是几种减少题名字数的方法:① 尽可能删去多余的词语。② 避免同义词或近义词连用。③ 题名不易简化时,可用加副题名的办法来减少主题名的字数。采用了副题名,整个字数可能还不少,但不会使读者感到题名过长,而且编排页眉也很方便。采用副题名不单单是为了减少主题名的字数,有些场合还可以采用副题名:① 题名比较笼统,用副题名补充说明论文的特定内容。例如"眼动追踪技术与婴幼儿研究:程序、方法与数据分析",如果只有主标题,会使一篇论文看起来内容太宽泛,使用副标题,则界定了自己研究的具体内容。② 一系列研究需要分几篇论文报道,或者是分阶段的研究结果,各用不同的副题名区别其特定内容。例如"早期阅读情境中祖辈、父辈对婴幼儿提问和应答的比较研究:东部沿海地区的调查结果"的题名,界定了研究的区域,也为其他地区研究的结果提供了进行比较的机会。当然,如果能用一个主题名讲清楚的,就尽量不要用副题名。简洁精练是大原则。

再次,论文的标题要便于检索,容易认读。题名所用词语必须有助于选定关键词和编制题录、索引等二次文献,以便为检索提供特定的实用信息。题名中一定要有反映文章内容的关键词。这一点只要避免了题名"笼统"和"空泛"就比较容易做到。以下列举几个有关婴幼儿研究的期刊论文的标题:

2—3岁幼儿绘本选择偏好影响因素分析

辉县市农村婴幼儿父母育儿素养调查研究

早期阅读情境中祖辈、父辈对婴幼儿提问和应答的比较研究

婴幼儿对合作行为共享性特征的理解

### 2. 论文标题的结构应合理

首先，尽可能用以名词或名词性词组为中心的偏正词组。例如："观察婴幼儿与养育者关系的新视角"。其次，选词应准确。题名用词应仔细选取，否则会导致语意不明或产生逻辑错误。再次，标题详略应得当，避免多用和漏用"的"。语法规则要求，联合词组、偏正词组、主谓词组、动宾词组、介词词组做定语时，中心语之前须用"的"；而修辞规则又要求，多项定语中的"的"字不宜多用。应尽量做到既不违背要求又不显得冗长累赘。最后，标题语序应正确。

### （二）学术论文英语标题的撰写方法

英文标题在逻辑结构上与中文标题相似，都要求标题准确得体，结构合理。在很多国内高质量的论文或者学生毕业论文中，都要求对论文的标题进行翻译。在翻译的标题中，出现很多语法或者结构的问题。因此，本节将对英文标题的语法以及容易出现的错误进行归类，并详细介绍。

### 1. 英文题名的结构

国际期刊一般对题名词数有所限制。例如，美国医学学会规定题名不超过2行，每行不超过42个印刷符号和空格；英国数学学会要求题名不超过12个词。总的原则是，题名应确切、简练、醒目，在能准确反映论文特定内容的前提下，题名词数越少越好。

英文题名以短语为主要形式，尤以名词短语（noun phrase）最为常见，即题名基本上由1个或几个名词加上其前置和（或）后置定语构成。短语型题名要确定好中心词，再进行前后修饰。各个词的顺序很重要，词序不当，会导致表达不准。题名一般不应是陈述句，因为题名主要起标示作用，而陈述句容易使题名具有判断式的语义；且陈述句不够精练和醒目，重点也不易突出。少数情况（评述性、综述性和驳斥性）下可以用疑问句做题名，疑问句有探讨性语气，易引起读者兴趣。例如"Early childhood education quality and child outcomes in China: Evidence from Zhejiang province"，这个标题里，首先陈述研究的主要内容是幼儿的教育质量（Early childhood education quality）和学业成绩（child outcomes）之间的关系，其次副标题界定了研究的区域在浙江省（Zhejiang province）。整个标题的内容清晰，加上对研究地区的界定，使研究的内容很具体，不至于太宽泛。

### 2. 中英文题名的一致性

同一篇论文，其英文题名与中文题名内容上应一致，但不等于说词语要一一对应。在许多情况下，个别非实质性的词可以省略或变动。在我国的大学生毕业论文中，经常出现学生利用网络翻译的方法，只注重题目的内容，忽略了语法，导致标题语法不通、有歧义，甚至是错误的。例如中文名为"培训前后幼儿专业学生对0—3岁婴幼儿教养的看法比较研究"，翻译为英文时，因为内容太多，作者使用了副标题，将题目的内容分解，使读者更容易理解，内容如下"Perceptions regarding the care and education of children from birth to age three among students of early childhood education: Comparison between pre-training and post-training"。

### 3. 题名中的大小写

题名字母的大小写有以下3种格式：全部字母大写；每个词的首字母大写，但3个或4个字母以下的冠词、连词、介词全部小写；题名第一个词的首字母大写，其余字母均小写。例如"Home-based head start and family involvement: An exploratory study of the associations among home visiting frequency and family involvement dimensions"，标题里出现主标题和副标题，一般情况下，主标题和副标题的首字母都要大写，其他字母小写即可。

### 4. 题名中的缩略词语

已得到整个科技界或本行业科技人员公认的缩略词语才可用于题名中，否则不要轻易使用。

## 二、摘要

摘要是对一篇论文的结构和内容的概述，能让读者在很短的时间内大致了解论文的内容，是对论文内容不加注释和评论的简短陈述。摘要的分类很多，主要是指报道性摘要，常用于向学术性期刊投稿。它用来报道论文所反映的作者的主要研究成果，向读者提供论文中全部创新内容和尽可能多的定量或定性的信息。尤其适用于试验研究和专题研究类论文，多为学术性期刊所采用。摘要中应写的内容一般包括研究工作的目的、方法、结果和结论，而重点是结果和结论。摘要篇幅以200—300字为宜。

（一）学术论文中文摘要的写作要求

首先，摘要应使用第三人称。作为一种可供阅读和检索的独立使用的文体，摘要只能用第三人称而不用其他人称来写。

其次，摘要应简短精练，明确具体。简短，指篇幅短，一般要求50—300字（依摘要类型而定）；精练，指摘录出原文的精华，无多余的话；明确具体，指表意明白，不含糊，无空泛、笼统的词语，应有较多且有用的定性和定量的信息。

再次，摘要的格式应规范。尽可能用规范术语，不用非共知共用的符号和术语。不得简单地重复题名中已有的信息，并切忌罗列段落标题来代替摘要。除了实在无变通办法可用以外，一般不出现插图、表格以及参考文献序号，一般不用数学公式和化学结构式。不分段。摘要段一般置于作者及其工作单位之后、关键词之前。

最后，摘要的文字表达应符合"语言通顺、结构严谨、标点符号准确"的要求。摘要中的语言应当符合现代汉语的语法规则、修辞规则和逻辑规则，不能出现语法错误。

需要注意的是，摘要的格式没有固定的要求，作者需要根据研究的类型进行不同的描述。如果是使用一般的研究方法如观察法，问卷法，访谈法等，则需要介绍研究的使用方法，以及研究的结果等内容。如果是文献法，则需要描述梳理文献的框架内容。按照不同的研究分析类型，下面列举两个期刊论文的摘要。

案例一属于实验类型的论文摘要。

> **案例1**
>
> 　　2—3岁幼儿对绘本的选择偏好受许多因素影响,研究针对绘本摆放位置、材质、外形、熟悉度四个因素设计了相关的实验。结果表明绘本不同摆放位置、绘本的材质与外在形状显著影响幼儿对绘本的选择,但没有发现绘本内容的熟悉度对幼儿绘本选择有影响。婴幼儿教育机构和家庭应尽可能为这个年龄段的幼儿选择有不同触感的绘本,特别是布书等非纸类书。应多选择一些设计新颖独特、造型奇异有趣、色彩鲜艳灵动的绘本。同时应注意阅读环境的创设,如在空间布局上应采用开放式,书架最好与幼儿身高相适宜,绘本最好分类摆放,并根据幼儿最偏好纵向位置上的上层和中层以及横向位置上的左边和中间的特点,定期把涉及不同领域内容的绘本摆放在这些受到幼儿青睐的位置,以帮助其扩大阅读的范围与种类。

　　在案例一中,作者首先总结一句"2—3岁幼儿对绘本的选择偏好受许多因素影响",引出自己的研究内容"本研究针对绘本摆放位置、材质、外形、熟悉度四个因素",并简单介绍了自己的研究方法"设计了相关的实验"。此处如果能再展开一句介绍一下实验方法则更好。接着介绍研究的结果。注意,这里是对研究结果的高度概括,只要陈述最重要、最精华的研究结果即可,两三句话为宜。作者在这里描述研究发现了什么,但是没有发现什么:"结果表明绘本不同摆放位置、绘本的材质与外在形状显著影响幼儿对绘本的选择,但没有发现绘本内容的熟悉度对幼儿绘本选择有影响。"这也是摘要最为常见的表述方式。最后,根据研究结果,作者给出了相关的建议,建议的内容两三句话为宜。虽然这里建议的内容写得稍微有点多,但是不影响对摘要内容的整体把握,所必备的内容都有呈现,是一段结构完整的摘要。

　　案例二属于文献综述类型的论文摘要。

> **案例2**
>
> 　　眼动技术在婴幼儿研究中成为一种流行的研究工具。如何合理地选择和使用眼动仪进行数据收集及分析,是婴幼儿眼动研究者需要考虑的重要问题。文章从眼动仪使用的流程出发,主要对婴幼儿眼动研究过程中所涉及的四个方面的问题进行了梳理和分析:① 正确选择仪器;② 合理校准;③ 提高数据质量;④ 有效分析和挖掘数据。同时,文章针对这些方面提出了相应的操作性建议。

　　在案例二中,作者首先介绍了研究背景,其次引出自己的研究问题,再次简要归纳了文献综述的思路和框架,最后提及研究的建议。这也是属于比较完整的摘要的写法。

## （二）英文论文摘要的写作要求

英文摘要的结构和内容与中文摘要相似，主要包括背景介绍1—2句，指明研究目的或内容1—2句，研究方法3—4句，研究结果2—4句，研究建议1—2句。字数一般在250—300字，如遇特殊需要字数可以略多。

但是，特别需要注意的是英文摘要的时态。时态的运用也以简练为佳。但是需要注意的是，采用何种时态，既要考虑摘要的特点，又要满足表达的需要。一篇论文的摘要很短，尽量不要随便混用，更不要在一个句子里混用。

1. 一般现在时：用于描述公认事实、自然规律、永恒真理等。在介绍本文情况或提出建议时也会用到一般现在时。

2. 一般过去时：用于叙述过去某一时刻的发现或某一研究过程（实验、观察、调查、教学等过程）。用一般过去时描述的发现、现象，往往尚不能确认为自然规律、永恒真理，只是当时的情况；所描述的研究过程也明显带有过去时间的痕迹。一般在介绍研究方法和研究结果时使用。

3. 现在完成时和过去完成时：完成时在摘要中较少使用。现在完成时把过去发生的或过去已完成的事情与现在联系起来，而过去完成时可用来表示过去某一时间以前已经完成的事情，或在一个过去事情完成之前就已完成的另一过去行为。完成时如使用，一般在摘要开始介绍研究背景，表达"到目前为止关于这一议题已经研究到什么情况"的时候。

### 案例3

**Abstract**

Despite high rates of Chinese kindergarteners (3–6 years old) enrollment in early care and education (ECE), the quality of that care has not been widely examined. Following rapid economic growth in urban areas in the past three decades, there are growing concerns within China that families in urban and rural areas are experiencing an ECE opportunity gap. To address this concern, this study examined ECE quality and its association with child outcomes based on a relatively large sample of kindergartens in China. Using a stratified and random sampling method, the study recruited 1,012 children (age 3–6) from 178 classrooms in Zhejiang Province, a relatively developed region with a population of over 54 million people. We used the Chinese Early Childhood Environment Rating Scale to measure ECE quality and found moderately low quality for the study sample. Also, lower quality was observed in rural than

> urban areas, in private than public programs, and in programs with overall low parent education than those with high parent education. One dimension of quality, teaching and interactions, predicted child outcomes in language, early math, and social cognition as measured by the Children's Developmental Scale of China (age 3-6) in hierarchical linear models. The possible sociocultural and contextual reasons for these findings and implications for policymakers and practitioners are discussed in this paper.

在这篇英文摘要中，作者把摘要的必要部分都呈现了出来。开始的部分，作者用1—2句话介绍研究背景，"the quality of that care has not been widely examined（现在完成时）"。在此基础之上，作者提出了研究的主要目的和内容，"To address this concern, this study examined ECE quality and its association with child outcomes based on a relatively large sample of kindergartens in China（一般过去时）"。接着，作者精练地描述了研究方法，包括研究对象和研究工具，"Using a stratified and random sampling method, the study recruited 1,012 children (age 3-6) from 178 classrooms in Zhejiang Province, a relatively developed region with a population of over 54 million people"，"We used the Chinese Early Childhood Environment Rating Scale to measure ECE quality and found moderately low quality for the study sample（均为一般过去时）"。然后是研究结果的呈现，作者用3行文字描述，将研究结论简要地概括出来，亦使用一般过去时。最后，作者对研究结果进行解释，并在此基础上，提出相关建议"The possible sociocultural and contextual reasons for these findings and implications for policymakers and practitioners are discussed in this paper（一般现在时）"。在内容和结构上，与中文几乎相同。在摘要涉及不同内容时，作者使用的时态各有不同。这些语法上的轻微改变，需要认真对待，并在英文摘要书写时避免混淆。

## 三、关键词

关键词是为了满足文献标引或检索工作的需要而从论文中选出的词或词组。关键词作为论文的一个组成部分，列于摘要段之后。每篇论文中应专门列出3—5个关键词，它们应能反映论文的主体内容。格式上，可以使用分号或者逗号隔开，没有固定的要求。下面列举一些论文的关键词，内容如下：

在《2—3岁婴幼儿绘本选择偏好影响因素分析》一文中，关键词为：早期阅读；绘本；选择偏好。共三个。

在《早期阅读情境中祖辈、父辈对婴幼儿提问和应答的比较研究》一文中，关键词为：早期阅读，祖辈，父辈，提问，应答。共五个。

# 第二节　文献综述与研究问题

文献综述是对某一学科某一方面的专题搜集大量情报资料后经综合分析而写成的一种学术论文，它是科学文献的一种。文献综述是反映当前某一领域中某分支学科或重要专题的最新进展、学术见解和建议的，它往往能反映出有关问题的新动态、新趋势、新水平、新原理和新技术等。

文献综述与读书报告、文献复习、研究进展等有相似的地方，它们都是从某一方面的专题研究论文或报告中归纳出来的。但是，文献综述既不像读书报告、文献复习那样单纯把一级文献客观地归纳报告，也不像研究进展那样只讲研究进程，其特点就是"综"和"述"。"综"要求对文献资料进行综合分析、归纳整理，使材料更精练明确、更有逻辑层次；"述"要求对综合整理后的文献进行比较专门的、全面的、深入的、系统的论述。总之，文献综述是作者对某一方面问题的历史背景，前人工作，争论焦点、热点、难点，研究现状及发展前景等内容进行评论的科学性论文。

## 一、写文献综述的目的

查找文献资料、写文献综述是毕业论文选题及进行研究的第一步，因此学习文献综述的撰写过程也是为今后的科研活动打基础的过程。首先，通过搜集文献资料，可进一步熟悉文献的查找方法和资料的积累方法，在查找资料的同时也扩大了知识面；其次，通过文献综述的写作，能提高归纳、分析、综合问题的能力，有利于独立工作能力和科研能力的提高。

## 二、文献综述的写作要求

写文献综述一般要经过以下几个阶段：

（一）搜集阅读文献

搜集阅读文献资料，拟定提纲（包括归纳、整理、分析）和成文。这里着重介绍一下如何搜集阅读文献。选定题目后，要围绕题目搜集与问题有关的文献。关于搜集文献的有关方法很多，主要依选题而定，如看专著、年鉴法、浏览法、滚雪球法、检索法等。一般而言，搜集文献要求越全越好，因而最常用的方法是检索法。搜集好与文题有关的参考文献后，就要对这些参考文献进行阅读、归纳、整理，如何从这些文献中选出具有代表性、科学性和可靠性大的单篇研究文献十分重要，从某种意义上讲，所选择和阅读的文献的质量高低，直接影响文献综述的水平。因此在阅读文献时，要写好读书笔记、读书心得，并做好文献摘录卡片。用自己的语言写下阅读时得到的启示、体会和想法,将文献的精髓摘录下来,不仅为撰写综述提供有用的资料,而且对训练自己的表达能力、阅读水平都有好处,特别是将文献整理成文献摘录卡片,对撰写综述极为有利。

搜集文献应注意以下特点:① 搜集文献应尽量全。掌握全面、大量的文献资料是写好综述的前提。随便搜集一点资料就动手撰写是不可能写出好的文献综述的,甚至写出的东西根本不能称其为综述。② 注意引用文献的代表性、可靠性和科学性。在搜集到的文献中,有的观点雷同,有的在可靠性及科学性方面存在着差异,因此在引用文献时应注意选用代表性、可靠性和科学性较强的文献。③ 引用文献要忠实文献内容。由于文献综述有作者自己的评论分析,因此,在撰写时应分清作者的观点和文献内容,不能篡改文献的内容。

(二)评阅阅读文献

文献综述的格式与一般研究性论文的格式有所不同。这是因为研究性的论文注重研究的方法和结果,而文献综述主要是介绍与主题有关的详细资料、动态、进展、展望以及对以上方面的评述。因此,文献综述的格式相对多样,但总的来说,一般都包含四部分,即前言、主题、总结和参考文献。撰写文献综述时可按这四部分拟写提纲,再根据提纲进行撰写。

前言部分:主要介绍有关概念、定义及综述的范围,扼要说明有关主题的现状或争论焦点,从而建立与全文要叙述的问题密切相关的一个初步轮廓。主题部分:是综述的主体,其写法多样,没有固定的格式。可按年代顺序综述,也可按不同的问题进行综述,还可按不同的观点进行比较综述。不管用哪一种格式综述,都要将所搜集到的文献资料归纳、整理及分析比较,阐明有关主题的历史背景、现状和发展方向,以及对这些问题的评述。主题部分应特别注意代表性强、具有科学性和创造性的文献引用和评述。总结部分:与研究性论文的小结有些类似,将全文主题进行扼要总结,并对所综述的主题提出自己的见解。参考文献虽然放在文末,却是文献综述的重要组成部分。因为它不仅表示对所引用文献作者的尊重及引用文献的依据,而且为深入探讨有关问题提供了文献查找线索。参考文献的编排应条目清楚,查找方便,内容准确无误。

例如,以下是某一报告中对0—3岁婴幼儿认知发展文献的评析。

**案例4**

在内容上,目前国内外研究和我国的婴幼儿教师专业标准法规已经反映出0—3岁婴幼儿教师专业发展理念的重要性,但是对教师的专业素养是否影响以及如何影响婴幼儿的认知发展研究很少。在研究方法上,已有的研究方法主要以工具测查和田野研究相结合为主,我国已有的研究更侧重于在国际背景中对婴幼儿教师素养的文献分析,很少有定量和定性相结合的实证研究,这也是未来研究要关注的重点。此外,已有的研究主要关注婴幼儿某一时间内的发展状况,但是缺乏有关在认知发展方面长期跟踪的研究。

在这部分文献评析中,作者从不同维度对已有的文献进行评价和总结,如研究内容上、研究方法上、研究时间上等,这样不仅将已有的文献整理得井井有条,研究者对已有文献的把握和理解的程度也让读者信服。

再如,下面是某一研究论文中对0—3岁婴幼儿图画书阅读偏好的文献评析。

> **案例5**
>
> 但是,目前国内外大部分关于阅读偏好的研究都是以学龄儿童或者成人为研究对象,很少以学前儿童为研究对象,而且有限的关于学前儿童图画书阅读偏好的研究均以调查法或者自然观察法为主,少有使用实验法的。

类似的,在这个案例中,作者也是分层次地对文献进行评价。首先,从研究对象上,认为"很少以学前儿童为研究对象";其次,在研究方法上,"少有使用实验法的"。这样的总结不仅让作者的研究基础更扎实,也能从这些已有研究的不足中,进一步引出自己的研究问题。总之,一篇好的文献综述,应有较完整的文献资料,有评论分析,并能准确地从不同层次和视角反映自己研究的主题内容。

在文献综述的基础上,研究者可以提出自己的研究问题。一般来说,这部分首先要介绍研究问题的背景,主要阐述这个研究问题过去有人研究过吗,研究结果是什么,这个问题在当前教育理论和实践中有什么争论,在理论上有什么分歧,在实践上有什么意义等。把这些情况讲清楚之后,再提出所要研究的问题就显得有理有据。

例如,有一篇文章《影响婴幼儿理解句子的因素》。文章开头提出婴幼儿句子的定义,然后介绍语法的结构同理解句子有关,这两个因素在当前儿童语言发展领域有争议:一派认为句法是重要的,语义是次要的;另一派认为儿童理解句子主要是语义,句法不太重要,因此本研究需要立足在这些争议基础之上,展开研究。

在研究背景介绍完之后,作者需要提出问题,阐述研究该课题的原因,还要综述国内外关于同类课题研究的现状:① 前人已经研究了什么、研究到什么程度。② 找出已有研究的不足或者空白,提出别人还没有研究的问题。③ 前人已做过,但是做得不够(或有缺陷),在新的研究中提出完善的想法或措施。④ 前人已做过,新的研究通过重做实验来验证。

## 三、提出自己的研究问题

通过文献梳理和归纳,提出本研究的研究目的与研究意义。目的和意义是指通过该课题研究将解决什么问题(或得到什么结论),而这一问题的解决(或结论的得出)有什么意义。有时将研究目的和意义合二为一,没有固定的结构和格式要求。

以《2—3岁婴幼儿对绘本的选择偏好受许多因素影响》的一篇研究为例,作者在文献分析和背景介绍之后，提出自己研究的维度和内容。

> **案例6**
>
> 以往研究大多只探讨婴幼儿对其中某个特征的理解，并未梳理这些特征之间的关系。本文在以往文献的基础上对这几个特征之间的逻辑关系进行梳理，以便加深人们对合作行为进化起源的认识。

在提出自己研究的问题和目标之后，有的作者还会将研究的意义简要论述一下。研究意义包括理论意义和实践意义。期刊论文一般可以简单地用2—3句话描述，学术论文或者报告中则要求更多的内容，2—3段文字最好。

> **案例7（期刊论文）**
>
> 综合已有研究成果，可知学前儿童对图画书或者说绘本的选择偏好是一个很复杂的过程，受到很多因素的影响与制约。其中可能的主要影响因素有：绘本的摆放位置、绘本的物理性质（包括外形和材质等）、对绘本的熟悉度等。基于此，本研究结合小小班和亲子班幼儿阅读和认知的发展特点，拟选择绘本的摆放位置、外形、材质以及熟悉度四个因素，对2—3岁幼儿在幼儿园区角中的绘本选择行为进行严格的实验控制研究，以确证影响这一年龄阶段幼儿绘本选择偏好的因素，从而希望能够为如何为婴幼儿投放图书以及创设相应的阅读环境提供科学依据。

在上面这个案例中，作者先总结"综合已有研究成果"，对学前儿童图画书的选择受到很多因素的制约。在此基础之上，提出了自己的研究问题："基于此，本研究结合小小班和亲子班幼儿阅读和认知发展的特点，拟选择绘本的摆放位置、外形、材质以及熟悉度四个因素。"最后，作者还用1—2句话说明了研究问题的重要性："从而希望能够为如何为婴幼儿投放图书以及创设相应的阅读环境提供科学依据。"

学术论文中，在研究的问题提出之后，研究的意义也会随之附上。也就是说，研究者根据需要，对研究意义进行论述。论文的研究意义可以从两个方面来写：一个是理论意义，一个是实践意义。理论意义主要是阐述理论上的创新，在总结前人研究的基础上，进一步拓展前人的研究，或者指出已有研究的空白或不足之处。实践意义则是通过分析自己的研究问题，对这一问题的解决提供指导意义。

具体的研究意义的写作可以借鉴下面的框架：首先，在理论意义上，本研究在已有研究的基础上，进一步使用了××的研究方法，并提出了××，对××方面的研究问题有一定的创新作用和指导意义。其次,在实践意义上,本研究通过分析××问题,为××教育领域的发展起到了良好的借鉴和指导作用。以上框架并不是唯一的,研究者不必拘泥于这一种形式,只要是关于论文研究内容的作用和意义的都可以写进去。一般来说,研究意义的字数在300—500字。

> **案例8(学术论文)**
>
> 1. 理论意义
>
> 目前,对农村婴幼儿父母育儿素养的研究还属于凤毛麟角,缺乏深入、系统的研究成果。本研究对0—3岁婴幼儿父母育儿素养进行研究,有助于探索婴幼儿父母育儿素养的差异对人生初期阶段的不同影响,乃至对人一生发展所起的作用。从而,在一定程度上有利于丰富婴幼儿家庭教育理论。笔者以某一具体的地域范围对农村婴幼儿父母育儿素养展开研究,有助于为之后的婴幼儿父母育儿素养理论的研究提供生动具体的案例。立足于婴幼儿父母育儿素养的提升,也有利于充实和延伸成人教育的功能理论。
>
> 2. 实践意义
>
> 对农村婴幼儿父母育儿素养现状的调查研究,可以帮助我们对农村婴幼儿父母在养育婴幼儿方面存在的问题和不足进行精准定位。进而可以通过成人教育,有针对性地找寻改进的建议和渠道,以此帮助农村婴幼儿父母掌握更多获取婴幼儿心理特点、护理、营养、教育等方面的知识和信息的渠道和方法,扩展其获取婴幼儿教育方面资讯的途径。这有利于农村婴幼儿父母科学合理地对婴幼儿实施具体的教育培养活动,有助于婴幼儿身体得到更为科学的养护,良好的生活习惯得以初步的养成,语言能力得到及时的锻炼和培养。

在上面这个案例中,作者首先阐述了研究的理论意义,包括该研究进一步"充实和延伸成人教育的功能理论"和"丰富婴幼儿家庭教育理论"。在实践意义上,该研究可以"对农村婴幼儿父母在养育婴幼儿方面存在的问题和不足进行精准定位","有利于农村婴幼儿父母科学合理地对婴幼儿实施具体的教育培养活动",以及"有助于婴幼儿身体得到更为科学的养护,良好的生活习惯得以初步的养成,语言能力得到及时的锻炼和培养"。

## 第三节 研究方法

研究方法在一篇论文中具有举足轻重的作用。交代研究方法要具体,要讲清楚研究对象的情况。无论是调查报告还是实验研究,研究对象的情况、人数、在什么时候研究、怎样取样、控制哪些实验条件等,都要交代清楚。采用不同的研究设计和研究方法的研究报告,在"研究方法"部分的写法也存在一定差异,但总的来说,研究方法一般包含以下内容:研究对象、研究工具、研究过程。

## 一、研究对象

在研究报告中,需要汇报的研究对象内容包括:① 拟研究的总体范围和数量;② 研究选取的对象数量。此外,还要在报告中描述如何选取研究对象,以及所选取研究对象的基本信息特点,如性别、年龄、家庭背景、父母的工作等。

例如,有的研究详细描述了如何选择研究需要的有效样本。

> **案例9**
>
> 　　研究对象在北京各大社区和网站发布招募信息,共招募到自愿参加研究项目的77个家庭的母亲、祖辈和幼儿。参与家庭招募的条件为:幼儿均来自完整家庭的头胎儿,足月妊娠且不存在医学诊断中的重大身心疾病,这些家庭的幼儿均在母亲上班时由奶奶或姥姥看护,且每周看护的时间不少于10小时,这一看护的时间标准是由美国"儿童健康和人类发展国家研究机构"(NICHD)界定"非母亲看护"的定义时所设定的时间界限(Vermeer & Bakermans-Kranenburg, 2008)。剔除单个母子互动、祖孙互动录像缺损、问卷数据在3个标准差以外等5个家庭,纳入本研究分析的家庭为72个,其中38个男孩,幼儿的平均月龄为17.51个月(SD=3.76),月龄范围在14—22个月。

在上面的案例中,研究者陈述了选取研究对象的条件,"参与家庭招募的条件为:幼儿均来自完整家庭的头胎儿,足月妊娠且不存在医学诊断中的重大身心疾病,这些家庭的幼儿均在母亲上班时由奶奶或姥姥看护,且每周看护的时间不少于10小时"。此外,报告中还对研究对象的样本、年龄等信息进行了描述。

对于选取的研究对象的描述,因研究中使用的变量的种类和有效性做有针对性的陈述。例如,以下两个案例是研究报告中陈述研究被试的数量,但是并没有对性别、年龄或者学历等个人背景信息进行关注。

> **案例10**
>
> 　　被试随机选取xx市幼儿师范学校附属幼儿园小小班幼儿100名(27—40个

月),其中男孩50人,女孩50人。每次参加实验的人数从11到13不等。

本研究问卷邀请了16位专家参与调查,其中2位婴幼儿教育学者、4位教育评估学者、5位教育管理人员、5位0—3岁早期教育中心园长。

但是,有些研究中,研究被试的个人背景信息变量(如学历、家庭收入等)是研究分析的重点内容,则需要具体描述这些变量的差异性。

**案例11**

本研究中13.9%幼儿的母亲的受教育程度是高中及以下水平,61.1%是大学教育水平,25%是硕士研究生及以上水平。27.8%幼儿的祖辈的受教育程度是初中教育及以下水平,63.9%是高中教育水平,8.3%是大学教育水平。家庭平均月收入的分布9.7%是3 000元及以下,25%是3 000—6 000元,37.5%是6 000—10 000元,27.8%是10 000元以上。此外,幼儿每周接受祖辈看护的时间11.1%在10—20小时,12.5%在20—35小时,76.4%不少于35小时。

## 二、研究工具

研究工具根据研究方法的不同,内容陈述上也有所不同。

不是所有的研究都会使用到研究工具,在婴幼儿心理测量与评估中,使用到测查工具的情况最多。在很多民族志研究中,则不用介绍此部分内容,但可能会在论文开始部分较为详细地介绍自身的背景和情况,因为在民族志研究中,研究者本身就是研究工具。在很多调查研究报告中,像问卷、访谈提纲、观察记录表等研究工具往往以附录的形式放在研究论文的最后,而不需要直接罗列在正文中。但是,研究者需要介绍研究工具的主要内容、框架结构等,让读者有很清晰的认识。

对于自制的工具,一般情况下,需要陈述自制工具的参考框架、信效度的检验、预测查等内容。因为在多数情况下,测查工具并不是随意制定的,有的是根据研究问题制定的,例如"上海市××区0—3岁家庭教养方式的调查",研究者根据研究问题,制定具体的问卷问题,并将问卷的具体内容附在文章的最后。

对于借鉴国内外的已有测查工具,在自己研究需要的基础上进行修改,通过信效度检验满足条件后,才可以使用。在研究报告中,要详细描述使用测查工具的情况。具体包括:引用的测查工具的出处、内容,本研究如何修改,修改后的内容如何,以及信效度检验报告系数。以下案例是一个研究中引进国外的测查工具,进行修改的描述。

> **案例12**
>
> **婴幼儿社会-情绪性状况评价量表**
>
> 　　美国耶鲁大学的Carte，Little，Briggs-Gowan和Kogan(1999)编制了《婴幼儿社会—情绪性评价量表》(Infant-toddler social and emotional assessment；ITSEA)，该量表主要用于评估12—36个月婴幼儿的社会性和情绪发展状况，由母亲进行主观评定。本研究采用我国张建瑞修订的中国版《婴幼儿社会—情绪性评估量表》和他开发的ITSEA软件，包括146个条目，核心条目104条，包括4个领域（外显行为域、内隐行为域、失调域和能力域），共负荷19个维度，具有较好的测量学特征，4个域的两周重测信度为0.71—0.86，分半信度为0.82—0.90，Cronbach α 系数为0.80—0.88(Zhang et al., 2009)。本研究中4个域的Cronbach α 系数为0.68—0.73。

## 三、研究过程

研究分析的过程和步骤的描述根据研究的过程进行，作者需要按照顺序记录先做了什么，然后做了什么，最后做了什么，一步一步，有清晰的框架和思路，让读者对作者的研究有明确的理解。下面的案例通过图表的形式让读者清晰地看到研究的方法及分析框架。

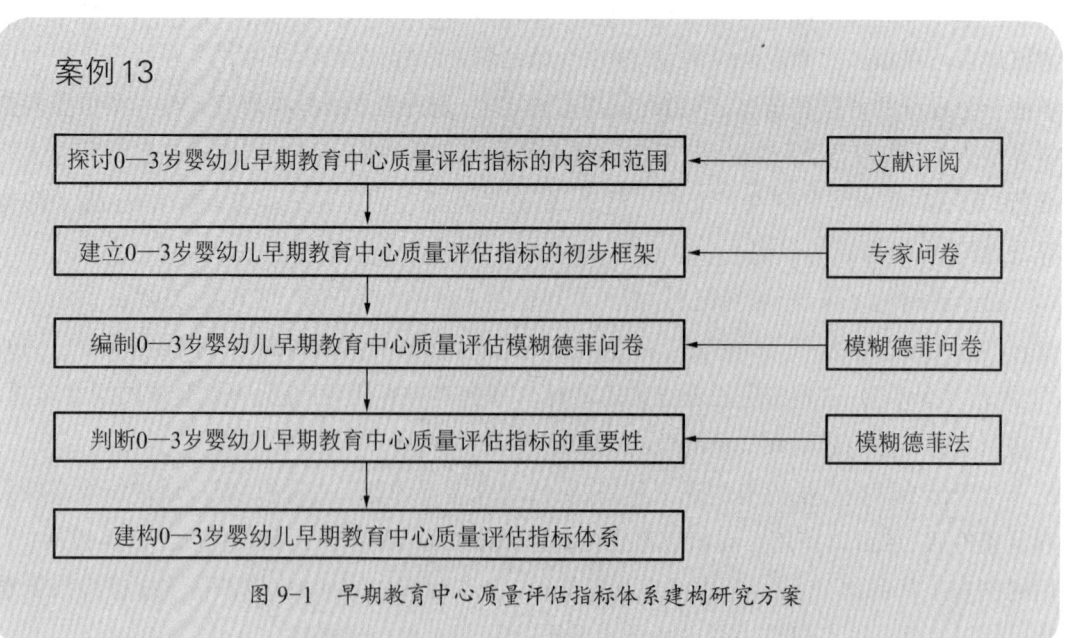

图 9-1　早期教育中心质量评估指标体系建构研究方案

在案例中,研究者描述内容如下:本研究拟采用文献法、问卷调查法和模糊德菲法进行指标建构,整体研究方案如图9-1所示:首先,分析已有关于0—3岁婴幼儿早期教育质量评估的理论和实践研究,归纳出0—3岁婴幼儿早期教育质量评估指标内涵,初步形成三级指标体系。其次,为使指标内容更符合我国婴幼儿早期教育实际,经教育测量专家审题,编制0—3岁婴幼儿早期教育中心质量评估指标之专家问卷,邀请16位婴幼儿早期教育方面的专家审阅初步形成的三级指标体系,并提出他们的意见。最后,在分析专家意见的基础上,归纳形成0—3岁婴幼儿早期教育中心质量评估指标之模糊德菲问卷,选择专家组成小组,对指标进行筛选并判断其重要性,最终形成完整科学的0—3岁婴幼儿早期教育中心质量评估指标体系。

对于测查中实施的程序,研究报告中也需要详细的描述,包括测查之前的准备和材料、测查之中说的指导语和动作等,以及测查结束如何记录等事项。例如,下面的案例是对婴幼儿进行测查,论文报告中对测查的过程进行具体的描述。

### 案例14

本实验采用个体施测的形式,过程大约2分钟。主试事先在书架上根据实验要求摆放实验材料,再请被试单独进入图书区。主试对被试说出指导语:"你喜欢哪本书?请选一本。"被试只凭封面不看内页做出选择(材质分实验允许被试触摸封面)。主试把结果记录在一张严格设计的记录纸上。主试给每本书编了号,根据被试选出来的书,分别把其编号记录在相应的表内。随后,主试询问被试为什么选择这本书,并将被试的回答记录在记录纸上,实验结束。

在上面的案例中,研究者具体描述了实验法中对被试采取的施测过程。首先,"主试事先在书架上根据实验要求摆放实验材料,再请被试单独进入图书区"。其次,描述测查过程中的指导语:"主试对被试说出指导语:你喜欢哪本书?请选一本。"再次,详细描述指导者要记录的内容和如何编号:"主试把结果记录在一张严格设计的记录纸上。""主试给每本书编了号,根据被试选出来的书,分别把其编号记录在相应的表内。""主试询问被试为什么选择这本书,并将被试的回答记录在记录纸上。"

如果研究方法不是测查,而是质性研究,如访谈或者观察法,那么同样也需要详细的描述过程。下面的案例是对实施观察法的内容描述。

### 案例15

观察前:在家庭观察开始之前,两名观察者会与母亲、幼儿自由互动10—15分钟,以增加相互的熟悉度和信任感,减少被试因紧张和焦虑引起的偏差。

正式观察:母子互动和祖孙互动的家庭观察

本研究在自然的家庭情境下,进行母子和祖孙的自由互动观察并录像。通过电话预约,每次由经过专业训练的两名心理学研究生带着录像设备入户观察。其中一名观察者负责操作录像机进行录像,另一名则负责观察家庭环境以及被试需要注意的关键行为,但并不进行现场记录。在母子互动时,祖辈需要回避,其他人不能干扰,保证只有母亲和孩子两个人的互动过程。互动前告诉母亲:"您平时与孩子怎么玩儿,现在就怎么玩儿。"同理,在祖孙互动时,也遵循上述程序。母子互动和祖孙互动分别持续30—40分钟,两段录像间隔10分钟。为了平衡顺序效应,一半被试先进行母子互动,另一半被试则先进行祖孙互动。

在上面的案例中,研究者将观察的步骤分为两个部分,第一部分是观察前的准备,第二部分是正式的观察。观察的程序部分需要介绍观察前的指示语,如互动前告诉母亲:"您平时与孩子怎么玩儿,现在就怎么玩儿。"介绍观察的时长、中间的间隔时长,如"母子互动和祖孙互动分别持续30—40分钟,两段录像间隔10分钟"。观察的内容和整个观察的步骤都在案例中显示出来。同样,在访谈的程序描述中,研究者也可以使用相类似的描述过程,从实施访谈开始到访谈结束。

## 第四节 研究结果

研究结果是一篇研究报告中最主体的部分。研究结果中数据的分析要形象地表示出来,可以用图、表、文字等形式。有的数据如果用直方图、曲线图、折线图等,能使读者一目了然。质性研究的内容多为文字的形式,研究者可以根据需要采取片段分析、案例分析、编码分析等方式呈现出分析结果。研究的结果最好是一般与典型相结合,数据与事例相结合。如"教师自学法和讨论法更有利于提高婴幼儿语言发展"的实验,结果部分除了有一般数据,即参与的婴幼儿在两种方法下各平均提高了多少分,还可以有几个典型的案例,具体描述他们实验前的表现如何、实验后表现如何,这样能使写出来的报告呈现立体感、多维度。还可以让教师描述他们对自学法和讨论法的理解,使报告既有深度也形象生动。

## 一、量化分析结果

量化数据分析的结果可以通过 SPSS 软件分析,常用的结果呈现有数值、文字、公式、图表、表格等。在量化数据的分析中,平均数、标准差、方差、相关、回归分析等是使用最广泛也是最普遍的分析方法。在结果的呈现上没有固定的格式要求,一般情况下,以表格呈现的方式最多。以下四个案例分别对每种分析结果的内容进行了描述。

### 案例16

#### 平均数、标准差的结果呈现

幼儿两种依恋的四种组合模式(高安全性的母子依恋和祖孙依恋组、低安全性的母子依恋和祖孙依恋、高安全性母子依恋和低安全性祖孙依恋组、低安全性母子依恋和高安全性祖孙依恋组)的社会—情绪性发展的描述性结果见表9-1。

表9-1 母子依恋和祖孙依恋4种组合模式下幼儿的社会—情绪性发展的描述性结果

| 结果变量 | Total | | 4种依恋组合模式（$n$=72） | | | | | | | | $F$ (3,68) |
|---|---|---|---|---|---|---|---|---|---|---|---|
| | | | $H_M$-$H_{GM}$ ($n$=36) | | $H_M$-$L_{GM}$ ($n$=13) | | $L_M$-$H_{GM}$ ($n$=13) | | $L_M$-$L_{GM}$ ($n$=10) | | |
| | M | SD | M | SD | M | SD | M | SD | M | SD | |
| 外显行为域 | 48.35 | 9.71 | 43.22 | 7.48 | 51.46 | 9.18 | 54.00 | 7.07 | 55.40 | 11.22 | 9.56*** |
| 内隐行为域 | 49.61 | 8.67 | 46.78 | 6.29 | 50.77 | 11.59 | 52.31 | 9.14 | 54.80 | 8.56 | 3.26* |
| 失调域 | 46.18 | 9.48 | 42.53 | 7.37 | 52.08 | 10.74 | 48.15 | 5.87 | 49.10 | 3.40 | 4.56** |
| 能力域 | 51.26 | 7.49 | 52.92 | 7.29 | 50.54 | 7.10 | 50.54 | 7.09 | 47.20 | 8.40 | 1.70 |

注:$H_M$-$H_{GM}$=高安全性母婴依恋-高安全性祖孙依恋;$H_M$-$L_{GM}$=高安全性母婴依恋-低安全性祖孙依恋
$L_M$-$H_{GM}$=低安全性母婴依恋-高安全性祖孙依恋;$L_M$-$L_{GM}$=低安全性母婴依恋-低安全性祖孙依恋
\*\*\*代表$p$<0.001,\*\*代表$p$<0.01,\*代表$p$<0.05,+代表边缘显著,下同。

平均数、方差、百分数等都是常见的描述性结果。表格呈现的方式一般为三线式,如案例中所显示,内容包括表格的标题、表格以及备注(如有需要)。

下面的案例显示的是对差异的检验。表中描述了为了考察不同因素对被试绘本选择偏好的影响,研究对每个分实验中被试在自变量各水平上的次数进行卡方检验。

案例17

### 差异的检验结果呈现

表9-2　不同因素对婴幼儿绘本选择偏好影响的卡方检验结果

| 分实验<br>自变量 | 纵向位置 | 横向位置 | 材　质 | 外　形 | 熟悉度 |
|---|---|---|---|---|---|
| 水平1 | 31 | 41 | 32 | 25 | 24 |
| 水平2 | 37 | 31 | 14 | 13 | 31 |
| 水平3 | 12 | 18 | 15 |  |  |
| $\chi^2$值 | 10.100* | 8.867* | 10.066** | 3.789 | 0.891 |
| P值 | 0.018 | 0.012 | 0.007 | 0.052 | 0.345 |

注：*表示P<0.05，**表示P<0.01，***表示P<0.001，下同。

由表9-2的结果可知，熟悉度各水平实际次数与理论次数无显著差异（P=0.345），说明熟悉度不同水平之间没有显著差异。外形各水平实际次数与理论次数达到边缘显著（P=0.052），偏好异形的多于偏好规则的。材质、纵向位置、横向位置各水平实际次数与理论次数均有显著差异（P<0.01，P<0.05，P<0.05），说明材质、纵向位置、横向位置不同水平之间具有显著差异。

下面的案例是对数据中变量之间的相关性进行检验，可以使用软件如SPSS进行检验。得出的数据也通常用三线表呈现，相关系数和显著性在表格中。

案例18

### 相关分析结果呈现

表9-3具体呈现了母子依恋、祖孙依恋的安全性与幼儿社会-情绪性发展各领域之间的相关系数，结果显示母子依恋的安全性分数与幼儿的外显行为域、内隐行为域和失调域呈现显著负相关，与幼儿的能力域之间呈现显著正相关；祖孙依恋的安全性分数与幼儿的外显行为域呈现显著负相关，与幼儿的内隐行为域呈现边缘显著水平。

表9-3 母子依恋和祖孙依恋的安全性与幼儿社会—情绪性发展各领域的相关系数

| 结 果 变 量 | 母子依恋的Q分数 | 祖孙依恋的Q分数 |
|---|---|---|
| 外显行为域 | −0.59*** | −0.36*** |
| 内隐行为域 | −0.42*** | −0.22* |
| 失调域 | −0.26* | −0.16 |
| 能力域 | 0.28* | 0.07 |

下面的案例是在相关分析的基础上,对数据的自变量和因变量之间进行的因果分析。表格里呈现出F值,回归系数,如果使用不同的模型,则要对不同方程模型的结果进行描述和比较。下面是回归分析的结果描述。

### 案例19

### 回归分析结果呈现

以母子依恋和祖孙依恋的安全性分数为自变量,以外显行为域、内隐行为域、失调域和能力域分别作为因变量,进行分层多元回归分析,见表9-4。在回归模型中,第一步将儿童性别作为控制变量纳入方程,女孩编码为0,男孩编码为1;第二步将母子依恋和祖孙依恋作为预测变量纳入方程;第三步纳入母子依恋和祖孙依恋中心化后的交互项,考察二者的交互作用。结果表明,控制了幼儿性别的影响效应之后,母子依恋安全性依然可以显著预测幼儿的外显行为域、内隐行为域和能力域的得分,即当母子依恋安全性越高时,幼儿的外显行为域和内隐行为域的得分也会越少,并表现出更高的能力;祖孙依恋的安全性对幼儿各领域发展结果的预测作用均不显著。

表9-4 母子依恋、祖孙依恋的安全性与幼儿社会—情绪性各领域的分层回归分析

| 结果变量 | 模型1 | | | | | 模型2 | | |
|---|---|---|---|---|---|---|---|---|
| | 幼儿性别 | $\beta_{\text{C-M依恋}}$ | $\beta_{\text{C-GM依恋}}$ | $F$ | $R^2$ | $\beta_{\text{C-M依恋} \times \text{C-GM依恋}}$ | $\Delta F$ | $\Delta R^2$ |
| 外显行为域 | 0.23* | −0.53*** | −0.09 | 12.83*** | 36.1% | 0.03 | 0.12 | 0.1% |
| 内隐行为域 | 0.21* | −0.40** | −0.00 | 5.27** | 18.8% | −0.04 | 0.12 | 0.0% |
| 失调域 | 0.13 | −0.23* | −0.03 | 1.75 | 7.2% | −0.23* | 3.95* | 5.2% |
| 能力域 | 0.00 | 0.33* | −0.07 | 2.20* | 8.8% | 0.02 | 0.02 | 0% |

注:C-M代表幼儿-母亲;C-GM代表幼儿-祖母。

除了表格是最常用的结果呈现方式以外，图形也是经常使用的方式之一。以下的案例是用图呈现数据结果并用文字辅以说明。要注意的是，表格的标题一般放在表格上方，而图形的标题一般放在图下方。

案例20

以母子依恋为自变量，祖孙依恋为调节变量对交互效应中的简单斜率进行了分析。在图9-2中，祖孙依恋分数较高的这一组幼儿的简单斜率是显著的，b=−49.87，SE=16.20，p=0.003。但是，祖孙依恋分数较低的这一组幼儿的简单斜率不显著，b=−10.48，SE=11.49，p=0.365。上述结果表明，对那些祖孙依恋安全性水平较高的幼儿来说，他们与母亲的依恋安全性越高，越能够显著地减少他们在失调域的得分；但对那些祖孙依恋安全性水平较低的幼儿来说，他们与母亲的依恋安全性对其失调域的得分没有预测作用。上述结果说明在失调域这一维度上，母子依恋和祖孙依恋的安全性是联合起作用的。

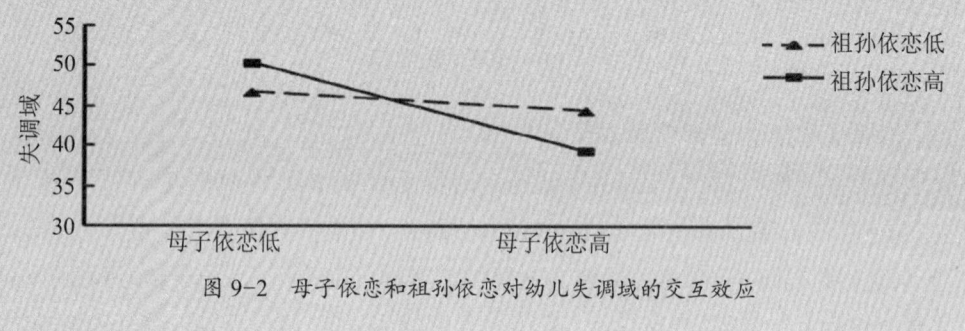

图 9-2 母子依恋和祖孙依恋对幼儿失调域的交互效应

## 二、质性分析结果

在质性研究中，通常通过访谈或者观察进行案例分析和总结。结果的呈现方式是选取代表性的案例进行分析，通过编码和归类将不同类型的片段归纳出来，进行比较，最终得出结论。下面列举一个观察案例分析，名为"早期阅读情境中祖辈对婴幼儿提问的比较"，研究者将教养者对婴幼儿不同类型的提问方式进行描述和分析，观察结果呈现出不同的类型。

案例21

**祖辈A1**

爷爷：这个是什么东西？这个是什么东西？

孩子:(没有言语反应)

爷爷:讲呀!

孩子:(没有言语反应)

爷爷:这个是什么? 这个是什么?

这个片段中的爷爷表现得非常着急,当女孩连续两次都没有言语反应时,爷爷的焦急感又进一步递增了。这也表现出,爷爷内心认定女孩应该并且有能力回答这个问题。当女孩的表现低于自己的期望值时,爷爷明显有了情绪反应。但爷爷并未改变策略,只是一味地重复问题。

**祖辈A2**

爷爷:(大声)这个是什么颜色?

(大声)什么颜色你知道的啊!

(大声)这是什么颜色? 你看电视里什么颜色? 谁的颜色?

《天线宝宝》里谁的颜色? 谁穿的衣服的颜色? 啊?

孩子:拉拉!

当三次简单性重复提问都没有收到孩子的言语反应后,爷爷改变了提问策略,转而使用启发性重复提问。提问的核心仍旧是关于颜色,只是不再简单地提问"什么颜色",而是结合幼儿的生活经验,借由幼儿喜爱的"天线宝宝"来启发提问。幼儿很快将绘本上的颜色与天线宝宝中某个人物所穿衣服的颜色建立了联系。遗憾的是,这位祖辈一直到早期阅读结束,仍没有教授幼儿这些颜色的确切名称。

在上面的案例中,研究者采用观察法,在结果呈现的部分,研究者从观察的内容中选取有代表性的片段案例,然后将内容用文字的形式描述出来。在案例中,使用对话的方式呈现,包括语言、被观察者的神态、肢体语言等。在片段描述后,研究者对片段进行深入的分析,得出结论。

除了观察中选取案例片段进行分析以外,质性研究中经常会使用访谈法进行。访谈的结果呈现既可以用对话的形式描述,也可以选取被访谈者说的几句话。下面的案例名为"农村婴幼儿父母育儿素养现状",作者通过与婴幼儿父母面对面的交流,对其进行深入的访谈,以便对父母获取育儿知识的途径做更深入的了解。访谈对象是6个月大婴儿的母亲。对访谈内容的记录,作者使用的是对话的描述方式。

**案例22**

访谈者:你是通过哪些渠道了解有关育儿方面的知识的? 例如需要注意什么?

怎样保证营养？食物有哪些禁忌？

被访谈者安妈妈：我去医院产检，在排号等待进去检查的时候，医院的显示屏上会播放一个《健康之路》的节目，请的是县医院的医生讲从怀孕到孩子出生的过程以及需要注意的问题，还有出生以后哺乳期需要注意的问题。我主要通过这个途径了解到这方面的信息。孩子出生以后吃什么比较有营养这些问题，有些是上班期间听别人说的，还有就是爸妈、公婆一直在身边念叨说这个东西能不能吃。在不知道有些东西能不能吃的情况下，就上百度搜一下。

访：有听过相关的讲座吗？

安：没有听过讲座。

访：如果有机会的话，你想了解哪些方面的知识？

安：孩子教育方面的知识，还有关于孩子饮食方面的一些知识。

由访谈内容可知，农村婴幼儿父母科学育儿素养现状喜忧参半。也就是说，农村婴幼儿母亲已懂得一些科学的育儿知识。但是，育儿素养仍需进一步提升。并且，婴幼儿父母获取知识的途径也较为单一，且大多通过长辈、亲友间的口耳相传，自己对孩子的琢磨以及有问题时通过电视、网络获取。他们并没有读过与育儿相关的书籍，学习过相关的课程。他们获取的知识较为零散，缺乏科学性和系统性，获取育儿知识的途径也有待深化拓展。

在上面的案例中，研究者采用访谈法，在结果呈现的部分，从访谈的内容中选取有代表性的片段作为案例分析，然后将内容用文字的形式描述出来。在案例中，使用对话的方式呈现。在片段描述后，研究者对片段进行深入的分析，得出研究的发现。

## 第五节 研究讨论

讨论部分最能够显示一个研究者研究问题的深度和广度。深度就是论文对提出问题的研究到了一个什么样的程度，广度指是否能够从多个角度来分析解释实验结果。与国际上英文论文在写作上加以比较，我国的论文对研究讨论部分的重视程度还不够，很多论文研究讨论不够透彻，甚至没有研究讨论部分，这往往使一篇好的研究没有对研究结果进行拓展，因此与其他的文献没有足够的比较和联系，缺乏在其研究领域之间建立关系。

研究讨论部分没有严格的内容和格式要求。但是要写好讨论部分，必须注意以下两点：首先，选择要深入讨论的问题。选择合适的结果在讨论部分进行深入讨论，是写好该部分首先要面临的问题。一般来说，可根据如下原则来判断：如果你的结果体现了实验的独特性，是其他研究中没有得到的,那这个结果就是要重点讨论的问题;有些结果和前人的研究一致,并没有显著性差异,就应该一笔带过而无需深入讨论。讨论部分的一个重要作用就是要突出自己研究的创新性,并体现出显著区别于他人的特点,区别大小是另外一个问题,重要的是要有区别,区别就是创新。

其次,对选中的问题按一定层次,从多个角度进行讨论,说理要有根据,问题要讲清楚、讲透彻。选择的问题大多数情况是2个以上,因此要按一定层次描述清楚。一般来说,把最重要的放在中间,次之的放在开头和末尾。放在中间能将评审人的情绪带至高潮,前面是铺垫,后面是总结,这样的顺序似乎更合适。问题无论大小,是否重要,都要从多个角度展开深入讨论:① 首先要有类似结果的对比,说明自己结论的独特性;② 其次要系统阐述为什么会有这样的结果,方法有多种(从实验设计角度、从理论原理角度、从分析方法角度、借鉴别人分析方法等);③ 再次要基于前面的讨论提出本研究发现所带来的启示和价值,并客观地分析研究局限。

## 一、讨论部分的框架

具体来说,研究讨论一般包含以下部分:① 再次说明本研究的主要发现,用2—5句话表示较为理想。② 将该研究的结果与前人的研究联系起来,比较其优劣。结果一致的有哪些,比较和论述;结果和已有研究不一致的有哪些,比较和论述,并解释可能的原因,例如样本量大小、地域的影响、实验程序的不同等。③ 作者应该讨论自己的研究"表明"什么,如何解释自己的研究发现,以及对未来的研究和实践有什么意义。④ 应点明哪些问题尚未解答,以及要继续做的工作等。其中①—③点常常是必不可少的部分,第④点有的研究报告中是放在论文的结论部分介绍的,不一定放在讨论部分。

在此摘录《2—3岁婴幼儿绘本选择偏好影响因素分析》这个报告中的部分讨论内容,这是一个非常好的讨论模板,供初学者参考和使用,尤其是可以重点阅读画线的部分,这些内容构成了非常完整的研究讨论部分。

**案例23**

已有的研究表明,熟悉度是影响儿童选择绘本的重要因素,但是本研究没有发现熟悉度对婴幼儿的绘本选择偏好有影响。本研究通过分析婴幼儿的回答可以发现,在选择熟悉书的婴幼儿中,只有3人能讲出"因为看过",大部分都回答喜欢封面的某些内容,如"喜欢洗澡""喜欢吃饭"等。这个结果说明很多婴幼儿本身并没有意识到两本书在熟悉度方面的区别。出现这样的结果,可能原因在于本研究的被试年龄在2—3岁,他们对内容的区分度不高,还无法分辨出两本书在熟悉度上的区别。从这一结果可以推断,熟悉度对2—3岁幼儿的影响可能没有像对4—6

> 岁幼儿的影响那么大。这验证了前人的研究结果，即熟悉度对幼儿图画书选择偏好的影响是随着年龄增加而增大的。另外，本研究可能并没有区分出幼儿对这两本书真正的熟悉度，这还需要今后进一步研究。

根据上述案例所呈现的内容以及画线的部分，我们可以归纳出结论部分的框架：已有的研究表明……，然后，本研究的结果保持一致，发现了……；但是也有不一致的结果，表现为……，研究结果的不一致可能是因为……。注意，中间的这部分可以不断地使用。也就是说，一篇研究论文中，研究结果有好多与前人的研究保持一致，也有很多不一致的结果，这时研究者可以分不同的讨论点来进行，分层论述。一般情况下，相同或不同的研究结论不要超过3点。即使研究有很多的创新点，也尽量概括起来讨论。

## 二、研究结果一致的讨论

具体来说，在讨论的每个部分中，研究者都需要论证。不管作者的研究与前人的已有研究结果是否一致，一般情况下都需要讨论。在结果一致的情况下，研究者先将自己的研究结果重申一遍，然后再列举一些前人研究结果一致的研究，举例1—2个说明即可，不必都罗列出来。以《母子依恋和祖孙依恋的安全性和一致性分析》为例，研究者描述自己的研究结果与已有的研究结果相一致的情况。

**案例24**

> 本研究发现，母子依恋和祖孙依恋的安全性存在着中等强度的相关，一致性分析发现36%幼儿的母子依恋和祖孙依恋的安全性分组是不一致的，该结果与国外关于母子依恋和父子依恋的一致性研究结果比较一致。例如，有研究发现，母子依恋和父子依恋的安全性之间存在着中等强度的相关，其中38%幼儿的母子依恋和父子依恋的安全性水平存在着不一致（van IJzendoorn & De Wolff, 1997）。还有研究发现，41%幼儿的母子依恋和父子依恋的安全性间存在着一致性（Verschueren & Marcoen, 1999）。由此可见，有一定比例的幼儿处于相互冲突或不一致的多重依恋关系网络中，亟须探讨这种多个看护者的冲突对幼儿社会-情绪性发展的影响。

在这个案例中，研究者首先介绍了自己的主要研究结果"母子依恋和祖孙依恋的安全性存在着中等强度的相关"。与已有的研究结论进行比较，发现是一致的，作者描述为"该结果与国外关于母子依恋和父子依恋的一致性研究结果比较一致"。在此基础之上，研究者列举了一致的研究，并标明出处。最后用1—2句话总结和概括自己研究的观点。

## 三、研究结果不一致的讨论

当自己的研究结果与前人的研究结果不一致的时候,作者需要解释可能的原因。需要注意的是,在解释原因的时候,尽量避免肯定的语气,也就是说尽量使用"可能""也许"等关键词。因为在大多数情况下,研究者解释的原因并不一定完全正确。此外,解释的原因尽量客观公正,避免使用较为主观甚至没有依据的原因。在下面的案例中,研究者对研究结果不一致的部分提出两点解释。

> **案例25**
>
> 本研究发现,在我国祖辈看护的共同养育环境中,依然保持了以母子依恋为主导的多重依恋现象。造成这种现象的原因可能有二:其一,这可能是因为祖辈和父亲本身的身份不同造成的,他们在家庭中的角色、地位和参与养育的程度存有较大区别,这提示我们,今后需要同时考虑看护者在家庭中的角色、地位和参与养育的程度来比较父亲和祖辈的作用。其二,在家庭互动中,儿童是一个积极的生物体,儿童对父母的认知及互动和对祖辈的认知及互动可能有着性质上的不同,这也为今后的研究提供了新的方向,需要在考虑儿童自身对看护者的认知的基础上,比较多重依恋关系的预测力。

在这个案例中,研究者首先提出研究的不同发现,"在我国祖辈看护的共同养育环境中,依然保持了以母子依恋为主导的多重依恋现象"。其次,作者提出自己的解释,"造成这种现象的原因可能有二"。这里原因的种类多少由研究者自己分析和判断,没有统一的要求,一般以2—4个为宜。还应注意的是,如果解释的原因有文献支持是非常令人信服的,即使没有文献支持,也尽量和研究密切联系在一起。在解释原因以后,作者还提出"这也为今后的研究提供了新的方向",对未来的研究具有指导和借鉴意义。

## 四、研究的不足和展望

作为一篇规范的研究报告,研究中的不足和展望是必不可少的组成部分。很多研究报告将这个部分放在结论部分,也有的放在讨论部分。不管放在哪个部分,研究者要明确这是使自己的研究报告加分的亮点,也就是说,这使研究者对自己研究的反思能力得到体现,也表现出研究者踏实的科学性的真实态度。在陈述的内容上,研究的不足可以从研究的样本数量、研究方法、研究内容等方面进行反思,通常表现为研究样本数量不够大、研究方法单一、研究内容不全面等。在提出以上不足之处以后,研究者还可以提出几点改进的内容,为以后的研究提出可能的方向。

**案例26**

　　本研究在多重依恋的理论框架下，同时考察了母子依恋和祖孙依恋以及二者与幼儿社会-情绪性发展的关系，这在多重依恋的研究领域中具有一定的探索性和开创性。但依然存在以下几点不足，也是我们未来的研究方向：首先，由于人力、物力的不足和时间的局限性，本研究仅比较了母子依恋和祖孙依恋的安全性对儿童社会-情绪性发展的影响，没有同时考虑父亲的作用。虽然，我国祖辈参与看护的现象越来越普遍，但已有研究表明，父亲在儿童的成长中起着不可替代的作用，这将是今后的研究方向。

**案例27**

　　本研究对幼儿的母子依恋和祖孙依恋、社会-情绪性发展结果的测量是同时进行的，无法考察从婴儿期、学步儿期到儿童早期的母子依恋和祖孙依恋的发展轨迹，也无法考察多重依恋关系的质量对幼儿社会-情绪性发展的长时预测作用。未来的研究可以采用追踪设计深入考察母子依恋和祖孙依恋在儿童不同成长阶段的发展轨迹，同时还可以在学校和同伴群体等更广泛的生态范围中，考察母子依恋和祖孙依恋对儿童发展的相对影响力和联合效应。

　　以上两个案例很好地展示了研究不足的写法，使用的句型例如"存在以下几点不足，也是我们未来的研究方向"或"未来的研究可以采用……"等。

## 第六节　结　论

　　论文的结论部分，应反映论文中通过实验、观察研究并经过理论分析后得到的学术见解。结论应是该论文最终的、总体的结论。换句话说，结论应是整篇论文的结局，而不是某一局部问题或某一分支问题的结论，也不是正文中各段小结的简单重复。结论应当体现作者更深层的认识，且是从全篇论文的全部材料出发，经过推理、判断、归纳等逻辑分析过程而得到的新的学术总观念、总见解。结论应该准确、完整、明确、精练。

　　一般情况下，该部分的写作内容可以从以下几个方面陈述：① 本文的研究结果说明了什么问题；② 本文对前人有关的看法作了哪些修正、补充、发展、证实或否定；③ 本文研究的不足之处或遗留未予解决的问题，以及对解决这些问题的可能的关键点和方向。要注意的是，以上内容在不同论文中会呈现出不同的形式。在有的研究报告中，研究结论和研究建议合并在一起陈述,有的则单独描写研究结论。因此,没有固定的格式书写要求。

但是,在书写结论时,常常出现的问题有:① 把结论写成余论。论文不需要再余留一些问题给读者。② 把结论写成展望。一篇论文把本身需要解决的问题解决好即可,一般不需要展望什么。如果一定要展望,那么可以在结论之后写100字左右的文字表达一下。③ 把结论写成感想。不少研究者在结论中经常触景生情、浮想联翩,把许多与结论没有关联的东西写进来。

## 一、结论的写作要求

结论的任务是精练表达在理论分析和实验验证的基础上,通过严密的逻辑推理而得出的富有创造性、指导性、经验性的结果。它又以自身的条理性、明确性、客观性反映论文或研究成果的价值。结论与引言相呼应,同摘要一样可为读者和二次文献作者提供依据。结论的内容不是对研究结果的简单重复,而是对研究结果更深一步的认识,是从正文部分的全部内容出发,并涉及引言的部分内容,经过判断、归纳、推理等过程而得到的新的总观点。

在一篇《眼动追踪技术与婴幼儿研究:程序、方法与数据分析》的论文中,作者对研究进行了总结,以下是其结论部分的内容。

> **案例28**
>
> 眼动技术越来越成为婴幼儿研究中的一种流行工具,而如何充分地利用眼动仪收集和分析婴幼儿眼动数据,是许多眼动研究者需要考虑的重要环节。本文从正式实验前的眼动仪选择和眼动校准、实验中的数据质量优化以及实验后的数据分析与挖掘等方面对现有文献进行了梳理,并就每个方面提出了相应的操作性建议,以期为国内婴幼儿眼动研究的深入开展提供一定的指导。
>
> **案例29**
>
> 综上所述,本文主要从婴幼儿和成人运动员两方面阐述视觉预期的类型和神经机制。根据已有研究以及婴幼儿的发展特点,在论述视觉预期的类型时主要是以婴幼儿为主;而成人的初级认知过程已发展成熟,因此视觉预期的神经机制研究通常是以成人运动员为被试。前者主要涉及眼动追踪技术,而后者主要使用运动轨迹技术。视觉预期的类型主要有物体相关属性的视觉预期以及行为目标的视觉预期。其神经机制以背侧、腹侧双通路系统为核心,其他脑区(如海马旁回、压后皮层、双侧眶额叶皮层,以及中部、背外侧和腹外侧的额叶皮层)也对视觉预期产生影响。视觉预期研究取得了一定的成果,但仍存在不足之处,以下将从视觉预期的神经基础、与环境的关系以及临床应用三个方面进行论述。

两个案例非常详细地描写了研究结论。研究结论除了再次陈述研究的主要发现,一般2—4句话,还常常对整个研究做简明扼要的总结,可能包括对研究方法的反思1—2句话,有的是对研究意义的重申1—2句话,还有的是对未来研究的建议等。研究者根据自己论文的需要,酌情增加或者删减此部分内容。

> **案例30**
>
> 通过研究得出如下结论:
> (1) 母亲策略中,言语策略多于身体策略。言语策略方面频率由高到低依次是明晰言语、模糊言语、严厉言语,身体策略方面频率由高到低依次是远处身体指导、积极身体指导、消极身体指导。
> (2) 母亲反应性和明晰言语、模糊言语、积极身体指导以及远处身体指导都呈显著正相关,与严厉言语和消极身体指导负相关。

上述案例陈述结论的方式最为简洁,研究者将最主要的研究结果每一条单独陈列,一般2—4条,放在论文正文的最后一部分,这在婴幼儿心理学领域使用得较为广泛。

## 二、研究建议

有的研究报告会在结论部分加上建议,这也是常见的情况。在婴幼儿研究的报告中,也可以根据研究的结果提供有价值的建议。建议的内容不必过多,2—5条建议都是可行的。此外,建议的部分是建立在研究结果的基础上,千万不可脱离实际,把许多与研究结果没有关联的东西写进来。研究建议(在教育研究领域往往会体现为"教育建议")有时会放在讨论部分,作为研究启示;有时会单独成块;有时也会结合在研究结论后面写。

有的研究建议是针对研究的内容提出的,为以后的实践提供参考性内容。下面是《婴幼儿早期教育中心质量评估指标体系探索》报告中,结合研究结果提出的具体的建议。

> **案例31**
>
> 根据文献探讨及本研究结果的分析与讨论,本研究提出以下建议:① 早期教育中心管理者应严格把关"健康安全饮食",并做好"意外事故处理"方面的应对措施。② 提高"人员资质条件",重视教保人员"在职培训"。③ 应重视对3岁以下儿童的"日常生活照顾",提供"游戏活动"和"倾听说话"的机会。④ 应做好3

岁以下儿童的"健康检查记录"和"观察评估记录"。⑤ 应完善教师与家长之间的"日常沟通与互动",提高"中心设施及教学、游戏设施的维护",确保早期教育中心质量的不断提高。

有的研究建议是针对研究的方法或者研究的技术方面提出的,主要对未来的研究方向提出想法。如在《加强眼动追踪技术在临床诊断中的应用》一文中,作者提出了如下建议。

**案例32**

视觉预期的研究技术,尤其是眼动追踪技术在临床诊断中具有十分重要的应用价值(Ettinger etal.,2004)。今后应主要从两方面加强眼动追踪技术在视觉预期研究中的应用:其一,由于眼动追踪技术在临床应用中较为复杂,可以考虑将该技术与医疗设备相结合。比如,可以将眼动追踪技术与脑成像技术结合,这样有利于临床医务人员更好地对相关疾病做出诊断(Sweeney, Luna, Keedy, McDowell, & Clementz, 2007)。其二,可以扩展眼动追踪技术在临床研究中的应用范围。除了用眼动追踪技术来诊断临床疾病,还可以用该技术来训练被试在视觉预期中的某些特殊技能,以达到临床康复的目的。

在以上两个案例中,研究者陈述的方式很清晰,表现在分条陈述;其次,研究的建议是根据研究的主要结果提出的,使论文的建议变得很有说服力。

## 第七节 参 考 文 献

科研项目的研究都是在前人工作的基础上发展起来的,在学术论文中的具体体现就是参考文献的引用。参考文献既反映了科研活动的论证依据和相关研究的近况,又向读者提供了信息的来源,便于核对与利用。

撰写论文而引用他人文章的论点、材料和结果等,应按照国家标准《文后参考文献著录规则》标注和著录,其要求与温哥华格式基本一致。文中规定使用的顺序编码制,是按引用文献出现的先后顺序,在文献的著者或成果叙述文字的右上角括号标注阿拉伯数字编排序号,然后在文后依次列出他人文章的出处,便于追踪查阅。

## 一、中文文献的格式要求

我国颁布的《信息与文献 参考文献著录规则GB/T 7714—2015》明确规定了在学术论文中使用"顺序编码制"和"著者-出版年制",这两种参考文献的著录方法是我国文后参考文献著录的国家标准。也就是说,凡是引用已发表的文献中的观点、数据和材料等,都要在文中予以标注,并在文末列出参考文献表。参考文献的格式代号有不同的参考文献类型:专著[M],论文集[C],报纸文章[N],期刊文章[J],学位论文[D],报告[R]。

在一般的婴幼儿研究报告中,常用的标注方式有以下3种:引用他人科研结果在句内标注,句中引用多篇文献标注,在句内作为文句的组成部分。文后参考文献排列顺序是按文中引用文献编码依次列出,序号用阿拉伯数字表示,不加括号和标点符号。其著录格式的范例,一般各杂志均有自己的规范要求,并会在稿约中具体说明。

(一)论文最后的文献参考格式

1. 期刊类

著者.题(篇)名.刊名[文献类型标志],出版年,卷号(期号):起止页.

> **案例33**
>
> 潘琼.上海市0—3岁早教师资队伍现状调查研究[J].上海教育科研,2016,(2):48-51.
>
> 杨启光.儿童早期发展多元化政策目标整合的国际经验[J].学前教育研究,2015,(4):21-26.
>
> 刘颖,李晓敏.OECD国家学前教育质量监测系统分析及其对我国的启示[J].学前教育研究,2016,(3):3-14.

2. 专著类

著者.书名[文献类型标志].版次.出版地:出版社,出版年:引用的起止页.

> **案例34**
>
> 李梦东,主编.实用传染病学[M].第2版.北京:人民卫生出版社,1997:93-99.
>
> 西尔玛·哈姆斯,理查德·M.克利福德,戴比·克莱尔.婴儿学习环境评量表(修订版)[M].上海:华东师范大学出版社,2015:1-10.

## 3. 网络资源

主要责任者.电子文献题名[电子文献及载体类型标识].电子文献的出版或获得地址,发表更新日期.

> **案例35**
>
> 明亮.关于中国婴幼儿发展研究方法的国内外最新进展[EB/OL].http://www.cajcd.edu.cn/pub/wml.html,1998-08-16
>
> 中国政府网.国务院办公厅关于印发人口发展"十一五"和2020年规划的通知[EB/OL].http://sousuo.gov.cn/s.htm?t=govall&q= htm,2006-12-29.

## 4. 学位论文

作者.题名[文献类型标志].保存地:保存者,年份.

> **案例36**
>
> 李洁.促进我国国家创新系统中知识流动的政策分析[D].北京:中国科学院文献情报中心,2004.
>
> 李佳佳.早期阅读情境中祖辈、父辈对婴幼儿提问和应答的比较研究[D].上海:华东师范大学,2010.

## 5. 科技报告

主要责任者.题名:其他题名信息[文献类型标志].出版地:出版年:起止页码.

> **案例37**
>
> 世界经贸组织.强势开端:幼儿教育政策质量工具箱[R].巴黎,2015:85-97.
>
> 联合国儿童基金会.婴幼儿教育质量监测[R].日内瓦,2000:85-97.

参考文献要列出著者亲自阅读的、直接引用的并具有代表性的教育核心期刊、专著等。译文、文摘、转载以及内部资料一般不列入参考文献。必须引用时,可插在文中,放在括号内加以说明。引用的文稿如已确定被某期刊采纳而尚未出版者,可列为参考文献引用,写明该期刊刊名,同时在括号内注明"在印刷中"。

(二)论文中引用的参考文献

中文的论文中引用参考文献大多使用数字标注的形式。有的将文献的列表以脚注的形式标出，有的是以附录的形式排在论文的最后一页。这两种形式都是可以的，具体选择哪一种，要根据格式的要求。下面一段话中，作者使用的就是文中标注数字的方式。

> **案例38**
>
> 　　许多国家将儿童早期照顾与教育服务有机整合，以促进儿童、家庭与社会的共同发展。[1]虽然大量研究证明早期教育能够产生一系列效益，但效益是否产生及大小与早期教育质量直接相关。已有研究发现，不同质量的早期教育项目的投资回报比差异较大，只有那些高质量的项目才能产生高回报。[2]因此，联合国教科文组织呼吁各国充分认识早期教育与保育的重要性，提高婴幼儿教育与照顾的质量。[3]

## 二、英文文献的格式要求

在国际的教育学术期刊上，英文文献使用最为普遍的是APA格式，或者Chicago格式标注。对于英文参考文献，与中文参考文献有几点不同，需要在引用时注意格式：

首先，作者的姓名采用"姓在前名在后"的原则。具体格式是：姓, 名字的首字母. 如：Mally Richard Cowley应为：Cowley, M.R.。如果有两位作者，第一位作者方式不变，& 之后第二位作者名字的首字母放在前面，姓放在后面。如：Frank White与Iris Gordon应为：White, F. & I. Gordon。

其次，书名、报刊名使用斜体字，如：*School Psychology Review*，*Early Childhood Research Quarterly*等。

（一）论文最后的文献参考格式

1. 期刊类

著者.（出版年）.篇名.刊名,卷号（期号）,起止页.

> **案例39**
>
> 　　Zhou, X. (2015). Early childhood education policy development in China. International Journal of Child Care and Education Policy, 5(1), 29-39.
>
> 　　Zhu, J. (2009). Early childhood education and relative policies in China. International Journal of Child Care and Education Policy, 3(1), 51-60.
>
> 　　Schilder, D., & Smith L. A. (2015). Head Start/Child care partnerships: Program characteristics and classroom quality. Early Childhood Education Journal, 43(2), 109-117.

## 2. 著作类

著者.(出版年).题名.出版地：出版社名称.

> **案例40**
>
> Shonkoff, J. P., & Philips, D. A. (Eds.). (2000). From neurons to neighborhoods: The science of early childhood development. Washington, DC: National Academy Press.
>
> Wang, C. Y. (2004). History of Chinese Preschool Education Curriculum Development and Reform over a Century. Beijing: Educational Science Publishing House.

## 3. 网络资源

题名.网址.

> **案例41**
>
> The State Council of the People's Republic of China (2010). Chinese language. The State Council's several suggestions regarding developing preschool education.Retrieved http://www.moe.edu.cn/publicfiles/business/htmlfiles/moe/s3327/201011/111850.html.
>
> Ministry of Education of the People's Republic of China (2013). Number of kindergartens, classes in preschool education. Retrieved from http://www.moe.gov.cn/publicfiles/business/htmlfiles/moe/s7567/201308/156409.html.

### （二）论文中引用的参考文献

英文的论文中引用参考文献的格式和中文的不同,不使用数字标注的形式,而是直接在文中将作者的名字标出,并注上论文发表的年份。下面两段话中,使用的就是英文文中标注引用文献的方式。期刊要求的引用格式不同,在论文中标注的格式也有所不同。下面的两个例子可以进行比较。

**案例42**

**Chicago格式：**

The years from birth to three are generally regarded as critical years for the development of the foundational skills and competencies that support continuous lifelong learning (Abbott and Langston 2005). Along with the increased public attention given to the importance of this age period, some countries made efforts to support development of early learning guidelines that identify essential learning outcomes for infants and toddlers since the end of last century (Qi and Melhuish 2016). For one reason, the early and rapid development of the brain and related neurological functioning during past decades has been well documented (Shonkoff and Phillips 2000).

**APA格式：**

The years from birth to three are generally regarded as critical years for the development of the foundational skills and competencies that support continuous lifelong learning (Abbott & Langston, 2005). Along with the increased public attention given to the importance of this age period, some countries made efforts to support development of early learning guidelines that identify essential learning outcomes for infants and toddlers since the end of last century (Qi & Melhuish, 2016). For one reason, the early and rapid development of the brain and related neurological functioning during past decades has been well documented (Shonkoff & Phillips, 2000).

总体上说，目前质量较高的中文论文，很多也要求带有英文题目、英文摘要和关键词，目的就是供其他英文杂志引用。至于参考文献的格式，各杂志稍有不同，期刊论文在投稿前，需要认真参考该杂志的引用格式。由于篇幅的限制，本节内容仅列举部分经常使用的参考文献格式。如果在科研报告中需要更为详细的内容，则可以参考国家标准《信息与文献 参考文献著录规则GB/T 7714—2015》。

## 第八节 抄袭与剽窃

### 一、引用与抄袭的区别

引用与抄袭同样是一种写作手段,但其性质迥然不同。前者属于著作权法规定的合理使用,后者则属于违法侵权行为。引用要符合法律规定,这是引用的前提;引用必须坚持适当的原则;被引用的必须是他人已经发表的作品,他人还没有发表的作品则不宜引用;引用必须指明作者的姓名和作品名称。现实中作品的类型千差万别,无论引用还是抄袭,都有种种错综复杂的情况,绝不可一概而论。

在作品的创作中,引用是一种重要的写作手段,无论在文学、艺术还是科学、技术领域,大概所有从事写作的人,没有人不会用到它。尤其在科学研究中,借用前人的学术成果,推陈出新,创造出新的知识,造福人类社会,是人们所敬仰的。学术论著中如果引用得当,则不但道理说得清楚,还会给人留下知识渊博的美好印象。

按照《中华人民共和国著作权法》的规定,引用是法律许可的公民权利,是合理使用,受到法律保护;抄袭剽窃则属于违法侵权行为,为法律所禁止,一旦被认定抄袭,要承担停止侵害、消除影响、赔礼道歉、赔偿损失的民事责任。引用和抄袭,二者虽然性质不同、是非分明,但有一个相同的特征,它们都是对他人作品的使用。由于有此相同的"相貌",二者很容易混淆,不好鉴别。

引用的原则有两条。首先,不得影响被引用作品的正常使用。作品的正常使用指的是作品正常的复制、发行。这就要避免引用全文,要把引用限定在必要的程度内。对于引用,一般只能是借用他人作品的某些部分,而不能全文引用,即使符合法定的引用目的,也不得全部照搬。其次,不得不合理地损害著作权人的合法权益。

### 二、引用文献不合理的现象

参考文献是学术论文的重要组成部分,而规范标注和著录参考文献具有十分重要的意义。其体现了科学研究的继承性,表明了作者科学研究的依据、起点和深度;反映了作者严谨治学的科学态度和对他人劳动成果的尊重;给读者提供详尽而具体的文献信息,便于读者查证和阅读原始文献;有助于文献情报人员进行情报研究和文献计量学研究;有利于精简论文篇幅,节省版面。因此,学术论文的作者应该做到参考文献引用适当、标注和著录格式规范、著录项目齐全。但是,由于种种原因,作者引用和著录参考文献仍存在许多问题,现将几种引用文献不合理的现象列举如下。

（一）回避标注、著录参考文献或缺乏意识

《中华人民共和国著作权法》第二十二条第二款规定，"为介绍、评论某一作品或者说明某一问题，在作品中适当引用他人已经发表的作品"，"可以不经著作权人许可，不向其支付报酬，但应当指明作者的姓名、作品名称"，并且不得侵犯著作权人依照著作权法享有的其他权利。这说明论文作者与参考文献作者之间的关系是著作权法意义上的合理使用关系，引用和著录参考文献的行为是著作权法意义上的合理使用行为。标注、著录参考文献不仅体现了论文作者对他人劳动成果的尊重和严谨治学的科学态度，也表明是论文作者应尽的一项法律义务。那些在来稿中仅在文中以"据报道""已有研究表明""有人认为"或在文后略去参考文献等含糊的方式一带而过的行为，不是合理使用的行为，而是一种抄袭剽窃行为，严重侵犯了作者的署名权，同时也给读者检索和验证带来了很多麻烦。

（二）引用未发表的作品

作品的发表权包含的内容很多，如是否发表、何时发表、何地发表、何种方式发表，以及何条件发表等。所有这些都由作者决定，任何他人未经作者授权和委托，都不得擅自决定其作品的发表权。所以，未经授权引用他人未发表作品的行为属于侵权行为。有些作者引用学术会议的交流材料、内部使用的讲义、征求意见稿等没有发表的作品，均是不正确的。一方面这类文献公开范围小，不容易查找到原始文献；另一方面不仅引用构成侵权，而且作品未经严格审查，其学术价值尚未得到确定。

（三）引用不适当

关于适当引用参考文献的问题，依据《中华人民共和国著作权法》第二十二条第二款可以理解为：适当引用他人已经发表的作品，必须具备下列条件：① 引用的目的仅限于介绍、评论某一作品或说明某一问题；② 所引用部分不能构成引用人作品的主要部分或者实质部分；③ 不得损害被引用作品著作权人的利益。

1. 引用目的不端正

有些作者没有深刻、全面地领会引用作品的原意，为了个人的某种需要，断章取义、借题发挥、歪曲、篡改原作的思想观点，同时也侵犯了原作者的作品完整权，往往导致原始文献失真，甚至面目全非。

2. 引用内容构成作品的主要部分或者实质部分

尽管引用的目的是介绍、评论某一作品或者说明某一问题，但引用的内容构成了引用人作品的主要部分或实质部分，这不是适当引用，而是构成了侵权。作品的主要内容来自他人作品之中，当然不是自己的创作，只能是抄袭。

3. 引文量少、时效性差、语种单一

一般而言，医学论文中的引文量、引文类型、语种、引文的衰减系数等均反映写作者知识更新速度和对本领域最新研究动态的掌握程度，也反映作者吸收和利用情报知识的能力，在一定程度上反映作者的科学研究水平，更重要的是反映作者的科学精神和创新精神。如果引文量大、引文的时效性强、语种多，则可以评价作者前期准备比较充分、科技论文的起点高和有深度；反之，则说明作者视野太狭窄，不能全面、准确地了解目前的研究现状，论文缺乏新意和科学价值。普赖斯指数（Price Index）是用以评价引用参考文献时限性的重要指标，其定义是一篇论文中标注的最近五年内公开发表的文献数与该篇论文标注文献的总数之百分比。从定义中可见，被引用的最近五年内文献数量越多，普赖斯指数就越高，它实际上反映的是被引用文献的老化程度。

4. 回避同类文献的引用

同领域相同题材的专业文献是判定论文创新性的标准。一般来讲，权威性、专业性杂志上发表的论文最能代表相关研究课题的研究水平和现状，必须准确著录。具有严谨科学态度的人，在进行一项科学研究之前都必须查阅大量的同类文献，并对该项研究进行严格的论证、周密的设计，最终得出具有科学性的科研论文。在撰写论文的过程中，作者在介绍研究目的、背景和对研究结果进行归纳、总结时，必然要引用本领域已有的研究成果。读者、编者、审稿者通过阅读参考文献中相同题材的文献，可了解该领域的研究状况，知道目前国内外已做或正在做哪些方面的研究，并以此来判断论文选题和内容的科学性和创新性，从被引用者的学术权威性和期刊的影响力，读者可判定已有研究的学术水平和深度。而有些作者明知故犯，故意不引用，以显示自己论文的学术地位。这种行为是抄袭和剽窃行为，是对著作权人权益的侵犯，应引起广大作者的重视。

（四）文献的转引现象

科学地著录参考文献应该是作者亲自阅读的一次文献，不应该是转引的一次、二次文献或直接转引自杂志等的文献。有的作者缺乏严谨求实的科学态度，不愿意自己直接费力地查阅文献，或因原始文献是外文，或查阅文献条件有限等原因，而直接转引中介论文文献。这种行为容易导致进一步查找原始文献的途径被中断。不亲自查阅原始文献、直接将中介论文所列的参考文献或中介文献列为参考文献的行为，不仅给读者带来困难，而且严重侵犯了著作权人的合法权益。一方面，随着文献转引次数的增加，会导致原始文献失真和被断章取义，侵犯了作者保护作品的完整权；另一方面，当中介文献被列为参考文献时，原始论文的作者享有的署名权无形中被剥夺，被中介论文的作者所占有。再者，文献转引使得基于引文分析的学科带头人的评选产生偏差，这无形中也侵犯了原始论文的合法权益。

# 本 章 小 结

教育研究报告是对整个教育课题研究过程的高度概括和科学总结，它是教育科研工作完成后的理论升华，撰写教育研究报告在整个教育研究过程中具有十分重要的地位。婴幼儿研究报告主要包含题目与摘要、文献综述、研究问题、研究方法、结果分析、讨论、结论、参考文献等。在格式上，中英文论文的格式区别很大，除了书写的区别以外，英语的时态也是需要谨慎书写的。

在引用文献的过程中，应区分引用与抄袭。虽然两者同样都是一种写作手段，但其性质迥然不同。前者属于著作权法规定的合理使用，后者则属于违法侵权行为。谨慎引用文献，避免抄袭。通过本章节的学习，了解和遵循婴幼儿研究报告的撰写要求，并尝试撰写专业的婴幼儿研究报告。

# 延 伸 学 习

 拓展阅读

### 发表学术论文"五不准"

近年来，我国科技事业取得了长足的发展，在学术期刊发表论文数量大幅增长，质量显著提升。在取得成绩的同时，也暴露出一些问题。近一年中发生多起国内部分科技工作者在国际学术期刊发表论文被撤稿事件，给我国科技界的国际声誉带来极其恶劣的影响。为弘扬科学精神，加强科学道德和学风建设，抵制学术不端行为，端正学风，维护风清气正的良好学术生态环境，重申和明确科技工作者在发表学术论文过程中的科学道德行为规范，中国科协、教育部、科技部、卫生计生委、中科院、工程院、自然科学基金会共同研究制定了《发表学术论文"五不准"》，于2015年12月2日开始实施。

1. 不准由"第三方"代写论文。科技工作者应自己完成论文撰写，坚决抵制"第三方"提供论文代写服务。

2. 不准由"第三方"代投论文。科技工作者应学习、掌握学术期刊投稿程序，亲自完成提交论文、回应评审意见的全过程，坚决抵制"第三方"提供论文代投服务。

3. 不准由"第三方"对论文内容进行修改。论文作者委托"第三方"进行论文语言润色，应基于作者完成的论文原稿，且仅限于对语言表达方式的完善，坚决抵制以语言润色的名义修改论文的实质内容。

4. 不准提供虚假同行评审人信息。科技工作者在学术期刊发表论文如需推荐同行评审人，应确保所提供的评审人姓名、联系方式等信息真实可靠，坚决抵制同行评审环节的任何弄虚作假行为。

5. 不准违反论文署名规范。所有论文署名作者应事先审阅并同意署名发表论文，并对论文内容负有知情同意的责任；论文起草人必须事先征求署名作者对论文全文的意见并征得其署名同意。论文署名的每一位作者都必须对论文有实质性学术贡献，坚决抵制无实质性学术贡献者在论文上署名。

本"五不准"中所述"第三方"指除作者和期刊以外的任何机构和个人；"论文代写"指论文署名作者未亲自完成论文撰写而由他人代理的行为；"论文代投"指论文署名作者未亲自完成提交论文、回应评审意见等全过程而由他人代理的行为。

（资料来源：中国科学技术协会. 发表学术论文"五不准"[Z].
科协发组字〔2015〕98号）

**学习活动**

阅读以下材料,尝试分析产生这种现象的原因以及改变的对策(不少于1 500字)。

国际权威学术期刊《自然》发表于2010年9月的一篇通讯,文章的标题为"中国某期刊检测出31%的投稿中有抄袭现象"。作者指出,从2008年10月开始,浙江大学学报(英文版)的来稿中有31%的稿件存在抄袭现象。这个数字是惊人的,对于这个数字"31%"是否真实准确,作者回应:只是保守估计,软件的分析结果可信。

**复习与思考**

1. 婴幼儿研究报告主要包含哪些部分?
2. 尝试撰写一份完整的婴幼儿研究报告。
3. 如何区分引用和抄袭文献,并避免抄袭?

# 参 考 文 献

**中文文献：**

［1］劳拉,伯克.伯克毕生发展心理学［M］.北京：中国人民大学出版社,2014.

［2］郑日昌.心理测量与测验［M］.北京：中国人民大学出版社,2013.

［3］戴晓阳.常用心理评估量表手册［M］.北京：人民军医出版社,2010.

［4］杨玉凤.儿童发育行为心理评定量表［M］.北京：人民卫生出版社,2016.

［5］Leong, J. T. & Austin, F. T. L.心理学研究手册［M］.周晓琳,等译.北京：中国轻工业出版社,2006.

［6］Nilsen, B. A.一周又一周：儿童发展记录（第三版）［M］.叶平枝,孟亭含,等译.北京：人民教育出版社,2011.

［7］丁晓攀,傅根跃.近红外成像技术在幼儿心理研究中的应用［J］.幼儿教育（教育科学）.2013,12：11-14.

［8］Gazzaniga, M. S., Ivry, R. B. & Mangun, G. R.认知神经科学：关于心智的生物学［M］.周晓林,高定国,等译.北京：中国轻工业出版社,2015.

［9］Tobbi公司.眼动追踪在发展心理学领域的广泛应用［E］.https://www.tobiipro.com/zh/fields-of-use/infant-child-research/developmental-psychology/.2018

［10］卞迁,齐薇,刘志方,等.当代眼动记录技术述评［J］.心理研究.2009,2（1）：34-37.

［11］车文博.当代西方心理学新词典［M］.长春：吉林人民出版社,2001.

［12］贺琼,王争艳,王莉,等.新入园幼儿的皮质醇变化与上呼吸道感染的关系：气质的作用［J］.心理学报.2014,46（4）：516-527.

［13］黄雅梅,周仁来,孙智颖等.人类应激内分泌轴功能状态的测量［J］.心理科学进展.2014,22（4）：606-617.

［14］李成军.近红外光谱技术用于前额叶皮层工作记忆作用的研究［D］.武汉：华中科技大学,2005.

［15］李明燕.婴儿早期语言与听力及再认记忆的电生理学研究［D］.杭州：浙江大学,2012.

［16］连朝辉等.抚触对新生儿内分泌及生长发育作用的研究［J］.中国儿童保健杂志.2006,14（5）：455-457.

［17］联合国儿基会.培育更好的大脑：儿童早期发展新前沿［N］.教育文摘周报.2015-4-15.

［18］林崇德,杨治良,黄希庭.心理学大辞典（上下）（精）［M］.上海：上海教育出版社,2003.

［19］刘宝根,周兢,李菲菲.脑功能成像的新方法——功能性近红外光谱技术（fNIRS）［J］.心理科学,2011,34（4）：943-949.

［20］刘宝根.4—6岁儿童图画书阅读中文字意识发展的眼动研究［D］.上海：华东师范大学,2011.

［21］刘妮娜,王静,韩映虹等.自读、伴读和指读对2—3岁幼儿图画书［J］.心理发展与教育.2014,1：39-45.

［22］罗跃嘉.认知神经科学教程［M］.北京：北京大学出版社,2006.

［23］深圳市瀚翔生物医疗电子有限公司.功能近红外成像技术项目介绍书［E］.2014（内部资料）.

［24］宋伟.ERP研究原则及其成分［J］.重庆科技学院学报（自然科学版）.2007,9（2）: 76-78.

［25］孙国玉,侯新琳,周丛乐等.在生气和害怕声音情绪暴露下新生儿事件相关电位的初步研究［J］.中国循证儿科杂志.2015,10（2）: 90-94.

［26］孙国玉,侯新琳,周丛乐.听觉事件相关电位对新生儿大脑皮质认知功能研究进展［J］.中国循证儿科杂志.2016,11（3）: 235-238.

［27］王福兴,童钰,钱莹莹等.眼动追踪技术与婴幼儿研究：程序、方法与数据分析［J］.心理与行为研究.2016,14（4）: 558-567.

［28］王晓蕾,陈丽华,卜钰等.父子依恋、母子依恋与儿童应激下皮质醇反应的关系［J］.心理发展与教育.2018,34（1）: 10-20.

［29］魏景汉,罗跃嘉.事件相关电位原理与技术［M］.北京: 科学出版社,2010.

［30］伍海燕,张勋.事件相关电位对儿童认知功能的评估诊断［J］.中国实用儿科杂志.2017,32（4）: 282-285.

［31］谢晓飞,王莉,孙小舒.皮质醇反应与儿童社会情绪适应［J］.中国心理卫生杂志.2009,23（3）: 220-223.

［32］徐娟.眼动仪的发展和性能比较［J］.中国现代教育装备.2012,12: 16-18.

［33］闫国利,田宏杰.眼动记录技术与方法综述［J］.应用心理学.2004,10（2）: 55-58.

［34］俞诗源.人体解剖生理学［M］.兰州: 兰州大学出版社,2007: 83-161.

［35］（美）约翰·W·桑特洛克著.儿童发展［M］.桑标,王荣,邓欣媚等译.上海: 上海人民出版社,2009: 49-50.

［36］张琴芬,屠文娟,李红新等.新生儿听觉认知脑电功率及事件相关电位的特点［J］.中华围产医学杂志.2016,19（8）: 592-595.

［37］周爱保.实验心理学［M］.北京: 清华大学出版社,2008.

［38］魏景汉,罗跃嘉.事件相关电位原理与技术［M］.北京: 科学出版社,2010.

［39］陈杰,郑小蓓,孟祥芝等.汉语婴儿词汇学习的注意偏好［J］.心理科学.2012,35（4）: 786-792.

［40］陈英和.关于婴儿期概念发生的研究方法［J］.心理发展与教育.1994,10（3）: 21-24.

［41］庞丽娟,李辉.婴儿心理学［M］.杭州: 浙江教育出版社,1993.

［42］（美）S.A.米勒著.发展的研究方法［M］.郭力平,邓赐平,钱琴珍等译.上海: 华东师范大学出版社,2004.

［43］李红,何磊.儿童早期的动作发展对认知发展的作用［J］.心理科学进展.2003,11: 315-320.

［44］王明晖,左志宏.0—3岁婴幼儿认知发展与教育［M］.上海: 复旦大学出版社,2011.

［45］Tardif, T., Fletcher, P.,张致祥等.汉语沟通发展量表使用手册［M］.北京: 北京大学医学出版社,2008.

［46］陈向明.质的研究方法与社会科学研究［M］.北京: 教育科学出版社,2000.

［47］丁杰.质性数据分析方法与分析工具简介［E］.https://wenku.baidu.com/view/cd843291dd88d0d233d46a71.

html.2012

[48] 殷丙山.质性数据分析和NVIVO的使用[E]. https://wenku.baidu.com/view/87e2bd2b7375a417866f8fdf.html?rec_flag=default&mark_pay_doc=2&mark_rec_page=1&mark_rec_position=4&mark_rec=view_r_1&clear_uda_param=1.2011

[49] 马利文,陈会昌.中小学教师对尊重的理解及不尊重行为的表现[J].教育研究与实验.2007(6):53-56.

[50] 张建编.研究报告撰写指导[M].北京:教育科学出版社,2003.

[51] 陈永明.调查研究与报告撰写方法[M].沈阳:辽宁大学出版社,2011.

[52] 张献华.社科类科研论文撰写论析:以学前教育研究为例[J].山东英才学院学报.2014,(2):46-47.

[53] 显斌,左彩云.学前教育研究方法[M].北京:高等教育出版社,2010.

[54] 张翔升.学前教科研方法与研究性学习[M].上海:华东师范大学出版社,2014.

[55] 杨丽珠.学前教育科学研究与论文写作[M].大连:辽宁师范大学出版社,2002.

[56] 李瑛,金林祥.研究生学术论文写作中参考文献的合理引用:以适于"学术不端文献检测"为视角[J].研究生教育研究.2013(3):59-62.

[57] 秦浩.关于本科毕业论文抄袭现象的若干思考[J].文学教育下半月.2015(1):107-109.

[58] 周晓艳,朱冰倩,郭建伟.如何提高本科毕业论文的质量——基于科研诚信检测手段的有效性及后果分析[J].市场论坛.2014(7):95-97.

**英文文献:**

[1] Achenbach, T.M., & Rescorla, L.A. (2000). Manual for the ASEBA Preschool Forms and Profiles. Burlington: University of Vermont: Research Center for Children, Youth, and Families.

[2] Arnold, C. (2003). *Observing Harry: Child Development and Learning 0-5.* Maidenhead: Open University Press.

[3] Bjorklund, D., & Causey, K. (2017). *Children's Thinking: Cognitive Development and Inidividual Differences (6th Ed.).* Thousand Oaks: SAGE Publications.

[4] Blascovich, J. (2004). Psychophysiogical Measures. In M. Lewis-Beck, A. Bryman, & T. Liao, *The SAGE Encyclopedia of Social Science Research Methods.* Thousand Oaks, CA: SAGE Publications Ltd.

[5] Bogdan, R., & Biklen, S. (2003). *Qualitative Research for Education: An Introduction to Theory and Methods (4th Ed.).* Boston, MA: Allyn and Bacon.

[6] Bower, T., Broughton, J., & Moore, M. (1970). Infant Response to Approaching Objects: An Indicator of Response to Distal Variables. *Perception & Psychophysics*, pp. 193-196.

[7] Breen, R. (2006). A Practical Guide to Focus-Group Research . *Journal of Geography in Higher Education*, pp. 463-475.

[8] Buchbinder, M., Longhofer, J., Barrett, T., Lawson, P., & Floersch, J. (2006). Ethnographic Approaches

to Child Care Research: A Review of the Literature . *Journal of Early Childhood Research*, pp. 45−63.

［9］ Bullard, L., Wachlarowicz, M., Deleeuw, J., Snyder, J., Low, S., Forgatch, M., & DeGarmo, D. (2010). Effects of the Oregon Model of Parent Management Training (PMTO) on Marital Adjustment in New Stepfamilies: A Randomized Trial. *Journal of Family Psychology*, pp. 485−496.

［10］ Carver, L., Dawson, G., Panagiotides, H., Meltzoff, A., Mcpartland, J., Gray, J., & Munson, J. (2010). Age-Related Differences in Neural Correlates of Face Recognition during the Toddler and Preschool Years. *Developmental Psychobiology*, pp. 148−159.

［11］ Casey, M., & Krueger, R. (1994). *Focus Group Interviewing.* US: Springer.

［12］ Ceponiene, R., Kushnerenko, E., Fellman, V., Renlund, M., Suominen, K., & Näätänen, R. (2002). Even-Related Potential Features Indexing Central Auditory Discrimination by Newborns. *Cognitive Brain Research*, pp. 101−113.

［13］ Cheourluhtanen, M., Alho, K., Kujala, T., Sainio, K., Reinikainen, K., Renlund, M., Näätänen, R. (1995). Mismatch Negativity Inidicates Vowel Discrimination in Newborns. *Hearing Research*, pp. 53−58.

［14］ Christensen, P. (2010). Ethnographic Encounters with Children. In D. Hartas, *Educational Research and Inquiry: Qualitative and Quantitative Approaches.* London: Continuum.

［15］ Christensen, P., & James, A. (2000). Subjects, Objects or Participants? . In P. Christensen, & A. James, *Research with Children: Perspectives and Practices* (pp. 1−9). New York, NY: Falmer Press.

［16］ Cohen, L., Manion, L., & Morrison, K. (2011). *Research Methods in Education (7th Ed.).* New York, NY: Routledge.

［17］ Conboy, B., Sommerville, J., & Kuhl, P. (2008). Cognitive Control Factors in Speech Perception at 11 Months. *Developmental Psychology*, pp. 1505−1512.

［18］ Cresswell, J. (2005). *Research Methods in Education (6th Ed).* London: Rourledge.

［19］ Crockenberg, S., & Leerkes, E. (2012). Infant Social and Emotional Development in Family Context. In *The Handbook of Infant Mental Health.*

［20］ Csibra, G., Kushnerenko, E., & Grossmann, T. (2008). Electrophysiological Methods in Studying Infant Cognitive Development. In C. Nelson, & M. Lucinan, *Handbook of Developmental Cognitive Neuroscience (2nd Ed.)* (pp. 247−262). MIT Press.

［21］ Fagard, J., & Jacquet, A. (1996). Changes in Reaching and Grasping Objects of Different Sizes Between 7−13 Months of Age. *British Journal of Developmental Psychology*, pp. 65−78.

［22］ Fantz, R. (1961). The Origin of Form Perception. *Scientific American*, pp. 61−72.

［23］ Fetterman, D. (2010). *Ethnography: Step by Step (3rd Ed.), Applied Social Research Methods Series Vol. 17.* London: Sage.

［24］ Flom, R. (2018). Habituation and Novelty Responsiveness. In M. Bornstein, *The SAGE Encyclopedia of Lifespan Human Development.* Thousand Oaks: SAGE Publications.

［25］ Friedrich, M., & Friederici, A. (2004). N400-Like Semantic Incongruity Effect in 19-Month-Olds:

Processing Known Words in Picture Contexts. *Journal of Cognitive Neuroscience*, pp. 1465-1477.

［26］Gaffey, A., & Wirth, M. (2014). Psychophysiological Measures. In A. Michalos, *Ecyclopedia of Quality of Life and Well-Being Research* (pp. 5180-5184). Dordrecht: Springer.

［27］Gerson, K., & Horowitz, R. (2002). Observation and Interviewing: Options and Choices. In T. May, *Qualitative Research in Action* . London: Sage.

［28］Gredebäck, G., Johnson, S., & von Hofsten, C. (2010). Eye Tracking in Infancy Research. *Developmental Neuropsychology*, pp. 1-19.

［29］Greig, A., Taylor, J., & Mackay, T. (2007). *Doing Research with Children (2nd Ed.).* London: Sage.

［30］Haan, M., & Nelson, C. (1997). Recognition of the Mother's Face by Six-Month-Old Infants: A Neurobehavioral Study. *Child Development*, pp. 187-210.

［31］Halit, H., De, H., & Johnson, M. (2003). Cortical Specialisation for Face Processing: Face-Sensitive Event-Related Potential Components in 3- and 12-Month-Old Infants. *Neuroimage*, pp. 1180-1193.

［32］Hammersley, M. (1999). *Researching School Experience: Ethnographic Studies of Teaching and Learning.* London: Falmer.

［33］Harms, T., Cryer, D., Clifford, R., & Yazejian, N. (2017). *Infant/Toddler Environment Rating Scale, third edition.* New York, NY: Teachers College Press.

［34］Hill, S., & Millar, N. (2015). Case Study Research: The Child in Context. In O. Saracho, *Handbook of Research Methods in Early Childhood Education (Vol. 1).* Chalotte, NC: Information Age Publishing.

［35］Hock, R. (1999). *Forty Studies that Changed Psychology: Explorations into the History of Psychological Research (6th Ed.).* Upper Saddle River: Pearson Education.

［36］Kaewkamnerdpong, B. (2016). A Framework for Human Learning Ability Study Using Simultaneous EEG/fNIRS and Portable EEG for Learning and Teaching Development. In V. Uskov, R. Howlett, & L. Jain, *Smart Education and E-Learning 2016* (pp. 155-165). Switzerland, AG: Springer International Publishing.

［37］Kaul, Y., Rosander, K., Von, H., Brodd, K., Holmström, G., Kaul, A., ... Hellström-Westas, L. (2016). Visual Tracking in Very Preterm Infants at 4 Mo Predicts Neurodevelopment at 3 Y of Age. *Pediatric Research*, pp. 35-42.

［38］Kemmis, S., & McTaggart, R. (2005). Participatory Action Research: Communicative Action and the Public Sphere. In N. Denzin, & Y. Lincoln, *The Sage Handbook of Qualitative Research (3rd Ed.)* (pp. 559-603). London: Sage.

［39］Kemmis, S., & MicTaggart, R. (1992). *The Action Research Planner (3rd Ed.).* Victoria: Deakin University.

［40］Kumar, R. (2005). *Research Methodology, A Step-by-Step Guide for Beginners.* London: Sage.

［41］Lahman, M. (2008). Always Othered: Ethical Research with Children. *Journal of Early Childhood Research*, pp. 281-300.

［42］LeVine, R. (2007). Ethnographic Studies of Childhood: A Historical Overview . *American*

*Anthropologist*, pp. 247-260.

〔43〕MacNaughton, G., & Hughes, P. (2009). Doing Action Research in Early Childhood Studies: A Step-by-Step Guide. *Medical*.

〔44〕MacNaughton, G., Rolfe, S., & Siraj-Blatchford, I. (2010). The Research Process. In G. MacNaughton, S. Rolfe, & I. Siraj-Blatchford, *Doing Early Childhood Research: International Perspectives on Theory and Practice (2nd Ed.)* (pp. 13 -34). Maidenhead, Berkshire, England: McGrawHill/Open University Press.

〔45〕Martynova, O., Kirjavainen, J., & Cheour, M. (2003). Mismatch Negativity and Late Discriminative Negativity in Sleeping Human Newborns. *Neuroscience Letters*, pp. 75-78.

〔46〕Maurer, U., Bucher, K., Brem, S., & Brandeis, D. (2003). Development of the Automatic Mismatch Response: from Frontal Positivity in Kindergarten Children to the Mismatch Negativity. *Clinical Neurophysiology*, p. 808.

〔47〕Möller, E., Majdandžić, M., & Bögels, S. (2014). Father's Versus Mother's Social Referencing Signals in Relation to Infant Anxiety and Avoidance: A Visual Cliff Experiment. *Developmental Science*, pp. 1012-1028.

〔48〕Moon, C., Lagererantz, H., & Kuhl, P. (2013). Language Experienced in Utero Affects Vowel Perception after Birth: A Two-Country Study. *Acta Paediatrica*, pp. 156-160.

〔49〕Morr, M., Shafer, V., Kreuzer, J., & Kurtzberg, D. (2002). Maturation of Mismatch Negativity in Typically Developing Infants and Preschool Children. *Ear and Hearing*, pp. 118-136.

〔50〕Näätänen, R. (1992). *Attention and Brain Function*. Hillsdale, New Jersey: Lawrence Erlbaum.

〔51〕National Academies of Sciencesand MedicineEngineering,. (2017). Forum on Investing in Young Children Globally: A Synthesis of Nine Global Workshops Exlporing Evidence-Based, Strategic Investments in Young Children. Washington, DC: The National Academies Press.

〔52〕Nelson, A. C., Fox, A. N., & Zeanah, H. C. (2014). Romania's Abandoned Children: Deprivation, Brain Development, and the Struggle for Recovery. *American Journal of Psychiatry*, pp. 693-694.

〔53〕Nelson, C., & Luciana, M. (1998). Electrophysiological Studies II: Evoked Potentials and Event-Related Potentials. In C. Coffey, & R. Brumbeck, *Textbook of Neuropsychiatry* (pp. 331-356). Washington, DC: American Psychiatric Press.

〔54〕Onwuegbuzie, A., Dickinson, W., Leech, N., & Zoran, A. (2009). A Qualitative Framework for Cellecting and Analyzing Data in Focus Group Research . *International Journal of Qualitative Methods*, pp. 47-79.

〔55〕Pahl, K. (2002). Ephemera, Mess and Miscellaneous Piles: Texts and Practices. *Journal of Early Childhood Literacy*, pp. 145-165.

〔56〕Patil, A., Javad, S., Abrishami, M., Fabrice, W., & Reinhard, G. (2011). Experimental Investigation of Nirs Spatial Sensitivity. *Biomedical Optics Express*, pp. 1478-1493.

[57] Pinti, P., Tachtsidis, I., Hamilton, A., Hirsch, J., Aichelburg, C., Gilbert, S., & Burgess, P. (2018). The Present and Future Use of Functional Near-Infrared Spectroscopy (fNIRS) for Cognitive Neuroscience. *Annals of the New York Academy of Sciences.*

[58] Quaresima, V., Bisconti, S., & Ferrari, M. (2012). A Brief Review on the Use of Funnctional Near-Infrared Spectroscopy (fNIRS) for Language Imaging Studies in Human Newborns and Adults. *Brain and Language*, pp. 79-89.

[59] Reynolds, G., & Richards, J. (2005). Familiarization, Attention, and Recognition Memory in Infancy: An Event-Related Potential and Cortical Source Localization Study. *Developmental Psychology*, pp. 598-615.

[60] Rispoli, K., Mcgoey, K., Koziol, N., & Schreiber, J. (2013). The Relation of Parenting, Child Temperament, and Attachment Security in Early Childhood to Social Competence at School Entry. *Journal of School Psychology*, pp. 643-658.

[61] Roy, C., & Sherrington, C. (1890). On the Regulation of the Blood Supply of the Brain. *Journal of Physiology*, pp. 85-108.

[62] Schum, T., Kolb, T., Mcauliffe, T., Simms, M., Underhill, R., & Lewis, M. (2002). Sequential Acquisition of Toilet-Training Skills: A Descriptive Study of Gender and Age Differences in Normal Children. *Pediatrics*, p. 48.

[63] Shonkoff, J. (2009, 7 7). *Investment in Early Childhood Development Lays the Foundation for a Prosperous and Sustainable Society.* Retrieved from Encyclopedia on Early Childhood Development: http://www.child-encyclopedia.com/documents/ShonkoffANGxp.pdf

[64] Simons, H. (2009). *Case Study Research in Practice.* Thousand Oaks, CA: Sage.

[65] Sims-Schouten, W. (2010). Book Review. In P. Mukherji, & D. Albon, *Research Methods in Early Childhood: An Introductory Guide.* London: SAGE.

[66] Smith, K. (2015). Action Research with Children. In O. Saracho, *Handbook of Research Methods in Early Childhood Education.* Charlotte, NC: Information Age Publishing.

[67] Stake, R. (1995). *The Art of Case Study Research.* Thousand Oaks, CA: Sage.

[68] Strans-Brodd, K., Ewald, U., GröNqvist, H., Holmström, G., Strömberg, B., GröNqvist, E., Rosander, K. (2011). Development of Smooth Pursuit Eye Movements in Very Preterm Infants: 1. General Aspects. *Acta Paediatrica*, pp. 983-991.

[69] Vassena, E., Gerrits, R., Demanet, J., Verguts, T., & Siugzdaite, R. (2018). Anticipation of a Mentally Effortgull Task Recruits . *Neuropsychologia.*

[70] Wilcox, T., & Biondi, M. (2015). fNIRS in the Developmental Sciences. Wiley Interdisciplinary Reviews. *Cognitive Science*, pp. 263-283.

[71] Winkler, I., Kushnerenko, E., Horváth, J., Čeponienė, R., Fellman, V., Huotilaninen, M., Sussman, E. (2003). Newborn Infants Can Organize the Auditory World. *Proceedings of the National Academy of Sciences of the United States of America*, p. 11812.

［72］Woodhead, M., & Faulkner, D. (2008). Subjects, Objects or Participants? Delemmas of Psychological Research with Children. In P. Christensen, & A. James, *Research with Children Perspectives & Practices* (pp. 10–39). Abingdon: Routledge.

［73］Woodrow, C. (1999). Revisiting Images of the Child in Early Childhood Education: Reflections and Considerations. *Australian Journal of Early Childhood*, pp. 7–12.

［74］Zhang, D., Zhou, Y., Hou, X., Cui, Y., & Zhou, C. (2017). Discrimination of Emotional Prosodies in Human Neonates: A Pilot fNIRS Study . *Neuroscience Letters*, pp. 62–66.

# 后 记

随着国家生育政策的调整和贯彻实施，0—3岁婴幼儿保育教育问题得到了社会各界广泛的关注与讨论。一方面，家庭亟需专业支持与指导；另一方面，现有的公共托育服务机构远远无法满足实际需要。为了更好地服务家庭、提升0—3岁婴幼儿保育教育质量，国家积极制定、颁布纲领性文件，加强对我国0—3岁婴幼儿保育教育的规范和管理。为了响应国家政策，顺应社会发展的需要，促进我国0—3岁婴幼儿保育教育事业更好更快地发展，上海科技教育出版社积极发起并组织全国部分高校长期从事早期教育的专家学者，编写了一套关于0—3岁婴幼儿保育教育的丛书，并且邀请参与讨论、制定相关文件的专家对本套丛书进行审核，力求保证本套丛书具有鲜明的理念引领性、教育科学性和实践指导性。

婴幼儿保育教育质量关系到人一生的身心健康，但是要顺利实施科学有效的保育教育却是非常困难的。一方面，目前关于婴幼儿保育教育的理论阐释还比较少，没有形成完善的理论体系。为了弥补这一缺憾，本套丛书广泛收集国内外相关资料开展深入研究，深入浅出地阐释了婴幼儿动作、语言、认知、情感与社会性、心理等方面发展的相关理论。同时，结合托育服务机构多年的实践经验，撰写了大量的教育教学活动观察案例，辅助实施保育教育活动的教师更好地理解和运用。另一方面，由于0—3岁的婴幼儿还不能完全表达自己的需要与情感，对教师和家庭的主要抚养者而言，如何准确地觉察他们的需要和情感，提供适宜的支持性环境显得至关重要。因此，本套丛书从实践需要出发，就婴幼儿行为观察、婴幼儿家庭保育教育、特殊婴幼儿的保育教育等方面进行翔实的阐述，以期对家庭和早教机构起到积极的指导作用。与此同时，为了更好地推动我国0—3岁早期教育健康发展，提升0—3岁婴幼儿保育教育质量，本套丛书还对如何研究婴幼儿身心发展、如何推进家庭保育教育、如何管理早教机构等问题进行了思考与总结，相信这些努力会对0—3岁婴幼儿保育教育发展产生广泛而深远的影响。

本套丛书的组织编写与出版凝聚了许多人的心血与汗水，也得到了多方面的帮助与支持，正是基于此，本套丛书才能按时顺利出版。在此，首先感谢丛书的所有编者们，大家对丛书的编写倾注了大量的心血和努力。其次，感谢上海科技教育出版社领导的理解与支持，感谢有关编辑为本套丛书的出版付出了大量的精力与时间。同时，也要感谢幼教界同仁的关心和鼓励。此外，丛书中还引用了国内外同行的研究成果，在此一并表示衷心的感谢。由于时间紧张，本套丛书难免有不妥之处，敬请批评指正，以期不断修正、完善。

中国学前教育研究会教师发展专业委员会<br>
张明红<br>
2017年7月于华东师范大学